De beste toesprake

DE BESTE TOESPRAKEN VAN

Barack Obama

Met voor- en nawoord van Lars Duursma

UITGEVERIJ BALANS

Omslagontwerp Nico Richter
Omslagbeeld Getty Images
Typografie en zetwerk CeevanWee, Amsterdam
Druk Bariet, Steenwijk

ISBN 978 94 600 3486 2
NUR 740

www.uitgeverijbalans.nl
twitter.com/balansboeken
facebook.com/uitgeverijbalans
instagram.com/uitgeverijbalans

Inhoud

Voorwoord

door Lars Duursma

Stijfjes, ongemakkelijk, afstandelijk, monotoon, dodelijk saai – voor iemand die de geschiedenis in zal gaan als een van de meest inspirerende sprekers van onze tijd, was Barack Obama aan het begin van zijn politieke carrière een opvallend matige spreker. 'Hij kwam vooral over als een pedante professor,' herinnert een verslaggever zich die Obama volgde tijdens zijn campagne in 2000 voor het Amerikaanse congres. De jonge en ambitieuze politicus grapte tijdens een bijeenkomst in een zwarte kerk hoe iedereen zijn naam verkeerd uitsprak als 'Alabama' of 'Yo mama'.

Niemand moest lachen.

Obama kon de kiezers niet raken en verloor de voorverkiezingen kansloos met minder dan dertig procent van de stemmen.

Als leraar aan de Chicago Law School was hij ook al niet populair. Hoewel zijn colleges aanvankelijk uitstekend werden beoordeeld, eindigde hij een jaar voor zijn verloren verkiezingscampagne als de op twee na slechtst beoordeelde docent van de faculteit. Er waren nauwelijks nog studenten te porren voor zijn vakken. En wie zich wel had aangemeld, kreeg daar later spijt van: slechts 23 procent van de studenten gaf aan dat ze zich met de kennis van nu opnieuw zouden aanmelden voor zijn vak over racisme en recht.

En toch had hij 'iets'.

Wie fragmenten bekijkt van de toespraak die hij in 1991 hield bij een protestactie op de Harvard universiteit, ziet een spreker die ontegenzeggelijk beschikt over veel retorisch talent. Iemand die er zichtbaar van geniet om in het middelpunt van de aandacht te staan en omstanders te boeien met fraai geformuleerde zinnen en langdurige pauzes op exact het juiste moment. Zijn gebaren zijn nog wat houterig, maar we zien hier al een glimp van de spreker die inmiddels alom wordt bewonderd en geprezen.*

Ik weet nog goed hoe ik Barack Obama voor het eerst zag spreken op televisie. Bijna niemand had ooit van hem gehoord. Maar ineens stond daar op de Democratische Conventie van 2004 een magere knul met een grappige naam – zo introduceerde Obama zichzelf nog altijd – die de wereld betoverde met een fenomenale toespraak. Wat dat betreft liep de conventie niet helemaal volgens plan. Het was namelijk de bedoeling dat Amerikanen zouden worden opgewarmd voor de Democratische presidentskandidaat John Kerry, maar in plaats daarvan had iedereen het na afloop alleen nog over Obama. Over deze geweldige spreker en zijn unieke verhaal. Zijn energie en enthousiasme gingen de hele wereld over en waren zelfs hier in Nederland nog voelbaar. Het was 27 juli 2004. En ik had een nieuwe held.

Hoe was dit mogelijk? Dezelfde man die aanvankelijk zo stijf en afstandelijk overkwam, werd nu door vriend en vijand geprezen als een 'geboren' spreker. Een natuurtalent. Wat was er in de tussentijd gebeurd?

Een mogelijke verklaring zou zijn dat Obama simpelweg meer ervaring had opgedaan als spreker, meer 'vlieguren' had gemaakt voor de groep. Daar valt absoluut iets voor te zeggen: als docent en aanstormend politicus stond hij wekelijks tientallen uren te presenteren voor studenten, geldschieters en groepen kiezers. Maar ja, dat geldt ook voor veel oudere en meer ervaren politici – en hun speeches blijven slaapverwekkend. We kennen allemaal wel die docent die al dertig jaar hetzelfde vak geeft, allerminst een garantie

* Bekijk hier het fragment van Obama in 1991: https://www.buzzfeed.com/andrewkaczynski/at-harvard-obama-dived-into-diversity-fight

voor succes. Sterker nog: bij Obama werden de colleges zelfs ieder jaar saaier.

Een andere verklaring is de intensieve training die Obama kreeg voorafgaand aan zijn Conventiespeech. Dat heeft hem zeker geholpen. Zo gaf hij op deze Conventie voor het eerst in zijn leven een toespraak met de teleprompter – een autocue die hij tot op de dag van vandaag gebruikt voor vrijwel al zijn speeches. Veel mensen worstelen met het apparaat: ze gaan ineens overdreven articuleren, een beetje alsof ze hun kinderen voorlezen. Door veel te oefenen – langer dan de andere sprekers – kwam Obama volstrekt natuurlijk over en kon hij goed contact maken met de kijkers thuis.

In zijn boek *Believer* schrijft David Axelrod, een van de belangrijkste adviseurs van Obama, over het grote effect van de oefensessies met speechcoach Michael Sheehan. 'Je hoeft niet zo te schreeuwen,' was een van de eerste dingen die de coach Obama leerde: 'Laat de microfoon het werk doen. Mensen in het stadion zullen je horen. Maar je spreekt vooral tot twintig miljoen mensen in hun huiskamer. Voer een *gesprek* met hen!' Obama's voordracht ging elke sessie met sprongen vooruit. Hij stond er meer ontspannen en minder formeel bij, liet goede pauzes vallen, legde de juiste accenten en gebruikte soepele handgebaren om zijn verhaal te versterken.

Obama, die nog nooit voor zo'n groot publiek had gesproken, leerde bovendien hoe je effectief omgaat met applaus. Dat lijkt misschien vergezocht: moet je dat nou écht leren? Het korte antwoord: ja. Onervaren sprekers zijn namelijk geneigd om te stoppen bij ieder applaus. Dat lijkt logisch, maar het leidt bij grote toespraken tot gênante taferelen. De kijker thuis kan het applaus in de zaal niet goed horen en ziet vooral een spreker die wat ongemakkelijk stilstaat en onnodig lang pauzeert. Nog pijnlijker: tevreden knikken bij ieder applaus. Het non-verbale signaal naar het publiek: ja, inderdaad, klap maar hard voor mij, ik ben ook best tevreden met mezelf!

Ervaren sprekers weten dat je niet moet wachten tot het applaus voorbij is, maar beter over het applaus heen kunt praten.

Niet alleen kom je zo meer bescheiden en sympathiek over, maar doordat je het publiek dwingt eerder te stoppen met applaudisseren, zal het volgende applaus ook nóg luider zijn. Doe je dat gedurende de hele speech, dan 'surf' je als het ware op het applaus en werk je toe naar een wervelende climax. En dat deed Obama op die memorabele avond in Boston. Alsof hij nooit anders had gedaan.

De intensieve training verklaart een hoop, maar het verklaart niet alles – er zijn wel meer politici die uitvoerig worden gecoacht. Wat maakt de speeches van Obama zo bijzonder?

Het is niet alleen zijn voordracht, al is die exceptioneel. Evenmin is het zijn Afrikaanse afkomst, al speelt die zeker mee. Niet voor niets vroeg iedereen zich na afloop van zijn conventietoespraak in 2004 vooral af of we hier soms de eerste zwarte president van Amerika aan het werk hadden gezien. Voor de welgekozen woorden van Obama's toespraken is ook terecht veel waardering. Er zit ritme in de teksten, het swingt. Verhalen worden zorgvuldig opgebouwd en pakkend verteld. Cruciale zinnen bevatten de prachtigste stijlfiguren. Maar dat is niet alles, want zulke poëtische teksten zouden al snel vervelen wanneer gecombineerd met inhoudelijke leegheid. Nu zijn er ook van Obama best plichtmatige speeches te vinden – dat is haast onvermijdelijk gezien het grote aantal gelegenheden waar hij moest spreken – maar de meeste van zijn speeches zijn gebouwd rondom een heldere en krachtige boodschap, waardoor ze ondanks hun forse woordenaantal blijven boeien. Ook op papier zijn ze daarom jaren later – ook in het Nederlands – bijzonder lezenswaardig.

Obama is beslist niet de enige die krediet verdient voor de kwaliteit van de teksten: vrijwel alle toespraken in dit boek zijn geschreven door een team van speechwriters. In Nederland is vooral Jon Favreau bekend. Obama leerde hem kennen bij een van de laatste oefensessies voor de eerdergenoemde conventietoespraak van 2004. Favreau, destijds 23 jaar en een van de speechwriters van John Kerry, was op Obama afgestuurd met een lastige boodschap: Obama moest een belangrijke oneliner in zijn zelfgeschreven speech schrappen. De zin ('We zijn allen Amerikanen en staan samen op voor het rood, wit en blauw!') leek namelijk te veel op iets wat Kerry later zou zeggen tijdens zijn conventietoespraak. Althans, dat is één versie van het verhaal. Een woedende Obama zag het anders: 'Die *fucker* probeert gewoon een regel uit mijn speech te stelen!'

Uiteindelijk ging Obama akkoord met de aanpassing en kwam het ook weer goed tussen hem en Favreau: in 2005 werd Favreau vaste speechwriter van een inmiddels tot senator gekozen Obama. Tot zijn vertrek uit het Witte Huis in maart 2013 was hij hoofdverantwoordelijk voor alle speeches. Cody Keenan, destijds 32 en al vier jaar onderdeel van Obama's speechwritersteam, nam het stokje over. Wie de speeches goed bestudeert, ziet rond die tijd ook een subtiele verandering in de speeches. Waar Favreau uitblonk in grote en opzwepende speeches rondom een centraal thema (hoop, verandering), is Keenan meer van de speeches in gewonemensentaal, speeches die mensen het gevoel geven dat de president hen begrijpt en serieus neemt. Zijn vuistregel: 'Als je iets niet tegen een vriend zou zeggen in een bar, dan moet je het ook niet in een speech zetten.' Overigens was Keenan vóór 2013 al verantwoordelijk voor verschillende speeches van Obama, waaronder de prachtige toespraak na de schietpartij in Tucson.

In dit boek vind je de mooiste speeches van Barack Obama. Ik heb daarbij vooral gekeken naar de kwaliteit van de speeches en wat je als lezer ervan kan opsteken – een lastige afweging. De speech die Obama in 2008 in Berlijn gaf, haalde bijvoorbeeld alle journaals. Maar veel van zijn andere speeches zitten simpelweg beter in elkaar. Waaronder de grafrede die Obama uitsprak op de begrafenis van Beau Biden, zoon van vicepresident en goede vriend Joe Biden. Die toespraak kreeg hier weinig aandacht, terwijl ik ervan overtuigd ben dat niemand het aangrijpende verhaal kan lezen zonder dat de tranen in je ogen schieten. Werkelijk alles aan deze speech klopt. De tekst kan een geweldige inspiratiebron zijn voor iedereen die zelf moet spreken op een begrafenis of herdenkingsdienst.

Ik heb ook een campagnetoespraak opgenomen. Want als Obama ergens in uitblinkt als spreker, dan is het toch wel de wijze waarop hij campagnevrijwilligers wist te motiveren (2,2 miljoen vrijwilligers in 2012!) en kiezers naar de stembus wist te krijgen. In dit boek lees je zijn laatste campagnespeech van 2012: een ultieme oproep aan kiezers om voor hem naar de stembus te gaan. Hij spreekt in Iowa, de eerste staat die hij won bij zijn strijd om de Democratische nominatie. Een traan loopt over zijn wang als hij zich realiseert dat dit de laatste keer is dat hij ooit voor zichzelf campagne zal voeren.

Natuurlijk zit er ook een humoristische toespraak bij van het White House Correspondents Dinner. Ik heb gekozen voor het jaar 2016, de laatste keer dat hij zijn politieke vrienden, rivalen en zichzelf op de hak neemt. Ten slotte kun je de speech lezen die Obama gaf bij de Rutgers-universiteit. Een opvallend losse speech, waar hij zijn formele rol als president al een beetje loslaat. Waarschijnlijk een mooi voorproefje van de speeches die hij de komende jaren zal geven in het sprekerscircuit.

Als afsluiter kun je twee fenomenale toespraken lezen van Michelle Obama. Hoewel het háár verhaal is, herken je direct de overduidelijke parallellen met de speeches van haar man.

Terug naar Barack Obama zestien jaar geleden. Wat maakte nu dat zo'n geweldige spreker aanvankelijk zo stijf en afstandelijk overkwam?

De meest aannemelijke verklaring die ik ben tegengekomen, komt van de verslaggever die Obama in 2000 van dichtbij volgde in Chicago. Journalist Ted McClelland beschrijft de politicus van toen als een man met veel ambitie maar zonder een missie. Hij voerde niet campagne voor zijn achterban, maar voor zichzelf. Tijdens bijeenkomsten kwam hij over als een 'curriculum vitae op zoek naar een functie'. Zijn boodschap: kijk mij eens goed zijn, ik verdien het om jullie te leiden. Daar gaan de mensen natuurlijk niet voor op de banken staan. De kansloze verkiezingsnederlaag die volgde, vormde en veranderde Obama als politicus. Het zette hem aan het denken. Bij latere campagnes had hij duidelijk zijn roeping gevonden: hij wist niet alleen *wat* hij uiteindelijk wilde worden – president van Amerika – maar vooral ook *waarom*. De woorden van een toespraak kunnen namelijk nog zo fraai zijn; een leider die vooral zijn eigen belang dient, inspireert niet.

Het verklaart ook waarom Obama's verhaal bij de protestactie op Harvard de mensen wél raakte. Bevlogen nam hij het op voor zijn professor Derrick Bell, die protesteerde tegen het gebrek aan vrouwelijke zwarte docenten op de faculteit en onbetaald verlof nam totdat Harvard een niet-blanke vrouw zou aannemen. Obama sprak daar niet voor zichzelf, hij nam het op voor anderen. En hij gaf anderen de overtuiging dat ze samen iets konden bereiken.

Precies dit vormde later het fundament van zijn presidentiële campagnes. Kijk maar wat mensen massaal scandeerden bij z'n toespraken: niet 'Yes *HE* can!' (Obama kan het alleen) maar 'Yes *WE* can!' (*wij* kunnen het samen!). Bij alle speeches van Obama staat uiteindelijk de luisteraar centraal. Neem zijn conventietoespraak van 2004: die bevatte veel persoonlijke verhalen en niemand anders dan Obama had hem kunnen uitspreken, maar uiteindelijk ging het verhaal niet over hem maar over Amerika, ja zelfs de wereld. Het was een optimistisch verhaal over hoop en verandering, de twee thema's van de campagne die in 2008 zouden leiden tot zijn verkiezing tot president van Amerika.

Het verklaart ook waarom veel speeches die hij uitsprak tussen 2010 en 2014 minder sprankelden. Want hoe kun je nu een optimistisch verhaal houden wanneer je als president de ene na de andere tegenvaller moet incasseren? In het begin van zijn presidentschap kreeg hij veel minder voor elkaar dan gehoopt en de Republikeinen behaalden bij de tussentijdse verkiezingen in 2010 een historisch grote overwinning in congres en senaat. Hij won zijn herverkiezingscampagne in 2012, maar deed dat met een zeer negatieve boodschap die er vooral op gericht was om tegenstander Mitt Romney als ongeloofwaardig en onbetrouwbaar af te schilderen.

Pas in 2015 kwam er een golf van goed nieuws: niet alleen ging het beter met de economie, in een langverwachte uitspraak hield het hooggerechtshof zijn zorgplan overeind en een dag later legaliseerde het bovendien het homohuwelijk voor heel Amerika. Na jaren van enige desillusie wist ook Obama weer waar hij het allemaal voor deed. Hij kon na alle verdeeldheid ook weer teruggrijpen op zijn retoriek van eenheid, de boodschap die hem van 2004 tot en met 2009 zoveel energie en waardering had gegeven.

Bij de presidentsverkiezingen van 2008 en 2012 voerde ik in diverse *swing states* campagne voor Barack Obama. Meerdere speeches uit dit boek kon ik zo van dichtbij meemaken, waaronder de overwinningstoespraak in 2012. De sfeer die op deze verkiezingsavond in Chicago hing, was onbeschrijfelijk. Eerst de spanning bij de tienduizend aanwezigen en naar mate de uitslagen binnendruppelden, de opwinding. Toen Obama aan zijn overwinningstoespraak begon, kon je ook bij hem zien dat er een enorme last van zijn schouders was afgevallen. Ik weet nog hoe ik de eerste minuten probeerde te analyseren wat ook dit een sterke speech maakte: de drieslagen, de contrasten, de beeldende taal. Ik analyseerde ieder detail, maar voelde uiteindelijk niets: de ziel ging uit de speech. Pas na een paar minuten lukte het om de knop om te zetten en me over te geven aan het moment – die analyse kwam later wel.

Het is iets wat ik iedereen die dit boek leest zou willen meegeven. Ga de speeches absoluut analyseren, kijk hoe de speeches zijn opgebouwd en hoe de zinnen zijn geformuleerd. Achter in het boek vind je een hoofdstuk dat zal helpen om de retorische hulpmiddelen te herkennen en zelf toe te passen. Maar begin daar niet mee. Probeer je eerst in te leven in de omstandigheden van de speech. Stel eens voor dat jij daar in de zaal staat en geef je over aan de woorden. Geniet van de tekst, voel de impact en laat je inspireren.

Want zélfs als je de afgelopen tijd van veel mensen te horen kreeg dat je wat stijfjes, ongemakkelijk, afstandelijk, monotoon of zelfs dodelijk saai overkomt, dan is er dus hoop. Het is nooit te laat om een inspirerende spreker te worden!

‘Ik ben mijn broeders hoeder, ik ben mijn zusters hoeder’

Toespraak op de Democratische Conventie in 2004
Boston, Massachusetts
27 juli 2004

Namens de geweldige staat Illinois, knooppunt van een natie, land van Lincoln, wil ik eerst zeggen hoe oprecht dankbaar ik ben het voorrecht te hebben u hier vanavond op deze conventie toe te mogen spreken. Ik ervaar dat als een grote eer, vooral omdat, laten we eerlijk zijn, mijn aanwezigheid hier op het podium eigenlijk heel onwaarschijnlijk is. Mijn vader was een buitenlandse student, geboren en getogen in een dorpje in Kenia. Als jongen hoedde hij de geiten, ging naar school in een hut met een golfplaten dak. Zijn vader, mijn opa, werkte als kok, een bediende in de huishouding, voor de Britten.

Maar mijn opa droomde van een betere toekomst voor zijn zoon. En mijn vader kreeg door hard te werken en door zijn doorzettingsvermogen een beurs om te gaan studeren in een magisch oord: Amerika, een lichtend baken van vrijheid en mogelijkheden voor al degenen die hem voor waren gegaan. Tijdens zijn studie hier ontmoette hij mijn moeder. Zij was geboren aan de andere kant van de wereld, in de staat Kansas. Haar vader werkte in de crisisjaren lange tijd op booreilanden en boerderijen. De dag na Pearl

Harbor meldde mijn grootvader zich aan voor militaire dienst, voegde zich bij het leger van Patton en marcheerde door Europa. Thuis zorgde mijn grootmoeder voor de kleine en vond werk aan de lopende band in een fabriek waar ze bommenwerpers maakten. Na de oorlog konden ze dankzij de G.I. Bill of Rights gaan studeren, kochten een huis met hulp van de Federal Housing Association en verhuisden later op goed geluk naar het westen – helemaal naar Hawaï.

En ook zij zagen voor hun dochter een mooie toekomst weggelegd, want dat is waar ouders van dromen, op twee continenten. Mijn ouders deelden behalve een onwaarschijnlijke liefde ook een rotsvast geloof in de kansen die dit land bood. Ze gaven mij een Afrikaanse naam, Barack, wat 'de gezegende' betekent, ervan overtuigd dat in Amerika je naam geen belemmering voor succes vormt. En al waren ze niet rijk, ze stelden zich mij voor op de beste scholen van het land, want in het gulle Amerika hoef je niet rijk te zijn om het beste uit jezelf te halen. Ze zijn inmiddels allebei overleden. En toch, ik weet zeker dat ze vanavond vol trots op mij neerkijken.

Vandaag staan zij hier en sta ik hier, dankbaar voor mijn rijke culturele herkomst, en in het besef dat de droom van mijn ouders voortleeft in mijn twee schatten van dochters. Ik sta hier, wetende dat mijn verhaal deel is van het grotere verhaal van Amerika, dat ik in het krijt sta bij al diegenen die mij zijn voorgegaan en dat mijn levensverhaal in geen enkel ander land ter wereld mogelijk zou zijn geweest. Wij maken hier vanavond duidelijk in wat een geweldig land wij leven, en dat is niet vanwege de hoogte van onze wolkenkrabbers, de macht van ons leger of de omvang van onze economie. Onze trots is gebaseerd op een heel eenvoudige gedachte, meer dan tweehonderd jaar geleden bondig verwoord in de verklaring: 'Wij beschouwen deze waarheden als vanzelfsprekend: dat alle mensen als gelijken worden geschapen, dat zij door hun schepper met zekere onvervreemdbare rechten zijn begiftigd, en dat zich daaronder bevinden: het leven, de vrijheid en het nastreven van geluk.'

Dat is wat Amerika zo bijzonder maakt: een geloof in eenvoudige dromen, een besef van kleine wonderen. Dat wij als we 's avonds onze kinderen instoppen, er zeker van kunnen zijn dat ze te eten hebben, kleren hebben en veilig zijn. Dat wij kunnen zeggen en kunnen schrijven wat we denken, zonder van ons bed te worden gelicht. Dat we op een idee kunnen komen en een eigen zaak kunnen beginnen zonder smeergeld te betalen. Dat we deel kunnen nemen aan het politieke proces zonder angst voor represailles, en dat onze stem telt – of althans, meestal.

Dit jaar, tijdens deze verkiezingen, wordt ons gevraagd opnieuw achter onze waarden en onze overtuigingen te gaan staan, ze te toetsen aan de harde realiteit en te bezien in hoeverre wij voldoen aan de nalatenschap van onze voorvaderen en de belofte van de komende generaties. Daarom, mede-Amerikanen – Democraten, Republikeinen, onafhankelijken – vanavond zeg ik u: er wacht ons meer werk. Meer werk voor de arbeiders die ik ontmoette in Galesburg, Illinois, die hun baan en CAO-regeling verliezen bij Maytag omdat de productie naar Mexico wordt verplaatst, en die nu met hun eigen kinderen moeten concurreren voor werk dat zeven dollar per uur betaalt. Meer werk voor de vader die ontslagen zou worden en tegenover mij zijn tranen nauwelijks kon bedwingen toen hij zich afvroeg hoe hij maandelijks aan de $4500 moest komen voor de medicijnen voor zijn zoon, zonder de ziektekostenvergoeding waar hij op rekende. Meer werk ook voor de jonge vrouw in East St. Louis, en duizenden anderen zoals zij, die wel de papieren, de instelling en de oprechte wens heeft om verder te studeren, alleen niet het geld.

Begrijp me niet verkeerd. De mensen die ik tegenkom in kleine en grote steden, in wegrestaurants en stadsparken, verwachten niet van de regering dat die al hun problemen voor hen oplost. Ze weten dat ze hard moeten werken om vooruit te komen, en dat willen ze ook. Ga naar de Republikeinse counties rond Chicago en de mensen daar zullen je vertellen dat ze niet willen dat hun belastinggeld wordt verkwanseld door de sociale dienst of het Pentagon. Ga naar een willekeurige stadswijk en daar zullen ze je vertellen dat de regering niet in haar eentje onze kinderen kan leren om hun best te doen op school. Ze weten dat ouders hun kinderen moeten opvoeden, dat kinderen niet goed presteren zolang we hun vooruitzichten niet verbeteren, en de televisie uitzetten en een eind maken aan het soort praatjes als zou een zwarte jongere die een boek inkijkt wit lijken. Dat weten ze allemaal heel goed. Mensen verwachten niet dat de regering al hun problemen oplost. Maar ze voelen wel aan, diep vanbinnen, dat als de prioriteiten net even anders zouden liggen, we ervoor kunnen zorgen dat de deuren naar kansen voor iedereen geopend moeten zijn, en dat die kansen voor iedereen gelijk zouden zijn. Ze weten dat wij echt beter kunnen. En die keuze willen ze hebben.

Deze verkiezingen geven we ze die keus. Onze partij heeft ervoor gekozen zich te laten leiden door een man die staat voor het beste wat ons land te bieden heeft, en die man is John Kerry. John Kerry weet als geen ander wat gemeenschapszin, geloof en dienstbaarheid inhouden, want die idealen hebben zijn leven bepaald. Van zijn heroïsche diensttijd in Vietnam tot zijn periode als aanklager en luitenant-gouverneur, en in de twintig jaar dat hij in de Amerikaanse Senaat zat, heeft hij zich ingezet voor dit land. Keer op keer zagen we hem er niet voor terugschrikken lastige keuzes te maken terwijl hij ook voor de gemakkelijke weg had kunnen gaan. Zijn normen en waarden, zijn staat van dienst, vertegenwoordigen het beste in ons.

John Kerry gelooft in een Amerika waar hard werken wordt beloond. Dus in plaats van belastingvoordeel te geven aan bedrijven die werk naar het buitenland sluizen, geeft hij het aan bedrijven die in ons land banen creëren. John Kerry gelooft in een Amerika waar alle Amerikanen dezelfde ziekteverzekering kunnen betalen als onze politici in Washington allemaal hebben. John Kerry gelooft in energie-onafhankelijkheid, zodat we niet zijn overgeleverd aan het winstbejag van oliebedrijven of het risico van sabotage van olievelden elders. John Kerry gelooft in de constitutionele vrijheden waar ons land door de hele wereld om wordt benijd, en hij zal nooit onze fundamentele vrijheden opofferen of religie gebruiken om een wig tussen ons te drijven. En John Kerry gelooft dat in een gevaarlijke wereld oorlog soms tot de opties behoort, maar nooit de eerste optie mag zijn.

Een tijdje geleden ontmoette ik op een veteranenbijeenkomst in East Moline, Illinois, een jongeman, Shamus. Een knappe jongen, zo'n één meter negentig lang, met een innemend gezicht. Hij vertelde dat hij zich had aangemeld bij het korps mariniers en de week daarop naar Irak zou vertrekken. En terwijl ik zo naar hem stond te luisteren toen hij me uitlegde waarom hij zich had aangemeld, zijn absolute vertrouwen in ons land en onze leiders, zijn plichtsbesef en dienstbaarheid, bedacht ik me dat deze jongeman alles was wat wij ons ooit zouden kunnen wensen van een kind. Maar toen vroeg ik me af: doen wij wel evenveel voor Shamus als Shamus voor ons? Ik dacht aan de negenhonderd mannen en vrouwen, zonen en dochters, echtgenoten en echtgenotes, vrienden en buren, die nooit meer thuis zullen komen. Ik dacht aan de gezinnen die ik ontmoet heb die moesten zien rond te komen zonder het volle salaris van hun geliefde, of die hun dierbaren gehandicapt of zwaar getraumatiseerd terugkregen zonder recht op ziektevergoeding omdat het reservisten waren. Als wij onze jonge mannen en vrouwen vragen hun leven te riskeren, is het onze heilige plicht niet met getallen te goochelen of de waarheid te verdoezelen over waarom we ze uitsturen, maar om voor hun familie te zorgen tijdens hun afwezigheid, voor de soldaten te zorgen na hun terugkeer en nooit, maar dan ook nooit een oorlog te beginnen als we niet over voldoende manschappen beschikken om die te kunnen winnen, de vrede te herstellen en over de hele wereld respect af te dwingen.

Laat me duidelijk zijn. Wij hebben echte vijanden in deze wereld. Die vijanden moeten worden getraceerd. Die moeten worden vervolgd, en verslagen. John Kerry weet dat. En zoals luitenant Kerry niet aarzelde zijn leven op het spel te zetten om de mannen te beschermen die met hem in Vietnam dienden, zo zal president Kerry geen moment aarzelen onze legermacht in te zetten om Amerika te beschermen. John Kerry gelooft in Amerika. En hij weet dat het niet genoeg is als er slechts een handvol van ons van de welvaart geniet. Want behalve ons befaamde individualisme kent de Amerikaanse sage nog een ander vast element.

Namelijk de overtuiging dat wij één zijn. Als er in de South Side in Chicago een kind is dat niet kan lezen, gaat mij dat aan het hart, ook al is het niet mijn kind. Als ergens een bejaarde haar medicijnen niet kan betalen en gedwongen moet kiezen tussen dat of de huur, maakt dat mijn leven armer, ook al is het niet mijn oma. Als er een Arabisch-Amerikaans gezin wordt gearresteerd zonder een advocaat of eerlijk proces, is dat een schending van mijn burgerrechten. Het is die fundamentele overtuiging – ik ben mijn broeders hoeder, ik ben mijn zusters hoeder – waaraan dit land zijn succes dankt. Alleen daarom kunnen we onze individuele dromen najagen en toch als een grote Amerikaanse familie samenkomen: *E pluribus unum*, uit velen één.

Maar zelfs nu, op dit moment, zijn mensen eropuit verdeeldheid te zaaien, de spindoctors en de moddersmijters die een politiek voorstaan waarin alles geoorloofd is. Tegen hen zeg ik vanavond: er is geen links Amerika of conservatief Amerika; er is de Verenigde Staten van Amerika! Er is niet een zwart Amerika en een blank Amerika en een latino Amerika en een Aziatisch Amerika: er is de Verenigde Staten van Amerika. Die betweters willen ons land opdelen in rode en blauwe staten, rode staten voor de Republikeinen, blauwe staten voor de Democraten. Nou, dan weet ik nog wel iets waar ze van opkijken. Wij bidden in de blauwe staten tot een ontzagwekkende God, en wij houden er in de rode staten niet van dat de overheid in onze bibliotheken komt rondneuzen. Wij hebben in de blauwe staten een Little League-team, en ja, in de rode staten een paar vrienden die homo zijn. Er zijn vaderlandslievende burgers die tegen de oorlog in Irak waren en er zijn vaderlandslievende burgers die de oorlog in Irak steunden. Wij zijn één volk, allemaal zweren we trouw aan de Amerikaanse vlag, allemaal staan we op de bres voor de Verenigde Staten van Amerika.

Dat is waar het bij deze verkiezingen om draait. Sluiten we ons aan bij een politiek die uitgaat van cynisme, of sluiten we ons aan bij een politiek die uitgaat van hoop. John Kerry roept op tot hoop. John Edwards roept op tot hoop. Ik heb het hier niet over blind optimisme: je bijna moedwillig van den domme houden met het idee dat de werkloosheid wel zal verdwijnen als je er maar niet aan denkt, of de crisis in de gezondheidszorg zichzelf wel oplost zolang je er maar geen aandacht aan besteedt. Dat is niet wat ik bedoel. Ik heb het over iets veel wezenlijkers. Ik heb het over de hoop die leeft in de slaven die rond het kampvuur over vrijheid zingen; de hoop van immigranten die koers zetten naar een verre kust; de hoop van een jonge luitenant-ter-zee die moedig op patrouille gaat in de Mekongdelta; de hoop van de zoon van een fabrieksarbeider die zich er niet bij neerlegt dat wie voor een dubbeltje is geboren nooit een kwartje wordt; de hoop van een mager jochie met een gekke naam die meent dat er in Amerika ook voor hem een plek is. Hoop ten overstaan van tegenslag. Hoop ten overstaan van onzekerheid. De durf om te hopen!

In wezen is dat het hoogste wat God ons heeft gegeven, het fundament waar ons land op is gebouwd: het geloof in dingen die niet te zien zijn, het geloof dat ons betere tijden wachten. Ik geloof dat wij meer kunnen doen voor de middenklasse en arbeidersgezinnen betere vooruitzichten kunnen bieden. Ik geloof dat we werklozen aan een baan kunnen helpen, daklozen een huis kunnen bieden en jongeren in steden over heel Amerika uit het geweld en de wanhoop kunnen losweken. Ik geloof dat wij een rechtvaardige wind in de rug hebben en op dit keerpunt in de geschiedenis de juiste keuze kunnen maken en dat we de problemen waar we ons voor gesteld zien het hoofd kunnen bieden.

Amerika, als u hier vanavond de kracht voelt die ik voel, de noodzaak voelt die ik voel, de hartstocht voelt die ik voel, de hoop in u voelt leven die ik voel – en wij doen wat ons te doen staat, dan twijfel ik er niet aan dat in het hele land, van Florida tot Oregon, van Washington tot Maine, de mensen in november zullen opstaan en dat John Kerry beëdigd zal worden tot president en John Edwards tot vicepresident, en dat dit land weer het land van belofte wordt en er na een lange, duistere politieke periode betere tijden aanbreken. Ik bedank iedereen. God zegene u.

'Yes we can!'

Toespraak na het verlies van de voorverkiezingen in New Hampshire 8 januari 2008

Als allereerste wil ik senator Clinton feliciteren met een hard bevochten overwinning hier in New Hampshire. Ze heeft uitstekend werk geleverd. Geef haar een groot applaus.

Weet je, enkele weken geleden kon niemand zich indenken wat we hebben bereikt, wat we hebben gedaan, hier vanavond in New Hampshire. Niemand kon zich dat indenken.

Want tijdens het grootste deel van deze campagne lagen we ver achter. We wisten altijd dat onze weg omhoog steil zou zijn. Maar jullie kwamen in recordaantallen en jullie wilden verandering.

En met woord en daad maakten jullie duidelijk dat er op dit moment, bij deze verkiezingen, in Amerika iets aan het gebeuren is.

Er is iets aan het gebeuren als mannen en vrouwen in Des Moines en Davenport, in Lebanon en Concord, in de sneeuwmassa's van januari de straat op gaan en in lange rijen blok na blok, staan te wachten omdat zij geloven in wat dit land kan zijn.

Er is iets aan het gebeuren. Er is iets aan het gebeuren als Amerikanen, jong van leeftijd en van geest, die nooit eerder politiek betrokken waren, in ongekende aantallen uitlopen omdat zij diep in hun hart weten dat deze tijd anders moet.

Er is iets aan het gebeuren als mensen niet gewoon stemmen voor de partij waartoe ze behoren, maar voor de hoopvolle verwachtingen die zij samen koesteren.

En of we rijk zijn of arm, zwart of wit, latino of Aziaat, of we uit Iowa komen of uit New Hampshire, uit Nevada of uit South Carolina, wij staan klaar om dit land op een fundamenteel nieuwe koers te brengen.

Dat is wat er op dit moment aan het gebeuren is in Amerika; er is in Amerika iets aan het veranderen.

Jullie, al degenen die vanavond hier zijn, al degenen die zoveel hart en ziel en werk in deze campagne hebben gestopt, jullie kunnen de nieuwe meerderheid zijn die dit land kan leiden uit een lange tijd van politieke duisternis.

Democraten, onafhankelijken en Republikeinen die de verdeeldheid en de verwarring waarin Washington gevangenzit zat zijn, die weten dat we van mening kunnen verschillen zonder ruzie te hoeven maken. Die begrijpen dat er geen probleem is dat we niet kunnen oplossen, dat er geen lot is dat we niet kunnen vervullen, wanneer we samen onze stem verheffen om het geld en de belangen die ons in de weg staan uit te dagen en onszelf uitdagen om voor iets beters te gaan. Onze nieuwe Amerikaanse meerderheid kan een einde maken aan het schandaal dat in onze tijd gezondheidszorg niet betaalbaar, niet beschikbaar is. We kunnen artsen en patiënten, arbeiders en zakenmensen, Democraten en Republikeinen samenbrengen en we kunnen de farmaceutische industrie en de verzekeringsmaatschappijen voorhouden dat zij met een plaats aan tafel, niet elke stoel hoeven te betalen, niet dit keer.

Onze nieuwe meerderheid kan een einde maken aan belastingvoordelen voor bedrijven die onze banen naar het buitenland verplaatsen. En een welverdiende lastenverlichting geven aan de hardwerkende Amerikaanse middenklasse.

We kunnen stoppen met onze kinderen naar verwaarloosde scholen te sturen en beginnen hen op een pad naar succes te brengen.

We kunnen ophouden met praten over hoe uitmuntend onze

leraren zijn en beginnen hen voor hun uitmuntendheid te belonen door hun meer salaris te geven en meer hulp toe te zeggen. Met onze nieuwe meerderheid kunnen wij dat.

We kunnen gebruikmaken van de vindingrijkheid van boeren en wetenschappers, van burgers en ondernemers om dit land uit de tirannie van de olie te bevrijden en onze planeet te behoeden voor een keerpunt dat herstel voorgoed onmogelijk zal maken.

En wanneer ik president van de Verenigde Staten ben, gaan we de oorlog in Irak beëindigen en onze troepen naar huis halen.

We gaan de oorlog in Irak beëindigen. We gaan onze troepen naar huis halen. We gaan het karwei afmaken – we gaan het karwei afmaken tegen Al Qaida in Afghanistan. We gaan goed voor onze veteranen zorgen. We gaan onze morele reputatie in de wereld herstellen.

En we gaan nooit misbruik maken van 9/11 om stemmen bijeen te schrapen, omdat je op die manier geen verkiezingen moet willen winnen. 9/11 is een uitdaging die Amerika en de wereld juist zou moeten verenigen tegen wat ons allen in de 21ste eeuw bedreigt: terrorisme en nucleaire wapens, klimaatverandering en armoede, genocide en ziektes.

Alle kandidaten in deze wedloop delen deze doeleinden. Alle kandidaten in deze wedloop hebben goede ideeën en allemaal zijn ze patriotten, eerzame dienaren van dit land.

Maar de reden waarom onze campagne altijd anders is geweest, de reden waarom we bijna een jaar geleden aan deze onwaarschijnlijke tocht begonnen zijn, is niet gewoon om wat ik als president ga doen. Het is ook om wat jullie, de mensen die van dit land houden, de burgers van de Verenigde Staten van Amerika, om wat jullie kunnen doen om dit land te veranderen.

Daarover gaan deze verkiezingen.

Daarom is deze avond van jullie. Hij is van de organisatoren, van de vrijwilligers en de betaalde krachten die in deze tocht geloofden en zoveel anderen op de been brachten om mee te doen.

We weten dat de komende strijd lang zal zijn. Maar vergeet nooit dat – wat ons ook aan obstakels in de weg mag staan – niets de macht in de weg kan staan van miljoenen stemmen die roepen om verandering.

Men zei ons dat het ons niet gaat lukken. En dat koor van cynici zal in de komende weken en maanden alleen maar luider en valser klinken.

Men vroeg ons weer even met beide benen op de grond te komen. Men waarschuwde ons de mensen van dit land geen valse hoop te geven. Maar in het onwaarschijnlijke verhaal dat Amerika is, was er nooit iets vals aan hoop.

Want waar men ons geen enkele kans gaf, waar men ons vertelde dat we er niet klaar voor waren, dat we het niet moesten proberen of dat het ons niet zou lukken, antwoordden generaties Amerikanen met een simpel credo dat de geest vertegenwoordigt van dit volk: *yes we can, yes we can, yes we can!*

Het was een credo dat in de stichtingsdocumenten van ons land werd vastgelegd als lotsbestemming van de natie: *yes we can!*

Het werd gefluisterd door slaven en abolitionisten die zich door de donkerste nacht heen een weg baanden naar de vrijheid: *yes we can!*

Het werd bezongen door immigranten wanneer zij vanaf verre kusten zee kozen en door pioniers wanneer zij westwaarts een onherbergzame wildernis bedwongen: *yes we can!*

Het was de roep van arbeiders die zich organiseerden, van vrouwen die streden voor kiesrecht, van een president die als onze nieuwe grens de maan aanwees en van een koning die ons meenam naar de top van een berg en ons de weg naar het beloofde land liet zien: *yes we can*, naar gerechtigheid en gelijkheid.

Yes we can, naar kansen en voorspoed. *Yes we can*, dit land genezen. *Yes we can*, deze wereld herstellen. *Yes we can!*

En wanneer we morgen onze campagne naar het zuiden en het westen verplaatsen, en we te horen krijgen dat de strijd van de textielarbeiders in Spartanburg niet heel anders is dan de situatie van de bordenwasser in Las Vegas, en dat de hoopvolle verwachtingen van het kleine meisje dat naar de bouwvallige school in Dillon gaat dezelfde zijn als de dromen van de jongen die in L.A. op straat naar school gaat, dan zullen we niet vergeten dat er in Amerika iets aan het gebeuren is, dat we niet zo verdeeld zijn als onze politiek het wil doen voorkomen, dat we één volk zijn, één land.

En samen zullen we beginnen aan het volgende grote hoofdstuk in het verhaal van Amerika, met drie woorden die zullen klinken van oost tot west, van kust tot kust: *yes we can!*

Dank u, New Hampshire. Dank u. Dank u.

‘Een volmaaktere eenheid’

Toespraak over ras en racisme
Philadelphia, Pennsylvania
18 maart 2008

‘Wij, het volk, met het doel een volmaaktere eenheid te vormen.’

Tweehonderdeenentwintig jaar geleden kwam in Amerika een groep mannen bijeen in een gebouw hier aan de overkant van de straat, die met deze simpele woorden het startschot gaven voor een onwaarschijnlijk experiment in democratie. Boeren en wetenschappers, staatslieden en vaderlandslievende burgers, die de oceaan waren overgestoken om aan tirannie en vervolging te ontkomen, voegden eindelijk de daad bij het woord en stelden in de lente van 1787 hun onafhankelijkheidsverklaring op tijdens een conventie in Philadelphia die maanden zou duren.

Het document dat ze vervaardigden werd uiteindelijk ondertekend, maar bleef onvoltooid. Er werd een smet op geworpen door de erfzonde van de slavernij in dit land, een kwestie die de kolonies verdeeld hield en op de conventie tot een impasse leidde, totdat de grondleggers overeenkwamen de slavenhandel nog minstens twintig jaar toe te staan en een eventuele oplossing over te laten aan toekomstige generaties.

Uiteraard lag het antwoord op de slavernijkwestie al besloten in onze grondwet – een grondwet die in essentie het ideaal verwoordde dat alle mensen voor de wet gelijk zijn; een grondwet die alle burgers vrijheid en gerechtigheid beloofde en een eenheid die op den duur kon en moest worden vervolmaakt.

Maar woorden op perkament bleken niet voldoende om slaven te bevrijden van hun ketenen, of om mannen en vrouwen al hun rechten en plichten te gunnen als burgers van de Verenigde Staten, ongeacht hun huidskleur of geloof. Daarvoor waren Amerikanen uit de navolgende generaties nodig, die bereid waren hun steentje bij te dragen – door middel van protest en verzet, op straat en in de rechtszaal, door een burgeroorlog en burgerlijke ongehoorzaamheid, allemaal niet zonder risico – om de kloof te dichten tussen wat onze idealen beloven en wat daar in hun tijd van terechtkwam.

Dat was een van de taken die we op ons namen aan het begin van deze campagne: de lange mars voortzetten van al diegenen die ons voorgingen in de strijd voor een rechtvaardiger, eerlijker, vrijer, zorgzamer en welvarender Amerika. En ik wilde juist nu presidentskandidaat worden omdat ik ervan overtuigd ben dat we onze huidige problemen alleen kunnen oplossen als we dat met elkaar doen, als we een hechte eenheid vormen omdat we beseffen dat, hoe verschillend onze levens ook zijn, wij allemaal dezelfde hoop koesteren. Dat, hoezeer we ook verschillen qua uiterlijk en achtergrond, wij allemaal uiteindelijk hetzelfde willen: een betere toekomst voor onze kinderen en onze kleinkinderen.

Die overtuiging dank ik aan mijn rotsvaste vertrouwen in het fatsoen en de ruimhartigheid van het Amerikaanse volk. Maar het is ook gebaseerd op mijn eigen Amerikaanse geschiedenis.

Ik ben de zoon van een zwarte man uit Kenia en een blanke vrouw uit Kansas. Ik ben opgevoed door mijn blanke opa, die de crisisjaren wist te overleven en tijdens de Tweede Wereldoorlog in het leger van Patton diende, en door mijn blanke oma die, toen hij naar de andere kant van de wereld was uitgezonden, in Fort Leavenworth aan de lopende band werkte, waar ze bommenwerpers maakten. Ik heb op enkele van de beste scholen van Amerika gezeten en in een van de armste landen ter wereld gewoond. Ik ben getrouwd met een zwarte Amerikaanse die onder haar voorouders nog slaven en slavenhouders heeft – een erfenis die we overdragen aan onze twee schatten van dochters. Ik heb broers, zussen, nichten, neven, ooms en tantes in alle rassen en kleuren, verspreid over drie continenten, en zolang ik leef zal ik nooit vergeten dat in geen enkel ander land ter wereld mijn geschiedenis zelfs maar mogelijk was geweest.

Die geschiedenis maakt mij niet tot de meest gebruikelijke kandidaat. Maar door die geschiedenis ligt ook het idee in mijn genen verankerd dat dit land meer is dan de optelsom van zijn delen: dat wij daadwerkelijk uit velen één zijn.

In het eerste jaar van onze campagne zagen we, tegen alle verwachtingen in, dat de boodschap dat wij één zijn, grote weerklank vond bij het Amerikaanse volk. Hoewel het heel verleidelijk was mijn kandidatuur puur op grond van mijn ras te verklaren, wonnen we dik in sommige van de allerwitste staten in dit land. In South Carolina, waar de vlag van de Confederatie nog wappert, smeedden we een hechte coalitie van Afro-Amerikanen en blanke Amerikanen.

Dat wil niet zeggen dat de rassenkwestie niet meespeelde in deze campagne. Op verschillende momenten tijdens de campagne vonden sommige commentatoren mij 'te zwart' of juist 'niet zwart genoeg'. We zagen rassenrellen uitbreken in de week voor de voorverkiezingen in South Carolina. De pers heeft iedere exitpoll onder een vergrootglas gelegd om nog maar eens aan te tonen dat de raciale spanningen en tegenstellingen zijn toegenomen, niet alleen in termen van blank en zwart, maar ook van bruin en zwart.

Toch heeft de discussie over ras en racisme in deze campagne pas de afgelopen paar weken een wending genomen die op verdeeldheid aanstuurt.

Aan het ene eind van het spectrum horen we de suggestie dat mijn kandidatuur op de een of andere manier een gevolg is van positieve discriminatie, puur en alleen gebaseerd op de wens van naïeve liberalen om voor een prikje de rassen nader tot elkaar te brengen. Aan het andere eind van het spectrum horen we mijn voormalige dominee, Jeremiah Wright, in opruiende taal meningen verkondigen die niet alleen de segregatie kunnen aanwakkeren, maar ook afbreuk doen aan wat ons land zo groot en goed maakt, iets waar blanke en zwarte mensen zich terecht kwaad over maken.

Ik heb de uitlatingen van dominee Wright die tot zoveel ophef leidden al eerder in niet mis te verstane bewoordingen veroordeeld. Maar sommigen van u blijven met vragen zitten. Wist ik dat hij af en toe fel van leer trok tegen de Amerikaanse binnenlandse en buitenlandse politiek? Uiteraard. Heb ik hem ooit iets horen zeggen dat je controversieel kunt noemen terwijl ik in de kerk zat? Ja. Had ik sterke bedenkingen bij veel van zijn politieke ideeën? Zeker – net zoals ik zeker weet dat u uw dominee, priester of rabbijn dingen hebt horen zeggen waar u het niet mee eens bent.

Maar de uitlatingen die onlangs zoveel stof deden opwaaien waren niet alleen controversieel. Het waren niet zomaar de woorden van een religieuze leider die zich uitspreekt tegen vermeend onrecht. Nee, die uitlatingen getuigden van een sterk vertekend beeld van ons land – het beeld dat blank racisme onuitroeibaar zou zijn, een beeld dat meer de nadruk legt op wat er mis is in Amerika dan op alles wat Amerika volgens ons goed doet, en waarin de conflicten in het Midden-Oosten vooral worden toegeschreven aan de daden van trouwe bondgenoten zoals Israël in plaats van aan de perverse en haatdragende ideologie van het moslimfundamentalisme.

De opmerkingen van dominee Wright waren niet alleen onjuist, maar zaaiden ook verdeeldheid in een tijd die om eenheid vraagt. Zijn controversiële uitlatingen die de rassenkwestie op scherp stelden kwamen juist op een moment dat we de handen ineen moesten slaan om een reeks gigantische problemen op te lossen: twee oorlogen, een terroristische dreiging, een verslechterende economie, een slepende crisis in de gezondheidszorg en de mogelijk desastreuze gevolgen van klimaatverandering; problemen die niet specifiek zwart, blank, latino of Aziatisch zijn, maar ons allemaal aangaan.

Gegeven mijn achtergrond, de politiek die ik voorsta en de waarden en idealen die ik uitdraag zullen er ongetwijfeld mensen zijn die mijn afkeurende woorden ontoereikend vinden. Waarom zou ik me überhaupt inlaten met dominee Wright, kun je je afvragen? Waarom ga ik niet naar een andere kerk? En ik moet eerlijk zeggen, als ik dominee Wright alleen kende van de fragmenten uit de preken die eindeloos op tv en YouTube worden herhaald, of als de Trinity United Church of Christ echt leek op de karikatuur die sommige commentatoren ervan uitventen, dan zou ik ongetwijfeld op een vergelijkbare manier reageren.

Maar het punt is dat ik meer weet van de man. De man die ik ruim twintig jaar geleden leerde kennen, is de man die mij liet kennismaken met mijn christelijke geloof, de man die me vertelde over onze plicht elkaar lief te hebben, voor de zieken te zorgen en de armen te helpen. Hij is een man die zijn land heeft gediend als marinier, die heeft gestudeerd en lesgaf op enkele van de beste universiteiten en seminaries in dit land en die meer dan dertig jaar een kerk heeft geleid die de gemeenschap dient door hier op aarde Gods werk te doen. Een kerk die daklozen onderdak verschaft, zorg draagt voor de minderbedeelden, dagopvang biedt, het gevangenispastoraat verzorgt, beurzen verleent en mensen met aids helpt.

In mijn eerste boek, *Dromen van mijn vader*, beschreef ik wat ik meemaakte toen ik in Trinity voor het eerst een dienst bijwoonde.

'Mensen begonnen te roepen, stonden op en klapten en schreeuwden, een wervelstorm die de stem van de dominee meevoerde tot in de nok [...] En in dat ene woord – hoop! – hoorde ik nog iets anders: ik zag voor me hoe aan de voet van dat kruis, in al die duizenden kerken verspreid over de stad, de verhalen van gewone zwarte mensen versmolten met de verhalen van David en Goliath, Mozes en de farao, de christenen in de leeuwenkuil en Ezechiels dal vol beenderen. Die verhalen – over overleven en vrijheid en hoop – werden onze verhalen, mijn verhaal; het bloed dat werd vergoten was ons bloed, de tranen onze tranen; totdat deze zwarte kerk op deze stralende dag opnieuw een voertuig werd dat het verhaal van een volk doorgaf aan volgende generaties en aan de grote wereld. Onze beproevingen en overwinningen werden tegelijk uniek en universeel, zwart en meer dan zwart. Door onze eigen geschiedenis te boekstaven, gaven de verhalen en liederen ons de kans herinneringen naar boven te halen waar we ons niet voor hoefden te schamen [...] Herinneringen die alle mensen kunnen overdenken en koesteren – en waarmee we vooruit kunnen.'

Dat was wat ik meemaakte in Trinity. Net als andere grotendeels zwarte kerken in Amerika vertegenwoordigt Trinity de hele zwarte gemeenschap – de dokter en de bijstandsmoeder, de vlijtige student en het voormalig lid van een jeugdbende. Net als in andere zwarte kerken wordt er bij de dienst in Trinity heel wat afgelachen en soms platte humor gebezigd. Er wordt zo uitbundig gedanst, geklapt, gejoeld en geschreeuwd dat je oren er pijn van kunnen doen als je er niet aan gewend bent. De kerk belichaamt over de volle breedte de vriendelijkheid en de wreedheid, de scherpe intelligentie en de schokkende naïviteit, de moeilijkheden en de successen, de liefde en, ja, de verbittering en vooringenomenheid van zwarte mensen in Amerika.

En dit zou mijn relatie met dominee Wright enigszins kunnen verklaren. Hij is misschien niet perfect, maar voor mij was hij zoveel als familie. Hij versterkte mijn geloof, zegende mijn huwelijk in en doopte mijn kinderen. In geen enkel gesprek met mij heb ik hem ooit iets laatdunkends horen zeggen over een bepaalde etnische groepering, en ik heb hem nooit onbeleefd en respectloos horen spreken tegen de blanken met wie hij omging. Hij draagt de tegenstelling in zich – het goede en het kwade – van de gemeenschap waar hij zich al jaren voor inzet.

Ik kan hem net zomin verwerpen als ik de zwarte gemeenschap kan verwerpen. Ik kan hem net zomin verwerpen als ik mijn oma kan verwerpen – een vrouw die mij heeft opgevoed, een vrouw die zich keer op keer voor mij heeft weggecijferd, een vrouw die van alles op de wereld het meest van mij houdt, maar ook een vrouw die bekende bang te zijn voor zwarte mannen op straat, en die meer dan eens een discriminerende opmerking maakte waar mijn tenen van kromtrokken.

Die mensen horen bij mij. En ze horen bij Amerika, dit land waar ik zo van houd.

Sommige mensen zullen dit zien als een poging van mijn kant om opmerkingen goed te praten of te rechtvaardigen die niet door de beugel kunnen. Ik kan u verzekeren dat dat niet het geval is. Ik vermoed dat het politiek gezien het veiligst zou zijn deze hele episode achter me te laten en te hopen dat het vanzelf overwaait. We kunnen dominee Wright wegzetten als een zonderling of een demagoog, zoals ook Geraldine Ferraro naar aanleiding van haar recente uitspraken is weggezet als iemand met diepgewortelde raciale vooroordelen.

Maar volgens mij kan dit land het zich op dit moment niet veroorloven de rassenkwestie te negeren. Dan zouden we dezelfde fout maken als dominee Wright in zijn kwetsende preken over Amerika: we zouden wat er negatief is zodanig versimpelen, generaliseren en uitvergroten dat we de werkelijkheid geweld aandoen.

Wat zeker is, is dat er in de afgelopen paar weken dingen zijn gezegd en kwesties zijn komen bovendrijven die duidelijk maken dat het rassenvraagstuk in ons land een ingewikkelde zaak is waar wij nooit echt mee in het reine zijn gekomen – een aspect van onze eenheid waar nog veel aan te vervolmaken valt. Maar als we er nu voor weglopen, als we ons domweg terugtrekken in ons eigen veilige hoekje, zullen we nooit een gezamenlijke oplossing vinden voor problemen zoals de gezondheidszorg, het onderwijs of de noodzaak iedere Amerikaan aan een goede baan te helpen.

Dit is onze situatie, en om die goed te kunnen begrijpen, moeten we bedenken hoe het zo ver heeft kunnen komen. William Faulkner schreef ooit: 'Het verleden is niet dood en begraven. Sterker nog, het is nog niet eens verleden tijd.' We hoeven hier niet de hele geschiedenis van rassendiscriminatie in ons land op te rakelen. Maar we moeten wel bedenken dat veel van de achterstanden in de Afro-Amerikaanse gemeenschap rechtstreeks zijn terug te voeren op de ongelijkwaardige positie van eerdere generaties, die gebukt gingen onder de wrede erfenis van de slavernij en Jim Crow.

Zwarte scholen waren – en zijn – minder goede scholen. We hebben daar nog altijd weinig aan gedaan, vijftig jaar nadat Linda Brown het schoolbestuur van Topeka aanklaagde. En het inferieure onderwijs dat ze leverden – toen en nu – verklaart mede het nog altijd bestaande verschil in prestaties tussen zwarte en blanke leerlingen.

Wettelijke discriminatie – waarbij zwarten, vaak met geweld, iedere vorm van bezit werd ontzegd, of Afro-Amerikaanse ondernemers geen lening kregen, of zwarte huiseigenaren geen hypotheek werd verstrekt, of zwarten geen lid mochten worden van een vakbond, of bij de politie mochten, of de brandweer – wettelijke discriminatie hield in dat zwarte gezinnen niet de kans kregen iets van een vermogen op te bouwen dat ze konden nalaten aan volgende generaties. Dat verleden verklaart mede de vermogens- en inkomensverschillen tussen zwarten en blanken, en de achterstandsbuurten die je nog altijd in zoveel steden en op het platteland aantreft.

De ongunstige economische vooruitzichten voor zwarte mannen, en de vernedering en frustratie niet eens voor hun eigen gezin te kunnen zorgen, droegen bij aan de erosie van zwarte gezinnen: een probleem dat mogelijk nog werd verergerd door het sociale beleid dat jarenlang is gevoerd. En het gebrek aan basisvoorzieningen in veel zwarte wijken – een park waar kinderen kunnen spelen, wijkagenten, bouwtoezicht en een vuilophaaldienst die met enige regelmaat langskomt – het heeft allemaal geleid tot een spiraal van geweld, verval en verwaarlozing waar we nu nog mee zitten.

In deze situatie groeiden dominee Wright en andere Afro-Amerikanen van zijn generatie op. Ze werden volwassen eind jaren vijftig, begin jaren zestig, toen segregatie in ons land nog bij wet was geregeld, waardoor hun mogelijkheden stelselmatig werden ingeperkt. Wat opvallend mag heten is niet hoevelen van hen niet opgewassen bleken tegen deze discriminatie, maar hoeveel van deze mannen en vrouwen het desondanks wisten te redden; hoeveel van hen een weg vonden waar geen weg lag voor mensen zoals ik, die na hen zouden komen.

Maar tegenover al degenen die zich een weg wisten te knokken en te klauwen naar hun deel van de American Dream stonden velen die daar niet in slaagden, degenen die het uiteindelijk – linksom of rechtsom – moesten afleggen tegen discriminatie. De erfenis van die nederlaag werd doorgegeven aan volgende generaties – de jonge mannen en steeds meer jonge vrouwen die we zien rondhangen op straat of wegkwijnen in onze gevangenissen, zonder enige hoop of vooruitzicht op een betere toekomst. Zelfs voor die zwarten die wel hun weg vonden, is en blijft ras en racisme in hoge mate bepalend voor hun wereldbeeld. Voor de mannen en vrouwen van de generatie van dominee Wright zijn de herinneringen aan de vernederingen, de twijfels en de angst niet verdwenen, net zomin als de woede en de verbittering uit die jaren. Die woede wordt misschien niet openlijk geuit tegenover hun blanke collega's of vrienden. Maar die wordt wel uitgesproken bij de kapper of aan de keukentafel. En soms wordt daar handig op ingespeeld door politici om stemmen te winnen op grond van etniciteit of om hun eigen tekortkomingen te verdoezelen.

En af en toe wordt er ook lucht aan gegeven op zondagochtend in de kerk, op de kansel en in de banken. Het feit dat het zoveel mensen verrast die woede te horen doorklinken in bepaalde preken van dominee Wright bewijst weer eens het oude gezegde dat de segregatie in Amerika het grootst is op zondagmorgen. Woede is niet altijd productief. Het leidt al te vaak af van de werkelijke problemen waar een oplossing voor moet worden gevonden. Het weerhoudt ons ervan onder ogen te zien in hoeverre wij zelf bijdragen aan onze situatie. En het belet de Afro-Amerikaanse gemeenschap ervan connecties aan te knopen waardoor er echt iets zou kunnen veranderen. Maar de woede is er, en die is groot, en je kunt wel willen dat het er niet was, of het veroordelen zonder te begrijpen waar het vandaan komt, maar dan maak je de kloof van onbegrip tussen zwart en blank alleen maar groter.

In feite leeft er een vergelijkbare woede in delen van de blanke gemeenschap. De meeste werkende blanke Amerikanen uit de middenklasse hebben niet het idee dat hun ras nu bepaald in hun voordeel heeft gewerkt. Zij leiden een leven als van een immigrant: in hun ogen hebben ze niets cadeau gekregen en alles eigenhandig van de grond af aan opgebouwd. Ze hebben hun hele leven geploeterd om daarna maar al te vaak te moeten toezien hoe hun banen naar het buitenland worden gesluisd of hun pensioen in rook opgaat na jaren werken. Ze maken zich zorgen over de toekomst en voelen hoe hun langgekoesterde dromen hen door de vingers glippen. In een tijd van stagnerende lonen en wereldwijde concurrentie liggen de kansen niet voor het oprapen en lijkt de droom van de een ten koste te zullen gaan van die van de ander. Dus als hun wordt verteld dat ze hun kinderen op de bus moeten zetten naar een school aan de andere kant van de stad, als ze horen dat een Afro-Amerikaan een streepje voor heeft en dus meer kans maakt op een baan of een plek op een goede school vanwege het onrecht dat zíj hen nooit hebben aangedaan, als hun wordt verteld dat hun angst voor criminaliteit in bepaalde wijken voortkomt uit hun eigen vooroordelen, dan kweek je met de jaren meer en meer rancune.

Net als de woede binnen de zwarte gemeenschap wordt ook deze rancune niet altijd geuit in beleefd gezelschap. Maar ze heeft al minstens een generatie lang bijgedragen aan het politieke landschap. De woede over welzijnswerk en positieve discriminatie leidde tot de Reagan-coalitie. Politici buiten de angst voor criminaliteit stelselmatig uit voor electoraal gewin. Presentatoren van talkshows en conservatieve commentatoren maken er hun dagtaak van om 'zogenaamde' beschuldigingen van racisme te ontkrachten, terwijl iedere legitieme discussie over de achtergestelde positie en het onrecht waar mensen op grond van hun ras mee te kampen hebben, door hen wordt afgedaan als overdreven politiek correct of als omgekeerd racisme. Net zoals de woede onder zwarten vaak averechts werkte, heeft de rancune onder blanken de aandacht afgeleid van de werkelijke redenen dat de middenklasse er zoveel slechter aan toe is: een bedrijfscultuur waarin van alles onderhands wordt geregeld, waarin wordt gesjoemeld met de boekhouding en men voor snelle winst gaat; een Washington waar lobbyisten en belangengroeperingen het voor het zeggen hebben; een economisch beleid waarvan slechts een kleine groep profiteert. En toch, als je je ogen sluit voor de rancune onder blanke Amerikanen, hen uitmaakt voor stumperds of zelfs racisten, zonder te erkennen dat ze er gegronde redenen voor hebben, dan vergroot je ook de kloof tussen blank en zwart, en enig begrip voor elkaar is dan helemaal onmogelijk.

Zo ligt de situatie nu. We bevinden ons al jaren in een raciale impasse. Anders dan sommigen van mijn criticasters – blank en zwart – beweren, ben ik nooit zo naïef geweest te menen dat we onze raciale verschillen achter ons kunnen laten in één verkiezingsronde of met één enkele kandidatuur – en al helemaal niet met mij als kandidaat, met al mijn tekortkomingen.

Maar ik heb wel de sterke overtuiging uitgesproken – een overtuiging die ik te danken heb aan mijn geloof in God en in het Amerikaanse volk – dat als wij samenwerken, we een aantal van de oude wonden op het gebied van ras en racisme kunnen helen, en dat we in feite geen andere keus hebben als we werkelijk naar een volmaaktere eenheid willen streven.

Voor de Afro-Amerikaanse gemeenschap houdt dat in dat we de lasten van het verleden moeten leren dragen zonder er het slachtoffer van te worden. Het betekent dat we erop moeten blijven hameren dat iedereen in Amerika in alle opzichten recht wordt gedaan. Maar het betekent ook dat we onze persoonlijke grieven en eisen – een betere gezondheidszorg, en betere scholen, en betere banen – moeten verbinden met de bredere wensen van alle Amerikanen: de blanke vrouw die door het glazen plafond wil breken, de blanke man die is ontslagen, de immigrant die zijn gezin probeert te onderhouden. En het betekent dat we de volle verantwoording moeten nemen voor onze eigen levens: door meer van onze vaders te vragen, meer tijd met onze kinderen door te brengen en hun te leren dat ze in hun leven weleens tegen problemen en discriminatie kunnen aanlopen, maar nooit mogen toegeven aan wanhoop of cynisme, en steeds moeten blijven geloven dat hun lot in hún handen ligt.

Ironisch genoeg dook dit typisch Amerikaanse – en inderdaad conservatieve – idee dat je jezelf moet helpen, regelmatig op in de preken van dominee Wright. Maar wat mijn voormalige dominee vaak ontging is dat als je jezelf wilt helpen, je uit moet gaan van de overtuiging dat de maatschappij kan veranderen.

De fundamentele vergissing in de preken van dominee Wright is niet dat hij het racisme in onze samenleving aankaartte, maar daarover sprak alsof onze samenleving stilstaat. Alsof er nooit enige vooruitgang is geboekt. Alsof dit land – een land waarin een van zijn ingezetenen zich verkiesbaar kan stellen voor het hoogste ambt en een coalitie kan smeden tussen blanken en zwarten, latino's en Aziaten, rijken en armen, jongeren en ouderen – hopeloos is blijven steken in een armzalig verleden. Maar wat wij weten en hebben meegemaakt is dat Amerika wel degelijk kan veranderen. Dat maakt dit land juist zo bijzonder. En wat we al hebben bereikt, geeft ons de hoop – en de durf om te hopen – dat wij morgen nog veel meer kunnen en moeten bereiken.

Voor de blanke gemeenschap houdt het streven naar een volmaaktere eenheid in dat ze erkennen dat wat er schort aan de Afro-Amerikaanse gemeenschap niet alleen tussen de oren van zwarte mensen zit, dat de erfenis van de discriminatie – ook van de recente discriminatie die vaak minder openlijk wordt geuit – een feit is en dient te worden aangepakt. Niet alleen met woorden, maar ook met daden: door te investeren in onze scholen en gemeenschappen, toe te zien op de handhaving van onze burgerrechten en van een eerlijke rechtspraak, en door de huidige generatie kansen te bieden die voorgaande generaties werden ontzegd. Alle Amerikanen dienen te beseffen dat jouw droom niet per se ten koste gaat van mijn droom en dat als we investeren in de gezondheidszorg, het welzijn en de scholing van zwarte, bruine en blanke kinderen in heel Amerika daarmee gediend zijn.

Waar het uiteindelijk op neerkomt is niets meer of minder dan waar alle grote religies toe oproepen: Behandel anderen zoals je zelf door hen behandeld wilt worden. Wees uw broeders hoeder, houdt de Bijbel ons voor. Wees uw zusters hoeder. Laten we uitgaan van wat in ons aller belang is en ons bindt, en laat die geest doorklinken in ons beleid.

Want in dit land is de keuze aan ons. We kunnen ons neerleggen bij een politiek die verdeeldheid zaait en leidt tot onmin en cynisme. We kunnen de rassenkwestie alleen aankaarten als het een fraai spektakel oplevert, zoals in de rechtszaak tegen O.J. Simpson of in de nasleep van een tragische gebeurtenis als de orkaan Katrina, of als kanonnenvoer voor het late nieuws. We kunnen de preken van dominee Wright iedere dag op ieder kanaal uitzenden en het er tot de verkiezingen over hebben, zodat onze campagne alleen maar draait om de vraag of Amerikanen nu wel of niet menen dat ik op enigerlei wijze geloof hecht aan of instem met diens meest abjecte uitlatingen. We kunnen een heleboel stampij maken over de woorden van een Hillary-supporter die zich wat onhandig uitdrukte en daarin een bewijs zien voor verkapt racisme, of gaan gissen of blanken zich bij de verkiezingen niet massaal achter John McCain zullen scharen, ongeacht wat hij voorstaat.

Dat kan.

Maar als we dat doen, kan ik u nu al vertellen dat we het bij de volgende verkiezingen over een ander akkefietje zullen hebben. En daarna weer, en daarna weer. En ondertussen verandert er niets.

Dat is de ene optie. Of we kunnen nu, bij deze verkiezingen, als één man opstaan en zeggen: 'Deze keer doen we het anders.' Deze keer willen we het hebben over het falende onderwijs dat de kansen vergooit van zwarte kinderen en blanke kinderen en Aziatische kinderen en Spaanstalige kinderen en indiaanse kinderen. Deze keer gaan we niet cynisch doen en beweren dat die kinderen nu eenmaal niet kunnen leren en dat ze er anders uitzien dan wij en dus niet ons probleem zijn. De kinderen van Amerika zijn niet díé kinderen, het zijn onze kinderen, en we laten ze niet berooid achter in een 21ste-eeuwse economie. Deze keer niet.

Deze keer willen we het hebben over de lange rijen blanken en zwarten en hispanics op de eerste hulp die niet zijn verzekerd en zelf niet bij machte zijn de belangengroeperingen in Washington te overstemmen, maar zich er wel tegen teweer kunnen stellen, als we dat samen zouden doen.

Deze keer willen we het hebben over de dichtgetimmerde fabrieken die mannen en vrouwen van willekeurig welk ras ooit voorzagen van een redelijk inkomen, en over de huizen die te koop staan die ooit het trotse bezit waren van Amerikanen uit iedere religie, iedere regio en iedere rang of stand. Deze keer willen we het hebben over het feit dat het echte probleem niet is dat iemand die er anders uitziet dan jij misschien je baan inpikt, maar dat het bedrijf waarvoor je werkt puur voor de winst naar het buitenland verhuist.

Deze keer willen we het hebben over alle mannen en vrouwen van verschillende huidskleur en geloofsovertuiging, die samen dienst nemen en samen vechten en samen huilen onder een en dezelfde trotse vlag. We willen het hebben over hoe wij hen naar huis kunnen halen uit een oorlog waarin we nooit hadden moeten toestemmen en die nooit gevoerd had mogen worden. En we willen het hebben over hoe we van onze vaderlandsliefde kunnen getuigen door te zorgen voor hen en hun familie en hun te geven waar ze recht op hebben.

Ik zou geen presidentskandidaat zijn geworden als ik er niet heilig van overtuigd was dat de overgrote meerderheid van de mensen in dit land dat het liefste willen. Een volmaakte eenheid is misschien onmogelijk, maar generatie na generatie is gebleken dat er steeds weer iets kan worden verbeterd. En als ik daar soms aan twijfel of scepsis bij voel, geeft vooral de jongste generatie mij weer hoop: de jongeren die door hun houding, hun overtuiging en bereidheid tot verandering deze verkiezingen nu al memorabel hebben gemaakt.

Er is één verhaal dat ik u vandaag zou willen meegeven – een verhaal dat ik eerder heb verteld toen ik de eer had op de verjaardag van dr. King te mogen spreken in zijn eigen kerk in Atlanta, de Ebenezer Baptist Church.

Er is een jonge blanke vrouw van 23, genaamd Ashley Baia, die onze campagne in Florence, in South Carolina, hielp organiseren. Vanaf het begin zette ze zich vooral in om de grotendeels Afro-Amerikaanse gemeenschap te mobiliseren, en op een dag zat ze aan bij een rondetafeldiscussie waarin iedereen zich voorstelde en iets vertelde over zichzelf en de reden dat ze daar zaten.

En Ashley vertelde dat toen zij negen was haar moeder kanker kreeg. En dat ze vanwege haar ziekteverzuim werd ontslagen en dus niet langer voor haar ziektekosten verzekerd was. Ze moesten faillissement aanvragen, en daarop besloot Ashley dat ze iets moest doen om haar moeder te helpen.

Ze wist dat eten een van hun grootste uitgavenposten was, en dus overtuigde Ashley haar moeder ervan dat ze het allerliefste brood met mosterd en tafelzuur wilde eten. Want dat was het goedkoopste voedsel dat er was.

Dat hield ze een jaar lang vol, tot haar moeder weer beter was, en ze vertelde iedereen aan tafel dat ze zich bij onze campagne had aangesloten om de miljoenen andere kinderen in dit land te steunen die hun ouders willen en moeten helpen.

Ashley had ook iets heel anders kunnen doen. Misschien vertelde iemand haar in die tijd wel dat haar moeders problemen de schuld waren van zwarte mensen die in de bijstand zaten en te lui waren om te werken, of van de hispanics die hier illegaal naartoe kwamen. Maar daar ging ze niet in mee. Ze zocht medestanders om te strijden tegen het onrecht.

Hoe dan ook, Ashley rondt haar verhaal af en vraagt iedereen aan tafel waarom zij de campagne steunen. Iedereen heeft een ander verhaal en een andere reden. Veel mensen brengen een specifieke kwestie ter sprake. En uiteindelijk komen ze bij een zwarte man die er al die tijd stil bij heeft gezeten. En Ashley vraagt hem waarom hij hier is. En hij brengt geen specifieke kwestie ter sprake. Hij begint niet over de gezondheidszorg of de economie. Hij zegt niets over het onderwijs of de oorlog. Hij zegt niet dat hij hier zit voor Barack Obama. Hij zegt tegen iedereen rond de tafel alleen maar: 'De reden dat ik hier ben, is Ashley.'

'De reden dat ik hier ben, is Ashley.' Op zichzelf is het ene moment van herkenning tussen dat jonge blanke meisje en die oude zwarte man niet genoeg. Het is niet genoeg om ervoor te zorgen dat de zieken gezondheidszorg, de werklozen een baan en onze kinderen onderwijs krijgen.

Maar het is ons vertrekpunt. Het punt van waaruit we een steeds hechtere eenheid gaan vormen. En zoals vele generaties voor ons zich gaandeweg hebben gerealiseerd in de 221 jaar nadat een groep vaderlandslievende burgers dat document in Philadelphia ondertekende: het is het punt waarop de volmaaktere eenheid begint.

‘Een lange weg te gaan’

Toespraak na de verkiezingsoverwinning
Grant Park, Chicago, Illinois
4 november 2008

Mocht iemand zich nog afvragen of in Amerika echt alles mogelijk is en of de droom van onze grondleggers nog altijd leeft, mocht er iemand nog twijfelen aan de kracht van onze democratie, dan heeft hij vanavond het antwoord gekregen.

Dat antwoord werd gegeven door de rijen mensen die zich voor onze scholen en kerken verdrongen, in aantallen die ongekend zijn voor dit land, en kwam van mensen die vaak voor het eerst van hun leven drie of vier uur bleven staan wachten omdat ze vonden dat het deze keer anders moest en meenden dat hun stem daarbij doorslaggevend zou kunnen zijn.

Dat antwoord kwam van jong en oud, rijk en arm, Democraat en Republikein, zwart, blank, latino, Aziaat, native-American, homo, hetero, gehandicapt en niet-gehandicapt: Amerikanen die de wereld lieten weten dat wij geen verzameling rode en blauwe staten zijn en dat ook nooit zijn geweest, maar altijd de Verenigde Staten van Amerika zijn én blijven.

Dat antwoord kwam van mensen die al heel lang van alle kanten te horen hadden gekregen dat ze cynisch en bang en onzeker moesten zijn over wat we kunnen bereiken, maar die de boog van de geschiedenis oppakten en hun pijlen richtten op de hoop op betere tijden.

Het heeft lang moeten duren, maar door wat wij vandaag hebben gedaan, op deze verkiezingsdag, op dit beslissende moment, is er echt iets veranderd in Amerika.

Ik kreeg net een buitengewoon hoffelijk telefoontje van senator McCain. Hij heeft in deze campagne lang en hard gestreden, en hij heeft zelfs nog langer en harder gestreden voor dit land waar hij zo van houdt. Wat hij voor Amerika over heeft gehad, daar kunnen de meesten van ons zich geen voorstelling van maken. Wij mogen deze moedige en onzelfzuchtige partijleider dankbaar zijn voor wat hij allemaal voor ons heeft gedaan. Ik feliciteer hem en gouverneur Palin met wat ze hebben bereikt en ik zie ernaar uit met ze samen te werken om de belofte van dit land in de komende maanden nieuw leven in te blazen.

Ik wil ook mijn metgezel in dit avontuur bedanken, een man die recht uit het hart campagne voerde en sprak namens de mannen en vrouwen met wie hij opgroeide in Scranton en met wie hij in de trein naar huis terugreed in Delaware, de aankomende vicepresident van de Verenigde Staten, Joe Biden.

Ik zou hier vanavond niet staan zonder de niet-aflatende steun van mijn beste vriend van de afgelopen zestien jaar, de rots waarop ons gezin is gebouwd, mijn grote liefde, de volgende first lady van ons land, Michelle Obama. Sasha en Malia, ik houd verschrikkelijk veel van jullie en jullie hebben de nieuwe puppy verdiend die bij ons in het Witte Huis komt wonen. En al is mijn oma niet meer bij ons, ik weet zeker dat ze vanavond toekijkt, samen met de familie die mij heeft gemaakt tot wat ik ben. Ik mis ze vanavond en besef wat ik allemaal aan ze te danken heb.

Tegen mijn campagneleider David Plouffe, mijn topadviseur David Axelrod en het beste campagneteam uit de hele politieke geschiedenis, wil ik dit zeggen. Jullie hebben dit mogelijk gemaakt en ik ben jullie eeuwig dankbaar voor wat je ervoor overhad om dit voor elkaar te krijgen.

Toch zal ik nooit vergeten wie deze overwinning werkelijk heeft behaald, en dat zijn jullie. Ik was niet de meest voor de hand liggende kandidaat voor dit ambt. We begonnen met heel weinig geld en weinig steun. Onze campagne werd niet beraamd in achterkamertjes in Washington – ze begon in de achtertuinen van Des Moines, in de woonkamers van Concord en op de veranda's van Charleston.

Ze vond steun bij de werkende mannen en vrouwen die uit hun krappe beurs vijf dollar of tien dollar of twintig dollar trokken om aan onze zaak te geven. Ze won aan kracht door de jongeren die zich niet wijs lieten maken dat hun generatie apathisch zou zijn en die hun huis en familie achterlieten voor een baantje dat hun weinig geld en nog minder slaap opleverde. Ze kwam op stoom door de niet-meer-zo-jonge mensen die de bittere kou en de zinderende hitte trotseerden om bij volslagen onbekenden aan te bellen, en door de miljoenen Amerikanen die zich aanmeldden als vrijwilliger, de organisatie op zich namen en bewezen dat twee eeuwen na dato een regering van het volk, door het volk en voor het volk nog niet van de aardbodem is verdwenen. Dit is jullie overwinning.

Ik weet dat jullie dit niet alleen deden om de verkiezingen te winnen en dat jullie het ook niet deden voor mij. Jullie deden het omdat jullie inzagen wat voor reusachtige taak op ons wacht. Zelfs nu we vandaag feestvieren gebeurt dat in het besef dat de uitdagingen die ons morgen wachten de grootste uit ons leven zullen zijn: twee oorlogen, een ernstig bedreigde planeet, de zwaarste financiële crisis in een eeuw. En zoals we hier vanavond bij elkaar zijn, realiseren we ons dat er dappere Amerikanen in de woestijnen van Irak en in de bergen van Afghanistan wakker worden en voor ons hun leven op het spel zetten. Er zijn moeders en vaders die liggen te woelen nadat hun kinderen zijn gaan slapen, omdat ze niet weten hoe ze de hypotheek moeten betalen, of de doktersrekening, of hoe ze aan het geld moeten komen om hun kinderen te kunnen laten doorstuderen. We moeten met nieuwe energie aan de slag en nieuwe banen creëren, nieuwe scholen bouwen en gevaren trotseren en bondgenootschappen herstellen.

We hebben nog een lange weg te gaan. En het zal een hele klim worden. We redden het misschien niet in één jaar of zelfs binnen één termijn, maar, Amerika, ik heb alle hoop, zeker nu vanavond, dat het ons gaat lukken. Want ik beloof jullie: samen gaat ons dat lukken.

Er zullen nog wel wat tegenslagen volgen, en af en toe een valse start. En velen zullen het niet altijd eens zijn met de besluiten en maatregelen die ik neem als ik eenmaal president ben, en we weten dat de overheid niet álle problemen kan oplossen. Maar ik zal altijd eerlijk zijn over de uitdagingen waar we voor staan. Ik zal naar jullie luisteren, vooral als we het niet met elkaar eens zijn. Maar bovenal zal ik jullie vragen mee te helpen dit land weer op te bouwen zoals we dat in Amerika al 221 jaar doen: huis voor huis, baksteen voor baksteen, eeltige hand voor eeltige hand.

Wat 22 maanden geleden midden in de winter begon, mag niet in deze herfstnacht eindigen. Deze overwinning is niet het enige wat we wilden bereiken: het is niet meer dan onze kans om voor verandering te zorgen. En die zal er niet komen als we weer in oude patronen vervallen. Die verandering zal er niet komen zonder jullie.

Dus laten we nu, vanuit een nieuw patriottisme en een hernieuwde bereidheid om elkaar te helpen en onze verantwoordelijkheid te nemen, besluiten om de mouwen op te stropen en harder te gaan werken, en niet alleen voor onszelf op te komen maar ook voor een ander. Als de huidige financiële crisis ons iets heeft geleerd, is het dat de ondernemer niet kan floreren als de burger het zwaar heeft. In dit land klimmen we op of gaan we ten onder als één natie, één volk.

Laten we de verleiding weerstaan terug te vallen in dezelfde partijgeest en bekrompenheid en onvolwassenheid die onze politiek al zo lang vergiftigen. Laten we niet vergeten dat het een man was uit deze deelstaat die als eerste de vlag van de Republikeinse Partij naar het Witte Huis droeg – een partij die is gegrondvest op de waarden van onafhankelijkheid, individuele vrijheid en nationale eenheid. Dat zijn waarden die wij allemaal delen, en al is het de Democratische Partij die vanavond een grote overwinning heeft behaald, we blijven in zekere mate bescheiden en vastbesloten om een einde te maken aan onze onderlinge verdeeldheid die de vooruitgang al zo lang in de weg heeft gestaan.

Zoals Lincoln zei tegen een land dat nog verdeelder was dan het onze: 'Wij zijn geen vijanden, maar vrienden [...] Al zijn de gemoederen verhit geraakt en heeft dat onze vriendschapsbanden geen goed gedaan, we mogen ze niet verbreken.' En aan alle Amerikanen wier steun ik nog moet verdienen: jullie hebben vandaag misschien niet voor mij gestemd, maar ik hoor jullie wel. Ik heb jullie hulp hard nodig. En ik zal ook jullie president zijn.

En aan iedereen buiten onze grenzen die vanavond zit mee te kijken, van de parlementen en paleizen van deze wereld tot de verre uithoeken waar men aan de radio gekluisterd zit – onze verhalen zijn anders en eenmalig, maar we hebben een gedeelde toekomst en er breekt een nieuwe dageraad aan van vernieuwd Amerikaans leiderschap. Aan iedereen die deze wereld te gronde wil richten: we zullen jullie verslaan. Aan iedereen die in vrede en veiligheid wil leven: jullie kunnen rekenen op onze steun. En aan iedereen die zich afvraagt of Amerika nog altijd zo'n lichtend baken van hoop is: vanavond hebben we eens te meer bewezen dat de ware kracht van dit land niet schuilt in ons machtige wapenarsenaal of de omvang van onze economie, maar in de blijvende kracht van onze idealen – democratie, vrijheid, onbegrensde mogelijkheden en onverzettelijke hoop.

Want dat is wat Amerika zo bijzonder maakt: het feit dat Amerika kan veranderen. We kunnen een nog hechtere eenheid vormen. En alles wat we al hebben bereikt, geeft ons de hoop dat wij morgen nog veel meer kunnen en ook moeten bereiken.

In deze verkiezingen gebeurde er van alles wat we nog niet eerder hebben meegemaakt en er zal nog generaties lang over worden gesproken. Maar het verhaal dat mij vanavond niet loslaat gaat over een vrouw die in Atlanta haar stem uitbracht. Ze is net als al die miljoenen anderen die in de rij stonden om hun stem mee te laten tellen, met één verschil: Ann Nixon Cooper is 106.

Ze behoort tot de eerste generatie die na de afschaffing van de slavernij werd geboren, in een tijd dat er nog geen auto's op de weg reden of vliegtuigen overvlogen, en dat iemand zoals zij om twee redenen niet mocht stemmen. Ze was een vrouw en haar huidskleur gold als bezwaar.

Vanavond denk ik aan alles wat zij in haar leven in Amerika heeft meegemaakt: het leed en de hoop, het verzet en de kentering, de keren dat ons werd voorgehouden dat het ons toch niet zou lukken, en de mensen die desondanks doorzetten onder het Amerikaanse credo: *Yes we can.*

In een tijd dat vrouwen de mond werd gesnoerd en iedere hoop werd ontnomen, zag zij dat ze in opstand kwamen, hun stem lieten horen en stemrecht eisten. *Yes we can.*

Toen de Dust Bowl de wanhoop nabij was en het hele land in crisis verkeerde, zag zij hoe een volk zijn angst overwon met de New Deal, met nieuwe banen en een gezamenlijk doel voor ogen. *Yes we can.*

Toen de bommen op Pearl Harbor vielen en de wereld aan tirannie ten onder dreigde te gaan, was zij er getuige van dat een hele generatie zichzelf overtrof en de democratie redde. *Yes we can.*

Zij zag de bussen in Montgomery, de brandspuiten in Birmingham, een brug in Selma en een dominee uit Atlanta die het volk toeriep: 'Wij zullen overwinnen!' *Yes we can.*

Er stapte een man op de maan, er viel een muur in Berlijn en met onze wetenschap en creativiteit werd de wereld aaneengesloten tot een netwerk. En dit jaar, tijdens deze verkiezingen, plaatste ze haar vinger op een scherm en bracht ze haar stem uit omdat ze na 106 jaar in Amerika te hebben geleefd, in tijden van bloei en in tijden van diepste ellende, zeker weet dat Amerika veranderen kan. *Yes we can.*

Amerika, we zijn van ver gekomen. We hebben veel meegemaakt. En er valt nog zo veel meer te doen. Dus laten we onszelf vanavond afvragen: als onze kinderen de volgende eeuw nog mogen meemaken, als mijn dochters het geluk hebben zo lang te blijven leven als Ann Nixon Cooper, welke veranderingen zullen zij dan nog zien? Wat zullen wij dan hebben bereikt?

Dit is onze kans gehoor te geven aan die oproep. Dit is voor ons het moment. Het is nu aan ons om mensen weer aan het werk te helpen en onze kinderen een eerlijke kans te geven, om de welvaart te herstellen en ons in te zetten voor de vrede, om de American Dream te laten herleven en vast te houden aan het fundamentele idee dat wij uit velen één zijn. En dat zolang we leven we hoop zullen koesteren, en als we aanlopen tegen cynisme en twijfel en mensen die ons vertellen dat het niet kan, dat wij zullen antwoorden met dat tijdloze credo waarin de ware aard van ons volk ligt besloten: *Yes we can.*

Bedankt iedereen. God zegene u, en God zegene de Verenigde Staten van Amerika.

‘Hoop boven angst’

Inaugurele rede
Het Capitool, Washington D.C.
20 januari 2009

Landgenoten: ik voel me nederig in het zicht van de taak die voor ons ligt, dankbaar voor het vertrouwen dat u in ons stelt, en ik ben me bewust van de opofferingen die onze voorouders zich hebben getroost.

Ik dank president Bush voor zijn diensten aan ons land en voor de ruimhartigheid en de medewerking die hij ons heeft betoond tijdens deze hele overgang.

Vierenveertig Amerikanen hebben inmiddels deze eed afgelegd. Deze woorden zijn uitgesproken tijdens golven van toenemende welvaart en in de rustige wateren van de vrede. Af en toe, echter, wordt deze eed afgelegd te midden van samenpakkende wolken en razende stormen. Op zulke momenten is Amerika niet simpelweg voortgegaan dankzij de vaardigheden en de visie van degenen die de hoogste ambten bekleden, maar omdat wij, het volk, trouw zijn gebleven aan de idealen van onze voorouders en trouw aan de door onze grondleggers opgestelde documenten. Zo is het geweest, en zo moet het ook gaan met deze generatie Amerikanen.

Dat wij in een crisis verkeren, wordt algemeen onder ogen gezien. Ons land is in oorlog met een wijdverbreid netwerk vol geweld en haat. Onze economie is ernstig verzwakt als gevolg van de hebzucht en het gebrek aan verantwoordelijkheidsgevoel van sommigen, maar ook van ons collectieve onvermogen om moeilijke keuzes te maken en het land voor te bereiden op een nieuwe tijd. Woningen zijn kwijtgeraakt, banen verdwenen, bedrijven gesloten. Onze gezondheidszorg is te kostbaar, onze scholen laten te veel jongeren in de steek; en elke dag opnieuw blijkt dat de manier waarop wij energie gebruiken onze tegenstanders krachtiger maakt en onze planeet in gevaar brengt.

Dat zijn de indicatoren voor een crisis, onderworpen aan gegevens en statistieken. Minder meetbaar, maar daarom niet minder ingrijpend is het verlies van vertrouwen in het hele land; een knagende angst dat de ondergang van Amerika onafwendbaar is, dat de volgende generatie haar verwachtingen moet bijstellen.

Ik zeg u dat de opgaven waar wij voor staan, reëel zijn. Ze zijn ernstig en het zijn er vele. Ze zullen niet gemakkelijk of in korte tijd worden opgelost. Maar weet dat ze zullen worden opgelost.

Wij zijn hier bijeen omdat we hoop verkiezen boven angst, een gezamenlijk doel boven conflicten en onenigheid. Wij zijn hier om het einde aan te kondigen van kleinzielige wrok en valse beloften, wederzijdse beschuldigingen en sleetse dogma's die onze politiek veel te lang hebben verstikt. Wij zijn nog steeds een jong volk. Maar in de woorden van de Heilige Schrift is de tijd gekomen om het kinderlijke teniet te doen. De tijd is gekomen om onze spirit opnieuw te bewijzen; om voor een betere geschiedenis te kiezen; om dat kostbare geschenk, dat nobele idee voort te dragen dat van generatie op generatie is doorgegeven: die van God gegeven belofte dat iedereen gelijk is, iedereen vrij is, en dat iedereen een kans verdient om zijn geluk ten volle na te streven.

In het opnieuw bevestigen van de grootsheid van ons land begrijpen wij des te beter dat die grootsheid nooit een vaststaand feit is. Zij moet worden verdiend. Wij zijn er op onze tocht nooit op uit geweest een kortere route te vinden of met minder genoegen te nemen. Het is nooit het pad geweest van de zwakkeling, van degene die liever lui dan moe is, of die alleen het genot zoekt van rijkdom en roem. Het zijn juist de risiconemers, de doeners, degenen die dingen maakten, van wie sommigen erkenning kregen, maar veel vaker mannen en vrouwen die in de schaduw hun werk verrichtten, die ons over het lange, ruige pad hebben gedragen naar welvaart en vrijheid.

Voor ons pakten ze hun schamele bezittingen bijeen en reisden ze over zeeën, op zoek naar een nieuw bestaan. Voor ons ploeterden ze in ateliers, settelden ze zich in het westen, doorstonden ze zweepslagen en ploegden ze de harde aarde om. Voor ons vochten en stierven ze op plekken als Concord, Gettysburg, Normandië en Khe Sahn.

Keer op keer moesten deze mannen en vrouwen worstelen, zich opofferingen getroosten en hun handen rauw werken opdat wij een beter leven zouden krijgen. Zij beschouwden Amerika als iets groters dan de optelsom van onze persoonlijke ambities, iets groters dan alle verschillen in afkomst, rijkdom en overtuiging.

Dit is de reis die we tot op de dag van vandaag maken. We zijn nog steeds het welvarendste, machtigste land ter wereld. Onze arbeiders zijn niet minder productief dan toen deze crisis begon. Onze geest is niet minder vindingrijk, onze goederen en diensten niet minder gewild dan ze vorige week, vorige maand of vorig jaar waren. Onze capaciteit is onverminderd groot. Maar de tijd om voet bij stuk te houden, om benepen belangen te beschermen en onaangename beslissingen uit te stellen, die tijd is beslist voorbij. Vanaf vandaag moeten we onszelf herpakken, het stof van ons afslaan en opnieuw onze schouders zetten onder de opbouw van Amerika.

Want overal waar je kijkt is er werk te doen. De toestand van onze economie vraagt om gedurfde, snelle actie. En we zullen handelen, niet alleen om nieuwe banen te scheppen, maar ook om een nieuw fundament te leggen voor groei. We zullen wegen en bruggen bouwen, elektriciteitsnetten en digitale netwerken aanleggen die onze handel voeden en ons verbinden. We zullen de wetenschap haar gerechte plaats teruggeven en de wonderen der technologie inzetten om de kwaliteit van de gezondheidszorg te verbeteren en de kosten te verlagen. We zullen de krachten van de zon, de wind en de aarde aanwenden om onze auto's van brandstof te voorzien en onze fabrieken te laten draaien. We zullen onze scholen, colleges en universiteiten transformeren om tegemoet te komen aan de eisen van een nieuwe tijd. Dit alles kunnen wij doen. Dit alles zullen wij doen.

Er zijn mensen die vraagtekens zetten achter de omvang van onze ambities, die suggereren dat ons systeem geen grootse plannen aankan. Hun geheugen reikt niet ver, want zij zijn vergeten wat dit land al heeft gedaan, wat vrije mannen en vrouwen kunnen bereiken als voorstellingsvermogen wordt gepaard aan een gemeenschappelijk doel, en noodzaak aan moed. Wat de cynici niet begrijpen is dat de grond onder hun voeten is verschoven, dat de oudbakken politieke argumenten waaronder we lang gebukt zijn gegaan, niet langer van toepassing zijn.

De vraag die wij vandaag stellen is niet of onze overheid te groot of te klein is, maar of zij al of niet functioneert, of ze helpt ouders zaken te vinden als een baan voor een fatsoenlijk loon, zorg die ze kunnen betalen, een fatsoenlijk pensioen. Waar het antwoord 'ja' luidt, zijn wij van plan door te gaan. Waar het antwoord 'nee' is, zullen programma's worden gestaakt. En degenen onder ons die overheidsgeld beheren, zullen ter verantwoording worden geroepen om dat geld verstandig te besteden, slechte gewoonten te hervormen, en onze bezigheden te bedrijven in het volle licht, want alleen dan kunnen we het onmisbare vertrouwen herstellen tussen een volk en zijn regering. Evenmin is het de vraag of de markt een goede of een kwade kracht is. Haar vermogen om welvaart te creëren en vrijheid te vergroten is ongeëvenaard. Maar deze crisis heeft ons eraan helpen herinneren dat de markt zonder een waakzaam oog kan ontsporen. Het land kan niet langdurig bloeien als alleen wie welvarend is wordt begunstigd. Het succes van onze economie is niet alleen afhankelijk van de omvang van ons bruto nationaal product, maar ook van het bereik van onze welvaart, van het vermogen om kansen te bieden voor elk bereidwillig hart, niet uit liefdadigheid, maar omdat dat de betrouwbaarste route is naar ons gemeenschappelijke welzijn.

Wat onze gemeenschappelijke verdediging aangaat, verwerpen

wij de schijnkeuze tussen veiligheid en idealen. Geconfronteerd met gevaren waarvan wij ons nauwelijks een voorstelling kunnen maken, stelden onze grondleggers een handvest op om een rechtsstaat en mensenrechten zeker te stellen, en dit handvest is met het bloed van vele generaties uitgebreid. Deze idealen zijn nog steeds een lichtend voorbeeld voor de wereld en wij zullen ze niet opgeven uit opportunisme.

En dus zeggen wij tot alle andere volkeren en regeringen die nu kijken, van de prachtigste hoofdsteden tot het dorpje waar mijn vader werd geboren: weet dat Amerika een vriend is van alle volkeren, van alle mannen, vrouwen en kinderen die naar een toekomst van vrede en waardigheid verlangen. En wij zijn bereid opnieuw de leiding te nemen.

Vergeet niet dat vroegere generaties niet alleen met raketten en tanks het fascisme en het communisme tegemoet zijn getreden, maar ook met stevige allianties en onwankelbare overtuigingen. Zij begrepen dat we niet beschermd kunnen worden door onze kracht alleen, en evenmin geeft die macht ons het recht om te doen en laten wat we willen. Zij beseften juist dat onze kracht groeit dankzij een verstandig gebruik ervan; onze veiligheid vloeit voort uit de rechtvaardigheid van onze zaak, de kracht van ons voorbeeld, de matigende kwaliteiten van nederigheid en zelfbeheersing.

Wij zijn de hoeders van dat erfgoed. Als wij ons wederom laten leiden door deze beginselen, kunnen we deze nieuwe dreigingen tegemoet treden, die om een nog grotere inzet, nog stevigere samenwerking en meer begrip tussen volkeren vragen. We zullen beginnen op verantwoorde wijze Irak aan zijn inwoners over te laten en in Afghanistan een zwaar bevochten vrede te bewerkstelligen. We zullen er samen met oude vrienden en voormalige vijanden onvermoeibaar aan werken om de nucleaire dreiging te verminderen en zullen het spook van een opwarmende planeet terugdringen.

Wij zullen ons niet verontschuldigen voor onze manier van leven, en evenmin zullen we aflaten die te verdedigen. En tot diegenen die hun doelstellingen willen bereiken met het zaaien van angst en het afslachten van onschuldigen zeggen wij dat onze geest sterker is en niet kan worden gebroken: u zal ons niet overleven en wij zullen u verslaan.

Wij weten immers dat ons erfgoed dat aan een lappendeken doet denken geen zwakte is, maar een kracht. Wij zijn een land van christenen en moslims, joden en hindoes, en van niet-gelovigen. Wij zijn gevormd door elke taal en cultuur van alle uithoeken van deze aarde; en omdat wij de wrange vruchten hebben geplukt van burgeroorlogen en rassenscheiding en sterker en eensgezinder uit dat duistere tijdperk zijn verrezen, kunnen we niet anders dan geloven dat de oude haatgevoelens ooit zullen verdwijnen; dat de lijnen tussen stammen weldra zullen vervagen; dat naarmate de wereld kleiner wordt, ons gedeelde menszijn zich steeds duidelijker zal aftekenen; en dat Amerika zijn rol moet spelen bij het inluiden van een nieuw tijdperk van vrede.

Tot de moslimwereld zeg ik dat wij op zoek gaan naar een nieuwe weg vooruit op basis van wederzijdse interesse en respect. Tot de leiders wereldwijd die tweedracht willen zaaien en het Westen de schuld in de schoenen willen schuiven van het falen in hun eigen samenleving zeg ik: besef dat uw volk u zal beoordelen op grond van wat u opbouwt, niet van wat u vernietigt.

Tot diegenen die zich door middel van corruptie, misleiding en het tot zwijgen brengen van de oppositie aan hun macht vastklampen, zeg ik: besef dat u aan de verkeerde kant van de geschiedenis staat, maar dat wij u de hand zullen toesteken als u bereid bent uw vuist te openen.

Tot de volkeren van arme landen zeg ik dat wij plechtig beloven dat we er samen met u aan zullen werken om uw boerderijen te laten floreren en schoon water te laten vloeien; om ondervoede lichamen en uitgehongerde geesten te voeden. En tot de landen die net als het onze relatieve welvaart genieten, zeggen wij dat we ons niet langer kunnen veroorloven onverschillig te zijn voor het lijden voorbij onze grenzen, en evenmin kunnen wij de hulpbronnen van de wereld verbruiken zonder ons bezig te houden met de gevolgen. Want de wereld is veranderd en wij moeten meeveranderen.

Bij het beschouwen van de rol die zich voor ons ontvouwt, denken wij met nederige dankbaarheid aan die dappere Amerikanen die op ditzelfde moment patrouilleren in verre woestijnen en bergen. Zij hebben ons iets te zeggen, net als de gevallen helden in Arlington ons door de eeuwen heen toefluisteren. Wij eren hen niet slechts omdat ze de hoeders zijn van onze vrijheid, maar ook omdat ze de belichaming zijn van die geest van dienstbaarheid en de bereidheid om betekenis te vinden in iets wat groter is dan zijzelf.

Toch zal op dit zo beslissende moment voor een hele generatie juist die geest ons allemaal moeten beheersen. Want hoeveel een regering ook kan en moet doen, het is in uiterste instantie toch het vertrouwen en de vastberadenheid van het Amerikaanse volk waarop dit land drijft. Het is de vriendelijkheid om een vreemde in huis te halen wanneer de dijken doorbreken, de onzelfzuchtigheid van arbeiders die liever zelf minder uren gaan werken dan te moeten toezien hoe een vriend zijn baan verliest, die ons door onze donkerste uren heen loodst. Het is de moed van de brandweerman om een trappenhuis binnen te gaan dat vol rook hangt, maar ook de bereidheid van een ouder om een kind te voeden, dat uiteindelijk ons lot bepaalt.

De opgaven waar wij voor staan, zijn nieuw. De middelen waarmee we die tegemoet treden wellicht eveneens. Maar de waarden waarop ons succes steunt (eerlijkheid en hard werken, moed en rechtvaardigheid, tolerantie en nieuwsgierigheid, loyaliteit en vaderlandsliefde) zijn stuk voor stuk oud. Ze zijn echt. De hele geschiedenis door zijn ze de stille kracht achter de vooruitgang geweest.

Wat geboden is, is een terugkeer naar deze waarheden. Wat van ons wordt verlangd is een nieuw tijdperk van verantwoordelijkheidsgevoel, de erkenning van iedere Amerikaan dat we verplichtingen hebben tegenover onszelf, ons land en de wereld; verplichtingen die we niet met tegenzin aanvaarden maar juist met beide handen aangrijpen, in het stellige besef dat niets zo bevredigend is voor de geest, zo bepalend voor ons karakter als om met alles wat in ons is ons in te zetten voor een moeilijke taak.

Dit is de prijs en de belofte van burgerschap. Het is de bron van ons zelfvertrouwen, de wetenschap dat God ons oproept om vorm te geven aan een onzekere lotsbestemming. Dat is het wat onze vrijheid en onze overtuiging inhouden, waarom mannen, vrouwen en kinderen van elk ras en elke geloofsovertuiging kunnen deelnemen aan de viering op deze magnifieke National Mall; en waarom een man wiens vader nog geen zestig jaar geleden wellicht niet bediend was in een restaurant in deze stad, hier nu voor u kan staan om de heiligste eed af te leggen.

Dus laten wij deze dag gebruiken om terug te denken aan wie we zijn en aan de lange weg die we hebben afgelegd. In het jaar van de geboorte van Amerika, in de allerkoudste maand, stond een klein groepje patriotten bijeengekropen rond dovende kampvuren op de oever van een ijzige rivier. De hoofdstad was verlaten. De vijand rukte op. De sneeuw was met bloed bevlekt. Op het moment dat de uitkomst van onze revolutie het twijfelachtigst was, beval de vader van ons land dat deze woorden zouden worden voorgelezen aan het volk:

> 'Laat de toekomstige wereld weten (...) dat hartje winter, toen slechts hoop en rechtschapenheid konden overleven (...) gealarmeerd door een gemeenschappelijk gevaar, stad en platteland [dat gevaar] tegemoet traden.'

Amerika, laat ons, oog in oog met de gemeenschappelijke gevaren die ons in deze winter van onze tegenspoed bedreigen, aan deze tijdloze woorden denken. Laten we opnieuw met hoop en rechtschapenheid de ijzige stromen trotseren en de stormen doorstaan die wellicht nog komen. Moge door de kinderen van onze kinderen worden gezegd dat toen wij op de proef werden gesteld, wij hebben geweigerd deze reis te laten eindigen, dat wij ons niet terugtrokken en niet wankelden, en dat we met de ogen gericht op de horizon en Gods genade die op ons rustte, dat grote geschenk van de vrijheid hebben voortgedragen en veilig hebben afgeleverd bij de toekomstige generatie.

‘Een nieuw begin’

Toespraak over wederzijds begrip tussen de islamitische wereld en het Westen
Universiteit van Caïro
4 juni 2009

Goedemiddag. Het is een eer om hier te zijn, in de tijdloze stad Caïro, als gast van twee opmerkelijke instituten. Al meer dan duizend jaar is Al Azhar een baken in de islamitische wereld van kennis en wetenschap en de universiteit van Caïro is al ruim een eeuw een belangrijke bron van vooruitgang in Egypte. Samen vertegenwoordigen jullie de harmonie tussen traditie en vooruitgang. Ik ben dankbaar voor jullie gastvrijheid en de gastvrijheid van het Egyptische volk. En ik breng u vol trots de goede wil van het Amerikaanse volk en een vreedzame groet van de moslimgemeenschappen in mijn land: salaam aleikum.

We ontmoeten elkaar in een tijd van grote spanningen tussen de Verenigde Staten en moslims over de hele wereld, spanningen die wortelen in historische krachten die verder reiken dan de discussies over het huidige beleid. De relatie tussen de islam en het Westen heeft eeuwen van vreedzame co-existentie en samenwerking gekend, maar ook conflicten en geloofsoorlogen. Meer recentelijk zijn de spanningen gevoed door het kolonialisme, dat inbreuk maakte op de rechten en kansen van vele moslims, en een Koude Oorlog waarin landen met een moslimmeerderheid te vaak zijn behandeld als stromannen, zonder rekening te houden met hun eigen ambities. Daar komt nog bij dat de grote veranderingen die samenhangen met modernisering en globalisering ertoe hebben geleid dat veel moslims het Westen zijn gaan beschouwen als een vijand van de islamitische tradities.

Gewelddadige extremisten hebben deze spanningen uitgebuit onder een kleine, maar invloedrijke minderheid van moslims. Door de aanslagen van 11 september 2001 en de aanhoudende pogingen van deze extremisten om geweld in te zetten tegen burgers zijn sommigen in mijn land de islam gaan beschouwen als een geloof dat niet alleen vijandig tegenover Amerika en de westerse landen staat, maar ook tegenover de mensenrechten. Dit alles heeft nog meer angst en wantrouwen gekweekt.

Zolang onze relatie wordt overheerst door onze verschillen, versterken we hen die die haat zaaien in plaats van vrede, die het conflict zoeken in plaats van de samenwerking die onze volkeren rechtvaardigheid en welvaart kan brengen. En die vicieuze cirkel van achterdocht en onenigheid moet doorbroken worden.

Ik ben hier in Caïro om een nieuw begin te zoeken tussen de Verenigde Staten en moslims over de hele wereld, een nieuw begin op basis van gemeenschappelijke belangen en wederzijds respect, op basis van het onbetwistbare feit dat Amerika en de islam elkaar niet uitsluiten en niet met elkaar hoeven te wedijveren. Ze overlappen elkaar en delen bepaalde principes – principes op het gebied van rechtvaardigheid en vooruitgang, tolerantie en de waardigheid van alle menselijke wezens.

Dit doe ik in de wetenschap dat verandering niet van de ene op de andere dag komt. Ik weet dat er veel publiciteit rondom deze toespraak is geweest, maar één toespraak kan geen jaren van wantrouwen uitwissen, noch kan ik in de tijd die ik hier vanmiddag heb niet alle complexe kwesties behandelen die ons hier hebben gebracht. Maar ik ben ervan overtuigd dat we, om verder te komen, open en eerlijk tegen elkaar moeten zijn over de dingen die ons zo na aan het hart liggen en te vaak alleen uitgesproken worden achter gesloten deuren. En we moeten moeite blijven doen om naar elkaar te blijven luisteren, om van elkaar te leren, om elkaar te respecteren en om tot overeenstemming te komen. Zoals de Koran ons zegt: 'Wees u bewust van God en spreek altijd de waarheid.' Dat zal ik vandaag ook proberen te doen: de waarheid spreken zo goed als ik maar kan, met een heilig ontzag voor de taak die ons wacht en met een heilig geloof dat onze gemeenschappelijke belangen als mensen onder elkaar uiteindelijk veel zwaarder zullen wegen dan de krachten die ons uiteendrijven.

Een deel van dat geloof wortelt in mijn eigen leven. Ik ben een christen, maar mijn vader was afkomstig uit een Keniaanse familie die generaties van moslims telt. Als kind heb ik jaren doorgebracht in Indonesië en hoorde ik de oproep tot het gebed bij zonsopgang en zonsondergang. Als jongeman werkte ik in Chicago, waar velen waardigheid en innerlijke rust vonden in hun islamitische geloof.

Ik heb mij verdiept in de geschiedenis, dus weet ik ook wat de beschaving aan de islam te danken heeft. Het was de islam – op plekken als Al-Azhar – die de fakkel van de kennis zo veel eeuwen brandende hield en de weg vrijmaakte voor de Europese renaissance en de verlichting. De innovatieve geest van moslimgemeenschappen bracht ons algebra, het magnetische kompas en onze navigatie-instrumenten, het schrift en de drukpers, onze kennis over de verspreiding en genezing van ziekten. De islamitische cultuur heeft ons majestueuze booggewelven geschonken, hoge torenspitsen, tijdloze poëzie en geliefde muziek, elegante kalligrafie en schitterende oorden van kalme bespiegeling. En van oudsher heeft de islam met woord en daad de mogelijkheid van religieuze tolerantie en rassengelijkheid aangetoond.

Ik weet ook dat de islam van meet af aan deel heeft uitgemaakt van het Amerikaanse verhaal. De eerste natie die mijn land erkende was Marokko. Toen onze tweede president, John Adams, in 1796 het Verdrag van Tripoli tekende, schreef hij: 'De Verenigde Staten voelen geen inherente vijandschap jegens de wetten, het geloof of de vreedzaamheid van moslims.' En sinds ons ontstaan hebben Amerikaanse moslims de Verenigde Staten weten te verrijken. Ze vochten in onze oorlogen, ze bekleedden overheidsfuncties, ze maakten zich sterk voor burgerrechten, ze zetten ondernemingen op, ze doceerden aan onze universiteiten, ze excelleerden op onze sportvelden, ze wonnen Nobelprijzen, bouwden onze hoogste gebouwen en staken de olympische fakkel aan. En toen onlangs het eerste islamitische Congreslid werd verkozen, legde hij de eed om pal te staan voor onze grondwet af op dezelfde Koran die een van de grondleggers van Amerika – Thomas Jefferson – in zijn privébibliotheek bewaarde.

Ik kende de islam dus al op drie continenten voor ik de geboortegrond van dit geloof bezocht. Die ervaringen ondersteunen mijn geloof dat het partnerschap tussen Amerika en de islam gebaseerd moet zijn op wat de islam is, en niet wat het niet is. En ik beschouw het als een van mijn plichten als president van de Verenigde Staten om te vechten tegen negatieve stereotyperingen van de islam waar ik die tegenkom.

Maar hetzelfde moet opgaan voor de islamitische kijk op Amerika. Moslims zijn niet de enigen die niet te vatten zijn in botte stereotypen, ook Amerika is niet het botte stereotype van een egoïstisch wereldrijk. De Verenigde Staten zijn van oudsher een van de grootste aanjagers van de vooruitgang die de wereld ooit heeft gekend. We zijn geboren uit een opstand tegen een wereldrijk. We zijn gesticht met het ideaal dat alle mensen gelijk zijn geschapen, en we hebben bloed vergoten en eeuwenlang gestreden om aan die woorden inhoud te geven, binnen onze eigen grenzen en in de wereld. We zijn gevormd door alle culturen uit alle landstreken op aarde en ten diepste verknocht aan een simpel concept: e pluribus unum – uit velen één.

Goed, er is veel te doen geweest over het feit dat een zwarte Amerikaan met de naam Barack Hussein Obama tot president verkozen kon worden. Maar mijn verhaal is niet zo uniek. Onze droom van gelijke kansen voor al onze burgers is niet voor iedereen in Amerika uitgekomen, maar de belofte blijft staan voor eenieder die zich bij ons vestigt, onder wie inmiddels bijna zeven miljoen Amerikaanse moslims, die overigens hogere inkomens en hogere opleidingen hebben dan gemiddeld in Amerika.

Bovendien is de Amerikaanse vrijheid onverbrekelijk verbonden met de vrijheid van religie. Daarom is er in elke Amerikaanse staat een moskee en telt ons grondgebied meer dan 1200 moskeeën. Daarom heeft de Amerikaanse overheid tot in de rechtszaal gestreden voor het recht van vrouwen en meisjes om de sluier te dragen en geijverd voor bestraffing van hen die hun dat recht niet gunnen.

Laat er dus geen twijfel over bestaan dat de islam deel uitmaakt van Amerika. En ik geloof dat Amerika de waarheid in zich bergt dat wij allen, ongeacht ras, religie of status, dezelfde idealen hebben: leven in vrede en veiligheid, de kans op onderwijs en werk dat ons waardigheid verschaft, liefde voor onze familie, onze omgeving en onze God. Dat zijn dingen die wij allen delen. Dit is de hoop van de hele mensheid.

Natuurlijk is het besef van onze gedeelde menselijkheid nog maar het begin van onze taak. Met woorden alleen zijn onze burgers niet geholpen. We helpen ze alleen als we de komende jaren onbevreesd te werk gaan en begrijpen dat de uitdagingen die we tegemoet treden voor ons allen opgaan en dat het ons allen schaadt als we ze niet aangaan.

We hebben uit recente ervaring wel geleerd dat ieders welvaart eronder lijdt als een financieel systeem in één land inzakt. Als een nieuw griepvirus één mens infecteert, zijn we allen in gevaar. Als één natie kernwapens ontwikkelt, stijgt het gevaar van kernaanvallen voor alle volkeren. Als gewelddadige extremisten in één bergketen opereren, levert dat risico's op voor mensen aan de andere kant van een oceaan. Als onschuldigen in Bosnië en Darfur worden afgeslacht, is dat een smet op ons collectieve geweten. Dat houdt het in om deze wereld met elkaar te delen in de 21ste eeuw. Dat is de verantwoordelijkheid die we voor elkaar hebben als mensen onder elkaar.

En deze verantwoordelijkheid is soms moeilijk uitvoerbaar. De geschiedenis van onze soort is vaak een geschiedenis geweest van naties en stammen – en ja, ook religies – die elkaar onderwierpen ten bate van hun eigen belang. Maar in deze nieuwe tijden schaden we met zo'n instelling automatisch onszelf. We zijn zo afhankelijk van elkaar dat een wereldorde die één natie of groep boven de andere stelt onvermijdelijk tekort zal schieten. Laat ons geen gevangenen van het verleden zijn, hoe we er ook over denken. We moeten onze problemen samen aanpakken, als partners, en we moeten onze vooruitgang delen.

Dat wil overigens niet zeggen dat we de spanningen die er zijn moeten negeren, noch waar ze vandaan komen. Het betekent in feite het omgekeerde, namelijk dat we die spanningen recht in het gezicht moeten kijken. Laat mij in die geest dus zo duidelijk en helder als ik kan spreken over een paar specifieke kwesties die we naar mijn idee nodig eens samen het hoofd moeten bieden.

De eerste kwestie die we onder ogen moeten zien is gewelddadig extremisme in al zijn vormen. In Ankara heb ik duidelijk gemaakt dat Amerika niet in oorlog is met de islam en dat ook nooit zal zijn. We zullen echter hard optreden tegen gewelddadige extremisten die een grote bedreiging voor onze veiligheid vormen, omdat wij verwerpen wat mensen uit alle geloven verwerpen: het afslachten van onschuldige mannen, vrouwen en kinderen. En het is mijn voornaamste taak als president om het Amerikaanse volk te beschermen.

De situatie in Afghanistan vormt een goede illustratie van de doelstellingen van Amerika en de noodzaak tot samenwerking. Ruim zeven jaar geleden zijn de Verenigde Staten de strijd met Al Qaida en de Taliban aangegaan met brede internationale steun. We zijn er niet uit eigen vrije keuze naartoe gegaan, maar uit pure noodzaak. Ik weet dat er nog steeds mensen zijn die hun twijfels hebben bij de gebeurtenissen op 11 september, of die zelfs rechtvaardigen. Maar laat ons over één ding duidelijk zijn: Al Qaida heeft die dag bijna drieduizend mensen vermoord. De slachtoffers waren onschuldige mannen, vrouwen en kinderen uit Amerika en vele andere naties, die niemand kwaad hadden gedaan. Toch koos Al Qaida ervoor die mensen bruut te vermoorden, het eiste de verantwoordelijkheid voor de aanslag op en geeft nog steeds blijk van voornemens om op grote schaal mensen te vermoorden. Ze hebben handlangers in veel landen en blijven proberen hun invloedssfeer uit te breiden. Dit zijn geen meningen waarover we het eens of oneens kunnen zijn, dit zijn de feiten waarmee wij geconfronteerd worden.

Laat ik over één ding duidelijk zijn: we willen onze troepen niet in Afghanistan houden. Wij willen er geen militaire bases vestigen. Het is intens verdrietig voor Amerika om onze jonge mannen en vrouwen te verliezen. Het is duur en politiek ingewikkeld om dit conflict voort te zetten. We zouden onze soldaten maar al te graag naar huis halen als we erop konden vertrouwen dat er geen gewelddadige extremisten meer in Afghanistan, en nu ook Pakistan, waren, die vastbesloten zijn zo veel Amerikanen te doden als ze maar kunnen. Maar zo ver is het nog niet.

Daarom werken wij samen met een coalitie van 46 landen en ondanks de kosten zal de Amerikaanse betrokkenheid niet verzwakken. Sterker nog, niemand zou deze extremisten moeten tolereren. Ze hebben in veel landen mensen gedood. Ze hebben mensen van verschillende geloven gedood, maar vooral moslims. Hun daden zijn niet in overeenstemming te brengen met de rechten van alle mensen, de internationale vooruitgang en de islam. De Koran leert ons dat het doden van een onschuldige gelijkstaat aan het doden van de hele mensheid. De Koran zegt ook dat het redden van één mens gelijkstaat aan het redden van de hele mensheid. Het bestendige geloof van meer dan een miljard mensen is zoveel groter dan de bekrompen haat van een kleine groep. De islam is geen hinderpaal in de strijd tegen gewelddadig extremisme, maar juist een belangrijke factor in het bevorderen van vrede.

We weten ook dat de problemen in Afghanistan en Pakistan niet zuiver en alleen opgelost kunnen worden met militair machtsvertoon. Daarom zijn we van plan de komende vijf jaar jaarlijks anderhalf miljard dollar te investeren om samen met de Pakistanen scholen en ziekenhuizen te bouwen, wegen aan te leggen en ondernemingen op te zetten, en nog eens honderden miljoenen om vluchtelingen te helpen. Daarom dragen we meer dan 2,8 miljard dollar bij om de Afghanen te helpen hun economie te ontwikkelen en betrouwbare openbare instellingen op te zetten.

Laat ik ook iets zeggen over de kwestie-Irak. In tegenstelling tot Afghanistan was de oorlog in Irak een weloverwogen keuze die in mijn land en in de rest van de wereld veel weerstand heeft opgeroepen. Hoewel ik geloof dat het Iraakse volk uiteindelijk beter af is zonder de tirannie van Saddam Hussein, geloof ik ook dat de gebeurtenissen in Irak Amerika er nog eens extra van hebben doordrongen van de noodzaak om diplomatie te gebruiken en internationale consensus te creëren waar dat ook maar enigszins mogelijk is, om onze problemen op te lossen. We kunnen hierbij terugdenken aan de woorden van Thomas Jefferson, die zei: 'Ik hoop dat onze wijsheid gelijke tred zal houden met onze macht en ons zal leren dat onze macht des te groter zal zijn naarmate we hem minder gebruiken.'

Momenteel heeft Amerika een dubbele verantwoordelijkheid: Irak helpen een betere toekomst te creëren en Irak overlaten aan de Irakezen. En ik heb het Iraakse volk duidelijk gemaakt dat we geen machtsbasis op hun grondgebied nastreven en geen claim willen leggen op hun land of hun hulpbronnen. Irak is een soeverein land. Daarom heb ik opdracht gegeven onze strijdkrachten vanaf augustus terug te halen. Daarom zullen we onze overeenkomst met de democratisch gekozen regering van Irak naleven en onze strijdkrachten vanaf juli terughalen uit Irakese steden en zullen al onze troepen in 2012 uit Irak vertrokken zijn. We zullen de Irakezen helpen met het opleiden van eigen veiligheidstroepen en het ontwikkelen van hun economie. We zullen een veilig, verenigd Irak ondersteunen als partner, en niet als beschermheer.

Amerika zal het geweld van extremisten dus nooit tolereren en evenmin zullen we onze principes aanpassen of vergeten. Elf september heeft ons land een enorm trauma toegebracht. De angst en woede die de aanslag opwekte was begrijpelijk, maar in sommige gevallen leidde het ertoe dat we tegen onze eigen tradities en idealen ingingen. We nemen concrete stappen om die koers te veranderen. Ik heb het inzetten van folterpraktijken door de Verenigde Staten ondubbelzinnig verboden en ik heb opdracht gegeven de gevangenis bij Guantanamo Bay begin volgend jaar te laten sluiten.

Amerika zal zichzelf dus verdedigen met inachtneming van de soevereiniteit van andere naties en de regels van de wet. En dat zullen we doen in samenwerking met moslimgemeenschappen, die net zo ernstig worden bedreigd. Hoe eerder de extremisten geïsoleerd raken en onwelkom zijn in moslimlanden, des te sneller we allemaal veilig zullen zijn.

De tweede grote bron van spanningen die we moeten bespreken is het conflict tussen Israëliërs, Palestijnen en de Arabische wereld.

Het is alom bekend hoe sterk de band tussen Amerika en Israël is. Deze band zal nooit verbroken worden. Hij is gebaseerd op een culturele en historische relatie en op het besef dat het streven naar een Joodse thuishaven wortelt in een tragische geschiedenis die niet ontkend kan worden.

Overal ter wereld is het Joodse volk eeuwenlang vervolgd en het antisemitisme in Europa culmineerde in een Holocaust die zijn weerga niet kende. Morgen zal ik Buchenwald bezoeken, dat onderdeel was van een netwerk van kampen waar Joden werden geknecht, gemarteld, doodgeschoten en vergast door het Derde Rijk. Er zijn zes miljoen Joden vermoord, meer dan de hele bevolking van het huidige Israël. Elke ontkenning van dat feit is ongegrond en getuigt van onwetendheid en kwaadaardigheid. Het is een groot onrecht om Israël te bedreigen met vernietiging of om weerzinwekkende stereotypen over Joden aan te halen. Het enige wat dat uitricht is dat deze allerpijnlijkste herinnering van de Israëliërs andermaal opgerakeld wordt en dat de vrede die de volkeren in dit gebied verdienen wordt tegengegaan.

Aan de andere kant is het onmiskenbaar dat de Palestijnen – moslims en christenen – veel te lijden hebben gehad in hun streven naar een eigen land. Ze leiden al ruim zestig jaar een ellendig vluchtelingenbestaan. Velen wachten in vluchtelingenkampen op de Westelijke Jordaanoever, in Gaza en in naburig gebied op een leven van vrede en veiligheid dat ze nooit hebben kunnen leiden.

Ze ondergaan dagelijks de vernederingen – groot en klein – die bij een bezetting horen. Laat er dus geen twijfel aan bestaan dat de situatie waarin het Palestijnse volk zich bevindt onduldbaar is. En Amerika zal zich niet afkeren van het legitieme Palestijnse streven naar waardigheid, eerlijke kansen en een eigen staat.

Er is al tientallen jaren sprake van een patstelling: twee volkeren met legitieme idealen, elk met een pijnlijke geschiedenis die compromissen bemoeilijkt. Het is makkelijk om schuldigen aan te wijzen – Palestijnen kunnen wijzen op hun verdringing na de oprichting van Israël, Israëliërs kunnen wijzen op de aanhoudende vijandigheid en de aanvallen die het in de loop van de geschiedenis te verduren heeft gekregen, in eigen land en daarbuiten. Maar als we dit conflict maar van één kant bekijken, blijven we blind voor de waarheid: de enige oplossing is dat de ambities van beide zijden worden verwezenlijkt met twee staten, waarin Israëliërs en Palestijnen elk vreedzaam en veilig kunnen leven.

Hiermee zijn de belangen van Israël, Palestina, Amerika en de rest van de wereld het beste gediend. Daarom wil ik persoonlijk blijven proberen deze oplossing naderbij te brengen met alle geduld en toewijding die daarvoor nodig zijn. De verplichtingen die inmiddels overeengekomen zijn, zijn duidelijk. Voor er vrede kan heersen, moeten alle partijen – en wij allemaal – onze verantwoordelijkheden nakomen.

De Palestijnen moeten het geweld afzweren. Verzet door middel van geweld en moord is verkeerd en leidt nergens toe. Eeuwenlang hebben zwarte mensen in Amerika als slaven geleden onder de zweep en de vernederingen die segregatie met zich meebrengt. Hun burgerrechten zijn echter niet gewonnen met geweld, maar doordat we vreedzaam doch vastberaden hebben vastgehouden aan de idealen die centraal stonden bij het ontstaan van Amerika. Hetzelfde verhaal kan verteld worden door mensen van Zuid-Afrika tot Zuidoost-Azië, van Oost-Europa tot Indonesië. Het is een verhaal met een simpele waarheid: dat geweld een doodlopende weg is. Het is geen teken van moed of macht om raketten af te vuren op slapende kinderen of om oude vrouwen op te blazen in een bus.

Daarmee wordt geen moreel gezag gewonnen, maar gaat het juist verloren.

De Palestijnen moeten zich nu richten op wat ze kunnen opbouwen. De Palestijnse Autoriteit moet haar bestuurscapaciteiten verder ontwikkelen, met instellingen die in de behoeften van het Palestijnse volk voorzien. Hamas geniet wel steun bij sommige Palestijnen, maar moet ook zijn verantwoordelijkheden onder ogen zien. Om een rol te spelen in het vervullen van de Palestijnse idealen en om het Palestijnse volk te verenigen moet Hamas een einde maken aan het geweld, oude verdragen naleven en Israëls bestaansrecht erkennen.

Tegelijk moeten de Israëliërs onder ogen zien dat het bestaansrecht van Palestina net zomin ontkend kan worden als dat van Israel. De Verenigde Staten erkennen de legitimiteit van steeds meer nieuwe Israëlische nederzettingen niet. Deze constructie is in strijd met oudere verdragen en ondermijnt het streven naar vrede. Het is tijd dat er een eind komt aan deze nederzettingen.

En Israël moet ook voldoen aan zijn verplichting om te zorgen dat Palestijnen kunnen leven en werken en hun samenleving kunnen ontwikkelen. De aanhoudende humanitaire crisis in Gaza verwoest niet alleen Palestijnse gezinnen, maar dient ook de veiligheid van Israël niet, evenmin als de uitzichtloze situatie op de Westelijke Jordaanoever. Verbetering van het dagelijks leven van het Palestijnse volk moet een cruciaal deel uitmaken van de weg naar de vrede en Israël moet concrete stappen ondernemen om die verbetering mogelijk te maken.

Ten slotte moeten de Arabische landen erkennen dat het Arabische Vredesinitiatief een belangrijke eerste stap was, maar dat hun verantwoordelijkheid verder reikt. Het Arabisch-Israëlische conflict mag niet langer gebruikt worden om inwoners van Arabische landen af te leiden van andere problemen. Het moet juist een reden zijn om het Palestijnse volk te helpen met het opbouwen van instellingen die hun staat zullen schragen, om het bestaansrecht van Israël te erkennen en om vooruitgang te verkiezen boven een contraproductieve hang naar het verleden.

Amerika zal zich met woord en daad aansluiten bij hen die vrede nastreven en we zullen publiekelijk zeggen wat we ook tegen Israëliërs en Palestijnen en Arabieren zeggen. We kunnen de vrede niet afdwingen. Maar veel moslims weten in het diepst van hun hart allang dat Israël niet zal verdwijnen. En veel Israëliërs erkennen de behoefte aan een Palestijnse staat. Het wordt tijd om te gaan doen wat iedereen al denkt en weet.

Er zijn te veel tranen vergoten. Er is te veel bloed verspild. We hebben allemaal de verantwoordelijkheid om toe te werken naar de dag waarop de moeders van Israëliërs en Palestijnen hun kinderen kunnen zien opgroeien zonder angst, de dag waarop het Heilige Land van de drie grote wereldreligies het vreedzame oord zal zijn dat God heeft gewild, de dag waarop Jeruzalem een veilig, permanent thuis zal zijn voor Joden en christenen en moslims, en een plaats waar alle kinderen van Abraham vreedzaam met elkaar kunnen omgaan, zoals in het verhaal van de Isra, waarin Mozes, Jezus en Mohammed, vrede zij met hen, samen bidden.

De derde bron van spanningen is ons gedeelde belang op het gebied van de rechten en plichten van volkeren waar het om kernwapens gaat.

Deze kwestie is al langere tijd een bron van spanningen tussen de Verenigde Staten en de Islamitische Republiek Iran. Jarenlang heeft Iran zich deels onderscheiden door vijandigheid tegen mijn land, en de geschiedenis van onze landen is bepaald roerig te noemen. Midden in de Koude Oorlog speelden de Verenigde Staten een rol bij de omverwerping van een democratisch gekozen Iraanse regering. Sinds de Islamitische Revolutie heeft Iran een rol gespeeld bij gijzelingen en geweldpleging tegen Amerikaanse soldaten en burgers. Onze geschiedenis is bekend. Maar ik wil liever niet in het verleden blijven hangen en heb de leiders en het volk van Iran duidelijk gemaakt dat mijn land bereid is het achter ons te laten. De vraag is niet meer waar Iran tegen is, maar wat voor toekomst het wil opbouwen.

Ik begrijp heel goed dat het moeilijk zal worden om decennia van wantrouwen te overwinnen, maar we zullen moedig, oprecht en vastberaden verdergaan. Onze twee landen zullen veel kwesties te bespreken hebben en we zijn bereid dat te doen zonder voorwaarden vooraf en op basis van wederzijds respect. Het is alle betrokken partijen echter duidelijk dat we op het gebied van kernwapens een beslissend punt hebben bereikt. Het gaat hier niet alleen om de belangen van Amerika, maar om het voorkomen van een kernwapenwedloop in het Midden-Oosten die deze regio en de hele wereld een enorm gevaarlijke kant op kan sturen.

Ik begrijp mensen die protesteren dat sommige landen wapens hebben die andere niet hebben. Er is niet één land dat zou mogen kiezen welk volk kernwapens mag hebben en welk niet. Daarom maak ik mij sterk voor Amerika's vastbeslotenheid om een wereld te creëren waarin geen enkel volk kernwapens heeft. En elk volk – ook het Iraanse – zou het recht moeten hebben om vreedzaam kernenergie op te wekken als het zich houdt aan zijn verantwoordelijkheden onder het non-proliferatieverdrag. Dit streven vormt de kern van het verdrag en moet in leven gehouden worden voor allen die zich er oprecht aan houden. En ik heb goede hoop dat alle landen in de regio zich in dat doel kunnen vinden.

De vierde kwestie die ik wil aanroeren is de democratie. Ik weet dat er de afgelopen jaren veel opschudding is geweest over het bevorderen van de democratie en dat die opschudding grotendeels samenhangt met de oorlog in Irak. Laat ik dus duidelijk zijn: geen enkele bestuursvorm kan of mag door één land aan een ander land opgelegd worden.

Dat doet echter niets af aan mijn betrokkenheid bij regeringsvormen die de wil van het volk weerspiegelen. Elk volk leeft dit principe op zijn eigen manier na, op basis van zijn eigen tradities. Amerika denkt niet te weten wat het beste is voor iedereen, net zomin als het ooit bij ons zou opkomen om de uitslag van vreedzame verkiezingen te bepalen. Maar ik heb wel het rotsvaste geloof dat alle mensen een diep verlangen hebben naar dingen als de mogelijkheid om je mening te uiten en mee te beslissen over de manier waarop je wordt geregeerd, vertrouwen in het recht en gelijke rechtspraak voor iedereen, een regering die transparant is en het volk niet besteelt, de vrijheid om je leven naar eigen wens in te richten. Dat zijn niet alleen Amerikaanse ideeën, het zijn mensenrechten. Daarom zullen we ze ook overal ter wereld bevorderen.

Er is natuurlijk geen eenduidige manier om die belofte na te leven. Maar één ding is duidelijk: regeringen die deze rechten beschermen zijn uiteindelijk stabieler, succesvoller en veiliger. Het onderdrukken van ideeën kan die ideeën nooit laten verdwijnen. Amerika respecteert het recht van alle vreedzame en ordelievende stemmen om gehoord te worden, overal ter wereld, zelfs als we het niet me ze eens zijn. En we zullen alle verkozen, vreedzame regeringen met open armen verwelkomen, zolang ze regeren met respect voor al hun onderdanen.

Dat laatste is belangrijk, omdat sommigen alleen voor democratie pleiten vanuit een machteloze positie, om vervolgens, zodra ze aan de macht zijn, genadeloos de rechten van anderen te schenden. Dus waar het ook ontstaat, bestuur van het volk en voor het volk zet één duidelijke toon voor iedereen die macht ambieert: je moet je macht handhaven met toestemming van het volk en niet door hem af te dwingen, je moet de rechten van minderheden respecteren, in een geest van tolerantie en bereidheid tot compromissen, en je moet de belangen van je volk en de legitieme politieke processen boven je eigen partij laten gaan. Zonder die ingrediënten leiden verkiezingen niet per se tot echte democratie.

De vijfde kwestie die we moeten aanroeren is de godsdienstvrijheid.

De islam heeft een trotse traditie van tolerantie. Die zien we terug in de geschiedenis van Andalusië en Córdoba ten tijde van de inquisitie. Ik heb het zelf gezien als kind in Indonesië, waar vrome christenen vrij hun geloof konden praktiseren in een land met overwegend moslims. Dat is de instelling die we nu ook nodig hebben. Mensen in alle landen zouden vrij moeten zijn om hun godsdienst te kiezen en praktiseren zoals hun eigen geest, hart en ziel hun dat ingeeft. Deze tolerantie is essentieel voor een florerend religieus leven, maar wordt op allerlei verschillende manieren gehinderd.

Onder sommige moslims bestaat de verontrustende neiging om hun eigen geloof af te meten aan de mate waarin ze het geloof van een ander verwerpen. De rijke diversiteit aan religies op deze wereld moet behouden blijven, of het nu gaat om maronieten in Libanon of kopten in Egypte. En als we eerlijk zijn moeten er ook tussen moslims onderling kloven gedicht worden, aangezien de verdeeldheid tussen soennieten en sjiieten tot tragisch geweld heeft geleid, met name in Irak.

Godsdienstvrijheid is cruciaal voor het vermogen tot samenleven van verschillende volkeren. We moeten altijd goed blijven kijken naar de manieren waarop we deze vrijheid beschermen. In de Verenigde Staten maken de regels op het gebied van liefdadigheid het bijvoorbeeld moeilijker voor moslims om hun religieuze plicht te vervullen. Daarom ben ik vastbesloten om samen te werken met Amerikaanse moslims, om te zorgen dat ze zich aan de zakat kunnen houden. Zo is het voor westerse landen ook belangrijk om hun moslimburgers niet te hinderen bij het praktiseren van hun geloof, door bijvoorbeeld te bepalen wat voor kleren een moslima al of niet mag dragen. We mogen vijandigheid ten opzichte van andere religies niet verbloemen met liberale voorwendselen.

Het geloof zou ons juist nader tot elkaar moeten brengen. Daarom zetten we in Amerika projecten op om christenen, moslims en joden met elkaar in contact te brengen. Daarom juichen we positieve actie toe, zoals de interreligieuze dialoog van de Saoedische koning Abdullah en de Turkse voortrekkersrol in de Alliantie der Beschavingen. Overal ter wereld kunnen we de dialoog omzetten in interreligieuze dienstverlening, zodat de bruggen die we tussen mensen slaan tot actie leiden, of we nu malaria bestrijden in Afrika of hulp verlenen na een natuurramp.

De zesde kwestie die ik wil aanroeren is die van de vrouwenrechten. Ik weet dat er veel gezonde discussie gaande is over dit onderwerp. Ik verwerp het idee van sommigen in het Westen dat een vrouw die ervoor kiest haar haren te bedekken op de een of andere manier aan gelijkwaardigheid inboet, maar ik geloof wel dat een vrouw die wordt uitgesloten van onderwijs minderwaardig wordt behandeld. En het is geen toeval dat landen waar vrouwen goed onderwijs krijgen over het algemeen welvarender zijn.

Laat één ding duidelijk zijn: gelijke rechten voor vrouwen zijn niet alleen een kwestie voor de islam. In Turkije, Pakistan, Bangladesh en Indonesië zagen we dat landen met een moslimmeerderheid een vrouw in hun regering verkozen. Intussen gaat de strijd voor vrouwenrechten nog steeds door in veel aspecten van het Amerikaanse leven en in andere landen over de hele wereld.

Ik ben ervan overtuigd dat onze dochters net zoveel aan de samenleving kunnen bijdragen als onze zonen. Onze gemeenschappelijke welvaart zal groeien als we alle mensen – mannen en vrouwen – de kans geven hun potentieel te verwezenlijken. Ik geloof niet dat vrouwen dezelfde keuzes moeten maken als mannen om gelijk aan hen te zijn en ik respecteer vrouwen die kiezen voor traditionelere rollen. Maar het moet hun eigen keuze zijn. Dat is de reden dat de Verenigde Staten willen samenwerken met alle landen met een moslimmeerderheid om meer meisjes op school te krijgen en om jonge vrouwen aan werk te helpen door middel van microkredieten, waarmee mensen hun dromen kunnen verwezenlijken.

Tot slot wil ik het hebben over economische ontwikkeling en economische kansen.

Ik weet dat de globalisering voor veel mensen twee gezichten heeft. Internet en televisie verschaffen ons kennis en informatie, maar kunnen ook aanstootgevende seks en zinloos geweld de huiskamer in brengen. Handel kan nieuwe rijkdom en kansen met zich meebrengen, maar ook ontwrichtende veranderingen in de samenleving. In alle landen – ook in Amerika – kunnen die veranderingen tot angst leiden. Angst dat de moderne tijd ons de controle zal afnemen over onze economische keuzes, onze politiek en met name ook onze identiteit, de dingen die ons het liefst zijn in onze gemeenschap, ons gezin, onze tradities en ons geloof.

Maar ik weet ook dat de vooruitgang onmiskenbaar voortschrijdt. En ontwikkeling en traditie hoeven niet met elkaar in tegenspraak te zijn. Landen als Japan en Zuid-Korea hebben hun economieën enorm uitgebreid, maar behielden tegelijk hun eigen cultuur. Hetzelfde geldt voor de verbluffende vooruitgang in landen met een moslimmeerderheid, van Kuala Lumpur tot Dubai. In vroeger tijden en in onze tijd hebben moslimgemeenschappen altijd vooraan gestaan als het om innovatie en onderwijs ging.

En dat is belangrijk, want geen enkele ontwikkelingsstrategie kan puur en alleen gebaseerd worden op wat er uit de grond komt of volgehouden worden als jonge mensen geen werk hebben. Veel Golfstaten hebben een enorme rijkdom vergaard met olie en sommige beginnen zich te richten op een bredere ontwikkeling. Maar we moeten allemaal goed beseffen dat onderwijs en innovatie de grote rijkdommen van de 21ste eeuw zullen zijn en in te veel moslimlanden wordt er op dat gebied nog te weinig geïnvesteerd. In mijn eigen land benadruk ik altijd het belang van dergelijke investeringen. En hoewel Amerika in het verleden voornamelijk op olie en gas was gericht in dit deel van de wereld, zoeken we nu een bredere samenwerkingsbasis. Op het gebied van onderwijs zullen we onze uitwisselingsprogramma's uitbreiden en meer studiebeurzen verlenen, beurzen als die waarmee mijn vader naar Amerika is gekomen. Tegelijk zullen we meer Amerikanen aanmoedigen om in moslimlanden te gaan studeren. En we zullen veelbelovende moslimstudenten stageplaatsen aanbieden in Amerika, investeren in internetonderwijs voor leraren en kinderen over de hele wereld, en een nieuw online netwerk creëren, zodat een jongere in Kansas rechtstreeks kan communiceren met een jongere in Caïro.

Om de economische ontwikkeling te bevorderen zullen we een groep ondernemers organiseren die op vrijwillige basis zal samenwerken met tegenhangers in moslimlanden. En ik zal dit jaar een conferentie over ondernemerschap voorzitten, waar bekeken zal worden hoe we nauwere banden kunnen creëren tussen toonaangevende zakenlieden, stichtingen en sociale ondernemers in de Verenigde Staten en moslimlanden over de hele wereld.

Op het gebied van wetenschap en technologie zullen we een nieuw fonds opzetten om de technologische ontwikkeling in moslimlanden te bevorderen en om ideeën te helpen verwezenlijken, zodat ze meer banen zullen opleveren. In Afrika, het Midden-Oosten en Zuidoost-Azië zullen we geavanceerde wetenschappelijke centra opzetten en wetenschappers sturen om mee te werken aan programma's die nieuwe energiebronnen zullen onderzoeken, groene banen zullen creëren, archieven zullen digitaliseren, water schoner zullen maken en nieuwe gewassen zullen ontwikkelen. Vandaag kondig ik samen met de Organisatie voor Islamitische Samenwerking een nieuw internationaal project aan dat polio de wereld uit moet helpen. En we zullen onze partnerschappen met moslimlanden uitbreiden op het gebied van zuigelingenzorg en kraamzorg.

Al die dingen moeten we samen doen. Amerikanen staan klaar om samen te werken met burgers en regeringen, burgerorganisaties, religieuze leiders en ondernemingen in moslimlanden over de hele wereld om onze burgers kansen voor een beter leven te geven.

De onderwerpen die ik heb aangeroerd zullen niet makkelijk te verwezenlijken zijn. Maar we hebben een verantwoordelijkheid om samen te werken aan de wereld die we willen, een wereld waarin onze burgers niet langer bedreigd worden door extremisten en waarin Amerikaanse soldaten thuis kunnen komen, een wereld waarin Israëliërs en Palestijnen elk veilig kunnen leven in een eigen staat, en waarin kernenergie wordt gebruikt voor vreedzame doeleinden, een wereld waarin regeringen hun onderdanen dienen en de rechten van alle kinderen van God worden gerespecteerd. Dit zijn gemeenschappelijke belangen. Dat is de wereld die we willen. Maar we kunnen haar alleen samen bereiken.

Ik weet dat er velen zijn – moslims en niet-moslims – die twijfelen aan dit nieuwe begin. Sommigen stoken maar al te graag het vuur van de verdeeldheid op en willen de vooruitgang een halt toeroepen. Volgens anderen is het de moeite niet waard, is het ons lot om eeuwig verdeeld te blijven, en zijn beschavingen gedoemd tot botsen. Grote groepen mensen zijn alleen maar sceptisch en geloven niet in echte verandering. Er is door de jaren heen zoveel angst en wantrouwen ontstaan. Maar als we ervoor kiezen om in het verleden te blijven hangen, zullen we nooit verder komen. En ik wil dit met name zeggen tegen jonge mensen uit alle geloven, uit alle landen: jullie hebben meer dan wie dan ook de mogelijkheid om de wereld opnieuw uit te vinden, om deze wereld te veranderen.

We zijn met zijn allen maar zo kort op de wereld. De vraag is of we ons in die tijd moeten richten op dat wat ons scheidt, of dat we moeite doen – en blijven doen – om overeenkomsten te vinden, om ons te concentreren op de toekomst die we voor onze kinderen willen en om de waardigheid van alle mensen te respecteren.

Het is makkelijker om oorlogen te beginnen dan om ze te beeindigen. Het is makkelijker om anderen de schuld te geven dan eens goed naar onszelf te kijken. Het is makkelijker om verschillen te zien dan overeenkomsten te vinden. Maar we moeten kiezen voor het juiste pad, niet voor het gemakkelijke pad. Er is één regel die de kern van elke religie vormt: dat we anderen behandelen zoals we zelf behandeld willen worden. Deze waarheid overstijgt de grenzen tussen landen en volkeren. Dit geloof is niet nieuw, het is niet zwart, wit of bruin, het is niet christelijk of islamitisch of joods. Het is een geloof dat aan de wieg van de beschaving stond en dat miljarden mensen ter wereld nog steeds in hun hart meedragen. Het is een geloof in andere mensen, en dit geloof heeft mij hier vandaag gebracht.

We hebben het in ons om de wereld zo te maken als wij haar willen, maar alleen als we de moed hebben om een nieuw begin te maken, zonder de geschriften te vergeten.

De Koran leert ons: 'O mensheid! We hebben u geschapen als mannen en vrouwen, en we hebben u gemaakt tot volkeren en stammen, opdat u elkaar zult kennen.'

De Talmoed leert ons: 'Alles in de Tora is bedoeld om vrede te bevorderen.'

De heilige Bijbel leert ons: 'Zalig zijn de vredestichters, want zij zullen Gods kinderen heten.'

De volkeren op deze wereld kunnen in vrede leven. We weten dat God het zo heeft bedoeld. Nu moet dat ons werk hier op aarde worden.

'De goddelijke vonk in ieders ziel'

Toespraak bij het aanvaarden van de Nobelprijs voor de Vrede
Oslo, Noorwegen
10 december 2009

Koninklijke hoogheden, zeer geëerde leden van het Noors Nobelcomité, burgers van Amerika en burgers van de hele wereld,

Ik aanvaard deze eer met grote dankbaarheid en nederigheid. Het is een prijs die onze hoogste idealen weerspiegelt en ons vertelt dat we – ondanks alle wreedheid en ellende in onze wereld – niet louter gevangenen van het noodlot zijn. Onze daden doen ertoe en kunnen de geschiedenis ombuigen tot een rechtvaardiger verhaal.

Toch zou het nalatig van me zijn om geen aandacht te besteden aan de aanzienlijke controverse die uw genereuze beslissing heeft opgewekt. Deels komt dat doordat ik aan het begin, en niet aan het einde, van mijn werk op het wereldtoneel sta. Vergeleken met sommige historische giganten die deze prijs in ontvangst mochten nemen – Schweitzer en King, Marshall en Mandela – zijn mijn prestaties gering. En dan zijn er nog de mannen en vrouwen die overal ter wereld gevangen zijn gezet en mishandeld worden vanwege hun streven naar rechtvaardigheid, mensen die voor humanitaire organisaties in de weer zijn om menselijk leed te verzachten, de naamloze miljoenen wier stilzwijgende staaltjes van moed en mededogen zelfs de meest verstokte cynicus alleen maar kunnen inspireren. Ik heb geen weerwoord tegen mensen die vinden dat deze mannen en vrouwen – sommigen met bekende namen, anderen onbekend bij iedereen, behalve bij de mensen die ze helpen – deze eer veel meer verdienen dan ik.

Maar misschien is de neteligste kwestie bij mijn aanvaarding van deze prijs wel het feit dat ik opperbevelhebber ben van een leger dat in twee oorlogen is verwikkeld. Een van die oorlogen is bijna afgelopen. De andere is een conflict dat Amerika zelf niet wilde en waarin we steun krijgen van 42 andere landen – waaronder Noorwegen – in een poging om onszelf en alle andere landen te vrijwaren van nieuwe aanvallen.

Hoe dan ook zijn we in oorlog en ben ik verantwoordelijk voor het uitzenden van duizenden jonge Amerikanen die strijd moeten leveren in een ver land. Sommigen zullen doden en sommigen zullen gedood worden. Dus sta ik hier met het pijnlijke besef van de kosten van een gewapend conflict, vervuld van moeilijke vragen over de relatie tussen oorlog en vrede, en onze inspanningen om het een om te zetten in het ander.

Die vragen zijn uiteraard niet nieuw. Oorlog is in deze of gene vorm tegelijk op aarde verschenen met de eerste mensen. Aan het allereerste begin van onze geschiedenis werd de moraal ervan niet betwijfeld en was oorlog gewoon een feit, net als droogte of ziekte, gewoon de manier waarop stammen en later beschavingen macht verwierven en geschillen beslechtten.

Mettertijd kwam er wetgeving om het geweld tussen groepen mensen aan banden te leggen en begonnen denkers en geestelijken en staatslieden manieren te zoeken om de destructieve kracht van oorlog te beteugelen. Het concept van een 'rechtvaardige oorlog' ontstond, met het idee dat een oorlog alleen gerechtvaardigd is onder bepaalde omstandigheden: als hij gevoerd wordt als laatste redmiddel of uit zelfverdediging, als het geweld dat wordt gebruikt binnen bepaalde proporties blijft en als burgers waar mogelijk worden gevrijwaard van geweld.

We weten natuurlijk dat de mens zich door de eeuwen heen maar zelden aan dit concept van 'rechtvaardige oorlogen' heeft gehouden. Het menselijke vermogen om almaar nieuwe manieren te verzinnen om elkaar te vermoorden bleek onuitputtelijk, net als onze neiging om geen genade te tonen voor mensen die er anders uitzien of tot een andere god bidden. Oorlogen tussen legers maakten plaats voor oorlogen tussen naties, totale oorlogen waarin het verschil tussen soldaat en burger vervaagde. In de loop van dertig jaar kon het twee keer gebeuren dat zo'n slachting dit continent overspoelde. En hoewel er nauwelijks een rechtvaardiger doel te verzinnen is dan het verslaan van het Derde Rijk en de Asmogendheden, was de Tweede Wereldoorlog een conflict waarin het totale aantal burgers dat stierf het aantal gesneuvelde soldaten overtrof.

In de nasleep van zo'n vernietigende oorlog en met de opkomst van het atoomtijdperk werd het iedereen – winnaars en verliezers – duidelijk dat de wereld een infrastructuur nodig had om verdere wereldoorlogen te voorkomen. Een kwarteeuw nadat de Amerikaanse Senaat de Volkenbond afwees – een idee waarvoor Woodrow Wilson deze prijs ontving – liep Amerika daarom voorop bij de vorming van een stelsel dat de vrede moest bewaren, met een Marshallplan, de Verenigde Naties, mechanismen die oorlogshandelingen moesten reguleren, verdragen die de mensenrechten moesten beschermen, genocide moesten tegengaan en de gevaarlijkste wapens aan banden moesten leggen.

In veel opzichten zijn die inspanningen geslaagd. Er zijn weliswaar vreselijke oorlogen gevoerd en grote gruweldaden begaan, maar er is geen Derde Wereldoorlog gekomen. De Koude Oorlog eindigde met juichende menigten die een muur afbraken. De handel is voor een groot deel van de wereld een bindende factor geworden. Miljarden mensen zijn bevrijd van armoede. De idealen van vrijheid en zelfbeschikking, gelijkheid en recht zijn met horten en stoten vooruitgeholpen. Wij zijn de erfgenamen van de vastberadenheid en de vooruitziende blik van de generaties voor ons en dat is een erfenis waar mijn land terecht trots op is.

Toch begint dit oude stelsel tien jaar na de eeuwwisseling door te buigen onder het gewicht van nieuwe dreigingen. De angst voor een oorlog tussen twee kernmachten is grotendeels verdwenen, maar proliferatie zou de kans op een ramp kunnen vergroten. Terrorisme is een oude tactiek, maar met behulp van moderne technologie kunnen kleine enkelingen met grote, boze plannen angstwekkende hoeveelheden onschuldigen vermoorden.

Bovendien hebben oorlogen tussen landen steeds vaker plaatsgemaakt voor burgeroorlogen. De heropleving van etnische of sektarische conflicten, de groei van afscheidingsbewegingen, opstanden en mislukte staten – door dat alles worden burgers steeds vaker het slachtoffer van een uitzichtloze chaos. In de oorlogen van nu worden veel meer burgers gedood dan soldaten. Er worden kiemen gelegd voor toekomstige conflicten, economieën worden ontwricht, samenlevingen worden verscheurd, vluchtelingen hopen zich op, kinderen worden voor het leven getekend.

Ik ben hier niet gekomen met een definitieve oplossing voor het probleem dat oorlog heet. Ik weet wel dat we deze uitdaging alleen kunnen aangaan met visie, hard werken en vasthoudendheid, net als de mannen en vrouwen die decennia terug zo beslissend hebben ingegrepen. Tevens zullen we anders moeten gaan nadenken over het begrip 'rechtvaardige oorlog' en de vereisten voor een rechtvaardige vrede.

Om te beginnen moeten we de harde waarheid onder ogen zien dat we oorlog op afzienbare termijn nooit helemaal kunnen uitroeien. Er zullen altijd momenten zijn waarop naties – individueel of samen met anderen – het gebruik van geweld niet alleen noodzakelijk zullen vinden, maar ook moreel gerechtvaardigd.

Dat zeg ik in het volle besef van de uitspraak die Martin Luther King jr. jaren geleden heeft gedaan toen hij zijn Nobelprijs in ontvangst nam: 'Geweld brengt nooit duurzame vrede. Het lost geen sociale problemen op, het creëert alleen nieuwe, die nog ingewikkelder vormen aannemen.' Als iemand die hier staat als rechtstreeks gevolg van het levenswerk van dr. King ben ik het levende bewijs van de morele kracht van geweldloosheid. Ik weet dat er niets zwaks, passiefs of naïefs is aan het geloof en het leven van Gandhi en King.

Maar als staatshoofd heb ik gezworen mijn land te beschermen en verdedigen, en kan ik niet alleen hun voorbeelden navolgen. Ik heb te maken met de wereld van nu en kan niet werkeloos toezien als het Amerikaanse volk wordt bedreigd. Want vergis u niet: het kwaad bestaat wel degelijk. Een geweldloze beweging had Hitlers legers nooit tegen kunnen houden. Onderhandelaars kunnen Al Qaida er niet van overtuigen dat ze de wapens moeten neerleggen. Het is geen oproep tot cynisme om te zeggen dat geweld soms noodzakelijk kan zijn, het is een erkenning van historische feiten, van de onvolmaaktheid van de mens en de grenzen van de rede.

Ik stip dit aan omdat er in veel landen tegenwoordig een diepe ambivalentie heerst als het om militair ingrijpen gaat, ongeacht de oorzaak. En soms gaat die gepaard met een reflexmatige achterdocht tegen Amerika, als 's werelds enige militaire supermacht.

Maar de wereld moet goed bedenken dat het niet alleen aan internationale instellingen te danken is – niet alleen aan verdragen en proclamaties – dat de wereld stabiliseerde na de Tweede Wereldoorlog. Wat voor fouten we ook gemaakt hebben, feit blijft dat de Verenigde Staten van Amerika ruim zes decennia lang hebben geholpen de wereld veilig te houden met het bloed van onze burgers en de kracht van onze wapens. De plichtsbetrachting en de opofferingsgezindheid van onze soldaten hebben vrede en voorspoed gebracht van Duitsland tot aan Korea, en dankzij hen kon de democratie wortel schieten op plekken als de Balkan. We hebben die last niet gedragen om anderen onze wil op te leggen. We hebben het gedaan vanuit verlicht eigenbelang, omdat we een betere toekomst willen voor onze kinderen en kleinkinderen, en geloven dat hun leven beter zal worden als de kinderen en kleinkinderen van anderen in vrijheid en voorspoed kunnen leven.

Dus ja, oorlog kan wel degelijk een hulpmiddel zijn bij het bewaren van de vrede. Niettemin is die waarheid onlosmakelijk verbonden met een andere, namelijk dat oorlog, hoe gerechtvaardigd ook, altijd menselijke tragedies met zich meebrengt. De moed en de opofferingsgezindheid van soldaten zijn een glorieuze uitdrukking van hun toewijding aan hun land, de goede zaak, hun strijdmakkers. Maar oorlog zelf is nooit glorieus en mag nooit worden opgehemeld.

Een deel van onze uitdaging bestaat er dus uit dat we deze twee schijnbaar onverenigbare waarheden met elkaar in overeenstemming moeten zien te brengen: oorlog is soms noodzakelijk en oorlog is in zekere zin een uitdrukking van menselijke waanzin. Concreet gesproken moeten we ons richten op de taak waartoe president Kennedy lang geleden opriep: 'Laten we ons richten,' zei hij, 'op een meer praktische, meer haalbare vrede, niet vanuit een plotselinge omslag in de menselijke aard, maar vanuit een gestage evolutie van menselijke organisaties.' Een gestage evolutie van menselijke organisaties.

Hoe zou die evolutie eruit kunnen zien? Wat zouden die praktische stappen kunnen zijn?

Om te beginnen geloof ik dat alle naties – sterke én zwakke – zich moeten houden aan bepaalde normen die het gebruik van geweld reguleren. Ik behoud mij, net als andere staatshoofden, het recht voor om zo nodig unilateraal te handelen om mijn land te verdedigen. Niettemin ben ik ervan overtuigd dat landen die de normen handhaven – internationale normen – daar alleen maar sterker van worden en dat landen die dat niet doen zichzelf alleen maar isoleren.

Na de aanslagen van 11 september is de wereld vierkant achter Amerika gaan staan en men blijft onze inspanningen in Afghanistan steunen vanwege de gruwelijkheid van die zinloze aanslagen en omdat het hier zo duidelijk om zelfverdediging gaat. Zo begreep de wereld ook de noodzaak om Saddam Hoessein een halt toe te roepen toen hij Koeweit binnenviel – een consensus die alom een duidelijke boodschap afgaf over de gevolgen van agressie.

Daar komt nog bij dat Amerika niet kan eisen dat anderen de regels volgen als we die zelf negeren, net zomin als andere landen. Want als we dat doen, betonen we ons een land dat eigenmachtig optreedt, wat de legitimiteit van toekomstige interventies ondermijnt, hoe gerechtvaardigd die ook mogen zijn.

Dit alles wordt extra belangrijk als het doel van militair ingrijpen verder reikt dan zelfverdediging of het beschermen van een land tegen een agressor. We komen steeds vaker voor de moeilijke vraag te staan hoe we de moord op burgers door hun eigen regering kunnen voorkomen of hoe we een burgeroorlog moeten beëindigen die een hele regio kan overspoelen met geweld en ellende.

Ik geloof dat ingrijpen gerechtvaardigd kan zijn op humanitaire gronden, zoals het geval was op de Balkan of op andere plaatsen die zijn getekend door oorlog. Passief toekijken is niet in overeenstemming te brengen met ons geweten en kan later alsnog leiden tot interventies die een veel hogere tol eisen. Daarom moeten alle verantwoordelijke naties de rol omarmen die legermachten met een duidelijk mandaat kunnen spelen om de vrede te bewaren.

Amerika's streven naar veiligheid, waar ook ter wereld, zal nooit verzwakken. Maar in een wereld waarin dreigingen steeds minder eenduidig worden en de missies complexer, kan Amerika niet als enige ingrijpen. Amerika kan niet als enige de vrede bewaren. Dat geldt voor Afghanistan. Dat geldt voor mislukte staten, zoals Somalië, waar terrorisme en piraterij hand in hand gaan met hongersnoden en menselijk leed. En triest genoeg zal dat de komende jaren blijven gelden in onstabiele regio's.

De leiders en soldaten van NAVO-landen, en andere vrienden en bondgenoten, illustreren deze waarheid met de competentie en de moed waarvan ze in Afghanistan blijk hebben gegeven. Maar in veel landen ligt er een kloof tussen de inspanningen van soldaten en de ambivalente gevoelens van het volk. Ik begrijp waarom oorlog niet populair is, maar ik weet ook dat het geloof dat er vrede moet komen zelden genoeg is om die vrede te bewerkstelligen. Vrede vereist verantwoordelijkheid. Vrede vereist opofferingen. Daarom is de NAVO nog steeds onmisbaar. Daarom moeten we de VN versterken, evenals regionale vredesmachten, en het zware werk niet overlaten aan een paar landen. Daarom eren wij de soldaten die na buitenlandse vredesmissies en trainingsmissies terugkeren naar Oslo en Rome, naar Ottawa en Sydney, naar Dhaka en Kigali. We eren hen niet als oorlogvoerders, maar als vredestichters.

Laat ik nog één ding zeggen over het inzetten van geweld. Als we voor de moeilijke beslissing staan om een oorlog te beginnen, moeten we ook duidelijk bedenken hoe we die willen uitvechten.

Het Nobelcomité erkende deze waarheid toen het zijn eerste Vredesprijs uitreikte aan Henry Dunant, oprichter van het Rode Kruis en een drijvende kracht achter de Geneefse Conventies.

Waar ingrijpen nodig is, hebben we er een moreel en strategisch belang bij om ons aan bepaalde gedragsregels te houden. Zelfs als we tegenover een wrede tegenstander komen te staan die zich niets van regels aantrekt, dan nog geloof ik dat de Verenigde Staten van Amerika een vaandeldrager moeten blijven voor goed gedrag in oorlogstijd. Dat is wat ons onderscheidt van onze vijanden. Dat is een van de bronnen van onze kracht. Daarom heb ik foltering verboden. Daarom heb ik opdracht gegeven de gevangenis bij Guantanamo Bay te sluiten. En daarom heb ik nog eens extra benadrukt dat Amerika de Geneefse Conventies altijd hoog zal houden. Zodra we de idealen waar we juist zo hard voor vechten naast ons neerleggen, zullen we onszelf niet meer zijn. En we houden die idealen hoog door ernaar te leven, niet alleen als het makkelijk is, maar juist ook als het moeilijk is.

Ik heb nogal wat woorden gewijd aan de vraag die zwaar op ons moet drukken als we ervoor kiezen om ons in een oorlog te storten. Laat ik het nu hebben over pogingen om zulke tragische keuzes te vermijden en drie manieren noemen waarop we tot een rechtvaardige, duurzame vrede kunnen komen.

Ten eerste geloof ik dat we met betrekking tot naties die regels en wetten overtreden alternatieven voor geweld moeten ontwikkelen die hard genoeg zijn om tot een gedragsverandering te komen, want als we een duurzame vrede willen, moeten de woorden van de internationale gemeenschap ook echt iets betekenen. Regimes die de regels overtreden moeten daarvoor rekenschap afleggen. Sancties moeten serieus hun tol eisen. Als ze geen effect hebben, moet de druk opgevoerd worden, en dat kan alleen als de hele wereld eraan meewerkt.

Een urgent voorbeeld is het streven om de verspreiding van kernwapens tegen te gaan en het voornemen om tot een wereld zonder deze wapens te komen. Medio vorige eeuw is er een verdrag gesloten waarvan de strekking duidelijk is: iedereen zal toegang hebben tot vreedzame vormen van kernenergie, landen zonder kernwapens zullen ze niet ontwikkelen en landen met kernwapens zullen naar ontwapening toewerken. Ik ben vast van plan dit verdrag overeind te houden. Dat is een centraal onderdeel van mijn buitenlandbeleid. En ik werk er met president Medvedev aan om de kernwapenvoorraden van Amerika en Rusland te verkleinen.

Maar het is ook ons aller verantwoordelijkheid om te zorgen dat landen als Iran en Noord-Korea geen achterdeurtjes in het systeem aanbrengen. Wie naar eigen zeggen het internationaal recht respecteert, kan niet de andere kant opkijken als dat recht met voeten wordt getreden. Wie zich zorgen maakt om zijn eigen veiligheid kan het gevaar van een wapenwedloop in het Midden-Oosten of Oost-Azië niet negeren. Wie vrede wil, kan niet aan de zijlijn blijven staan als landen zich bewapenen voor een kernoorlog.

Dezelfde principes zijn van toepassing op hen die internationale wetten overtreden door hun eigen volk te onderdrukken. Als er genocide wordt gepleegd in Darfur, systematische verkrachtingen in Congo, repressie in Birma, dan moeten daar consequenties aan verbonden worden. Uiteraard zal er gepraat worden, uiteraard zullen er diplomatieke oplossingen gezocht worden, maar als dat alles faalt, moeten er consequenties zijn. En hoe nauwer we samenwerken, des te kleiner de kans dat we zullen moeten kiezen tussen gewapend ingrijpen of medeplichtigheid aan onderdrukking.

Dat brengt me op een tweede punt, namelijk de aard van de vrede waarnaar we streven. Want vrede is niet alleen de afwezigheid van zichtbare conflicten. Alleen een rechtvaardige vrede op basis van de inherente rechten en waardigheid van elk individu kan echt duurzaam zijn.

Dit was het inzicht dat de opstellers van de Universele Verklaring van de Rechten van de Mens dreef na de Tweede Wereldoorlog. Na die verwoestende oorlog beseften ze dat vrede een holle belofte is als de mensenrechten niet worden beschermd.

Toch worden die woorden te vaak genegeerd. In sommige landen wordt het negeren van mensenrechten goedgepraat met het valse idee dat het hier zou gaan om westerse principes die vreemd zijn aan plaatselijke culturen of het ontwikkelingsstadium waarin een bepaald land zich bevindt. En in Amerika heersen er al langer spanningen tussen mensen die zichzelf omschrijven als realisten of idealisten, spanningen die suggereren dat er maar twee keuzen zijn: alleen het najagen van eigen belangen of een eindeloze campagne om overal ter wereld onze waarden aan anderen op te leggen.

Ik verwerp deze keuzen. Ik geloof dat de vrede wankel is waar burgers geen vrijheid van meningsuiting en godsdienst hebben, waar ze hun eigen leiders niet mogen kiezen en niet zonder angst bij elkaar kunnen komen. Opgekropte rancune gaat woekeren en het onderdrukken van andermans tribale en religieuze identiteit kan tot geweld leiden. We weten dat het omgekeerde ook waar is. Europa vond pas vrede toen er vrijheid heerste. Amerika heeft nooit oorlog gevoerd tegen een democratie en onze beste vrienden zijn regeringen die de rechten van hun burgers beschermen. Hoe hard ze ook verwoord worden, de belangen van Amerika – en die van de rest van de wereld – zijn niet gediend met het onderdrukken van menselijke idealen.

Amerika respecteert dus de unieke cultuur en tradities van de meest uiteenlopende landen, maar het zal zich altijd blijven uitspreken voor die universele idealen. We zullen het blijven opnemen voor de kalme waardigheid van hervormers als Aung Sang Suu Kyi, voor de dapperheid van Zimbabwanen die naar de stembus gingen ondanks de dreiging van lichamelijk geweld, voor de honderdduizenden die in zwijgend protest door de straten van Iran liepen. Het is veelzeggend dat de leiders van deze regeringen de idealen van hun eigen volk meer vrezen dan de macht van welk ander land dan ook. En het is de verantwoordelijkheid van alle vrije volkeren en naties om deze bewegingen – deze hoopvolle, historische bewegingen – duidelijk te maken dat we aan hun kant staan.

Laat ik ook dit zeggen: de bevordering van mensenrechten kan niet alleen met de mond beleden worden. Bij tijden moeten er moeizame diplomatieke inspanningen geleverd worden. Ik weet dat contact zoeken met repressieve regimes moeilijk samengaat met het bevredigende gevoel van pure verontwaardiging. Maar ik weet ook dat sancties zonder uitgestoken hand – veroordeling zonder dialoog – hoogstens tot een verlammende status-quo kunnen leiden. Een repressief regime kan geen nieuwe wegen inslaan als er geen deuren openstaan.

In het licht van de gruwelen van de Culturele Revolutie leek de ontmoeting van Nixon met Mao onvergeeflijk en toch heeft het onmiskenbaar meegewerkt aan een nieuw China waarin miljoenen burgers zijn bevrijd van armoede en in contact konden komen met open samenlevingen. De bemoeienissen van paus Johannes Paulus II met Polen creëerden niet alleen ruimte voor de katholieke kerk, maar ook voor vakbondsleiders als Lech Wałęsa. De inspanningen van Ronald Reagan op het gebied van wapenbeheersing en zijn positieve reactie op de perestrojka verbeterden niet alleen de relatie met de Sovjet-Unie, maar versterkte ook de positie van dissidenten in heel Oost-Europa. Voor dit soort dingen is geen simpele formule voorhanden. Maar we moeten ons uiterste best doen om een evenwicht te vinden tussen isolatie en engagement, pressie en aanmoediging, zodat de mensenrechten en de menselijke waardigheid mettertijd overal bevorderd kunnen worden.

Ten derde omvat een rechtvaardige vrede niet alleen burgerrechten en politieke rechten, maar zijn er ook economische veiligheid en economische kansen voor nodig. Voor echte vrede moeten mensen niet alleen bevrijd worden van angst, maar ook van gebrek.

Het is een onmiskenbare waarheid dat ontwikkeling zelden effect heeft zonder veiligheid en dat veiligheid niet kan bestaan waar mensen geen toegang hebben tot voldoende voedsel en schoon water of de medische zorg en het onderdak die ze nodig hebben om te overleven. Het kan niet bestaan waar kinderen geen kans maken op fatsoenlijk onderwijs of een baan waarmee ze een gezin kunnen onderhouden. De afwezigheid van hoop kan een gemeenschap van binnenuit vernietigen.

Daarom is het niet louter liefdadigheid om boeren te helpen hun eigen volk te voeden, of landen te helpen hun kinderen te onderwijzen en voor hun zieken te zorgen. Daarom ook moet de hele wereld zich samen over het probleem van klimaatverandering buigen. Er is weinig wetenschappelijke twijfel over dat we, als we niets doen, meer last zullen krijgen van droogte, hongersnoden en massale vluchtelingencrises, wat allemaal nog tientallen jaren voor verdere conflicten kan zorgen. Om die reden roepen niet alleen wetenschappers en milieuactivisten op tot snelle, doortastende actie, ook militaire leiders in mijn eigen land en andere landen begrijpen dat onze gemeenschappelijke veiligheid op het spel staat.

Overeenstemming tussen landen. Sterke internationale instellingen. Steun voor mensenrechten. Investeren in ontwikkeling. Dat zijn allemaal cruciale ingrediënten voor de evolutie waarover president Kennedy sprak. En toch geloof ik niet dat we de wil, de vastberadenheid en het doorzettingsvermogen zullen hebben om dit werk te voltooien zonder nog iets, namelijk de niet-aflatende expansie van onze morele verbeeldingskracht, het onweerlegbare gevoel dat er iets onveranderlijks is dat wij allen delen.

Naarmate de wereld kleiner wordt, zou je denken dat het makkelijker voor mensen wordt om te beseffen hoezeer we op elkaar lijken, om te begrijpen dat we in wezen allemaal hetzelfde willen, dat we allemaal hopen op een kans om ons leven te leiden met een zekere mate van geluk en voldoening voor onszelf en de onzen.

Toch is het, gezien het duizelingwekkende tempo van de globalisering en de culturele egalisatie die de moderne tijd met zich meebrengt, misschien ook niet verrassend dat mensen bang zijn te verliezen wat zo belangrijk is voor hun eigen identiteit, voor hun ras, hun stam en – misschien wel het allerbelangrijkst – hun geloof. Op sommige plekken heeft deze angst tot conflicten geleid. Soms voelt het zelfs alsof we niet vooruit, maar achteruit bewegen. We zien het in het Midden-Oosten, waar het conflict tussen Arabieren en Joden zich lijkt te verharden. We zien het in landen die verscheurd worden door tribale tegenstellingen.

En wat nog gevaarlijker is, we zien het ook in de manier waarop religie wordt ingezet om de moord op onschuldigen te rechtvaardigen door mensen die het schitterende geloof van de islam hebben verwrongen en bezoedeld en die mijn land hebben aangevallen vanuit Afghanistan. Deze extremisten zijn niet de eersten die moorden in naam van God. De wreedheden ten tijde van de kruistochten zijn alom bekend. Maar ze herinneren ons er wel aan dat een heilige oorlog nooit een rechtvaardige oorlog kan zijn. Want als je echt gelooft dat je de goddelijke wil uitvoert, dan hoef je je niet in te houden. Dan hoef je de zwangere moeder niet te sparen, of de arts, of de Rode Kruismedewerker, of zelfs iemand van je eigen geloof. Zo'n verwrongen beeld van religie is niet alleen onverenigbaar met het idee van vrede, maar naar mijn idee ook met het uiteindelijke doel van het geloof, want de regel die aan het hart van alle grote religies ligt, is dat we anderen behandelen zoals we zelf behandeld willen worden. Het gehoorzamen aan deze wet van liefde is altijd een zware strijd geweest voor de menselijke aard. Want we zijn feilbaar. We maken fouten en laten ons verleiden door trots en macht, en soms door het kwaad. Zelfs degenen onder ons met de beste bedoelingen zullen er soms niet in slagen om het kwaad dat we zien recht te zetten.

Maar we hoeven niet te denken dat de mens volmaakt is om te kunnen blijven geloven dat de condition humaine geperfectioneerd kan worden. We hoeven niet in een ideale wereld te leven om te blijven streven naar de idealen die de wereld kunnen verbeteren. De geweldloosheid van mensen als Gandhi en King was misschien niet onder alle omstandigheden praktisch of zelfs mogelijk, maar de liefde die zij predikten – hun fundamentele geloof in menselijke vooruitgang – moet altijd het kompas blijven dat ons de juiste weg kan wijzen.

Want als we dat geloof verliezen – als we het afdoen als dom of naïef, als we het loskoppelen van de beslissingen die we nemen inzake oorlog en vrede – dan verliezen we het beste in de mens. Dan verliezen we ons gevoel voor wat er allemaal mogelijk is. Dan verliezen we ons moreel kompas.

Net als vele generaties voor ons moeten we die toekomst afwijzen. Zoals dr. King zoveel jaren geleden zei op deze zelfde plek: 'Ik weiger te accepteren dat wanhoop het ultieme antwoord is op de dubieuzere kanten van onze geschiedenis. Ik weiger te accepteren dat het heden waarin de mens zich bevindt hem moreel incapabel maakt te streven naar de gedroomde toekomst die hem altijd voor ogen zal staan.'

Laat ons streven naar die gedroomde toekomst, die goddelijke vonk die zich nog steeds roert in ieders ziel.

Ergens in het hier en nu, in de wereld zoals ze is, ziet een soldaat dat de tegenstander sterker is, maar houdt hij stand om de vrede te bewaren. Ergens in het hier en nu, in deze wereld, is een jonge demonstrante voorbereid op geweld van de kant van haar regering, maar heeft ze toch de moed om te protesteren. Ergens in het hier en nu neemt een moeder die zich geconfronteerd ziet met verpletterende armoede toch de tijd om haar kind te onderwijzen en schraapt ze alles wat ze heeft bij elkaar om dat kind naar school te sturen, omdat ze gelooft dat er in een wrede wereld altijd nog plaats is voor de dromen van dat kind.

Laat ons hun voorbeeld volgen. We kunnen onder ogen zien dat onderdrukking altijd zal blijven bestaan en desondanks streven naar rechtvaardigheid. We kunnen toegeven hoe hardnekkig het bederf is en desondanks streven naar waardigheid. We kunnen onze ogen openhouden en begrijpen dat er oorlog zal blijven en desondanks streven naar vrede. Dat kunnen we, want dat is het verhaal van de menselijke vooruitgang, dat is de hoop van de wereld, en in deze tijd vol uitdagingen moet dat ons werk hier op aarde zijn.

Ik dank u hartelijk.

'Het licht verwachtte ik, maar de duisternis brak aan'

Toespraak bij de herdenkingsdienst voor de slachtoffers van de schietpartij in Tucson, Arizona
McKale Memorial Center, Universiteit van Arizona
12 januari 2011

Tegen de families van diegenen die we zijn verloren, iedereen die hen als vrienden beschouwde, tegen de studenten van deze universiteit, de ambtenaren die hier bijeen zijn, de inwoners van Tucson en de inwoners van Arizona zeg ik dit: ik ben hier vanavond heen gekomen als een Amerikaan die net als alle Amerikanen vandaag met jullie knielt om te bidden en morgen aan jullie zijde zal staan.

Ik kan niet zeggen wat het gat zal vullen dat plotseling in jullie hart is opengescheurd. Maar denk hieraan: de hoop van een heel land is hier vanavond. Wij rouwen met jullie om de gevallenen. Wij voegen ons bij jullie in je verdriet. En wij voegen ons vertrouwen bij dat van jullie in de hoop dat afgevaardigde Gabrielle Giffords en de andere slachtoffers die deze tragedie hebben overleefd het zullen redden.

In de Heilige Schrift staat het volgende:

Een rivier, wijdvertakt, verblijdt de stad van God,
De heilige woning van de Allerhoogste.

Met God in haar midden stort zij niet in,
Vroeg in de morgen komt God haar te hulp.

Op zaterdagochtend kwamen Gabby, haar medewerkers en velen van haar kiezers buiten een supermarkt bijeen om hun recht op vreedzame samenkomst en vrije meningsuiting te gebruiken. Zij gaven uitvoering aan een grondbeginsel van de democratie zoals onze grondleggers zich die hadden voorgesteld: volksvertegenwoordigers die vragen beantwoorden van hun kiezers om hun zorgen te kunnen overbrengen naar de hoofdstad van ons land. Gabby noemde dat 'het Congres bij u op de hoek', een bijgewerkte versie van een regering van, door en voor het volk.

Dat typisch Amerikaanse tafereel werd verbrijzeld door de kogels van een schutter. En de zes mensen die op zaterdag het leven lieten, die staan voor het beste in ons, het beste in Amerika.

Rechter John Roll heeft ons rechtssysteem bijna veertig jaar gediend. Rechter Roll studeerde af aan de juridische faculteit van deze universiteit, en werd op voordracht van John McCain twintig jaar geleden door president George H.W. Bush aangesteld als lid en later president van de federale rechtbank van Arizona.

Zijn collega's hebben hem beschreven als de hardst werkende rechter van het negende district. Hij was op weg naar huis nadat hij, zoals elke dag, naar de mis was geweest, toen hij besloot even zijn volksvertegenwoordiger gedag te gaan zeggen. John laat zijn liefhebbende vrouw Maureen achter, zijn drie zoons en zijn vijf prachtige kleinkinderen.

George en Dorothy Morris ('Dot' voor haar vrienden) werden op de middelbare school een stel, trouwden later en kregen twee dochters. Ze deden alles samen (rondreizen in hun camper, genieten van wittebroodsweken die volgens hun vrienden al vijftig jaar duurden). Op zaterdagochtend gingen ze bij supermarkt Safeway langs om te horen wat hun Congreslid te zeggen had. Toen er werd geschoten, probeerde voormalig marinier George zijn vrouw instinctief af te schermen. Beiden werden getroffen. Dot overleed.

De in New Jersey geboren Phyllis Schneck ging na haar pensioen in Tucson wonen om de sneeuw te ontvluchten. Maar in de zomer keerde ze altijd terug naar het oosten, waar haar bestaan draaide om haar drie kinderen, zeven kleinkinderen en haar achterkleindochter van twee jaar. Ze was een getalenteerd quiltster die vaak onder een lievelingsboom zat te werken, en soms schorten maakte met het logo van de Jets en de Giants, om weg te geven bij de kerk waar ze vrijwilligerswerk deed. Ze was weliswaar Republikein, maar ze mocht Gabby graag en wilde haar beter leren kennen.

Dorwan en Mavy Stoddard groeiden zo'n zeventig jaar geleden samen op in Tucson. Ze gingen uit elkaar en kregen elk een gezin. Maar toen ze allebei hun partner verloren, vonden ze de weg hierheen terug om, zoals een van Mavy's dochters het verwoordde: 'weer vriendje en vriendinnetje te worden'.

Als ze niet op pad waren met hun kampeerwagen, waren ze hier even verderop te vinden, waar ze mensen in nood hielpen bij de Mountain Avenue Church of Christ. Zijn vrije tijd besteedde de voormalige bouwvakker Dorwan, altijd in het gezelschap van zijn hond Tux, aan het opknappen van de kerk. Zijn laatste onzelfzuchtige daad was dat hij zich op zijn vrouw stortte en zo zijn leven opofferde voor het hare.

Alles, maar dan ook echt alles wat Gabe Zimmerman deed, deed hij met hartstocht. Maar zijn grote passie was mensen helpen. Als Gabby's directeur welzijnszorg zette hij zich in voor de noden van duizenden van haar kiezers, zorgde hij ervoor dat senioren de Medicare-uitkeringen kregen die ze verdienden, dat veteranen de medailles en de zorg kregen waarvoor ze in aanmerking kwamen en dat de overheid zich inzette voor gewone mensen. Hij stierf terwijl hij deed wat hij graag deed: met mensen praten en bekijken hoe hij hen kon helpen. Gabe laat zijn ouders Ross en Emily na, zijn broer Ben en zijn verloofde Kelly, met wie hij volgend jaar zou trouwen.

En dan de negenjarige Christina Taylor Green. Christina deed het geweldig op school; ze danste, turnde, zwom. Ze had besloten dat ze de eerste vrouw wilde worden die in de Major League zou spelen, en aangezien ze het enige meisje was in haar Little League-team, achtte niemand dat onmogelijk.

Ze legde een voor haar leeftijd ongebruikelijke waardering voor het leven aan de dag. Ze zei vaak tegen haar moeder: 'Wij zijn echt gezegend. We hebben het beste leven dat je je kunt voorstellen.' En ze betaalde die zegeningen terug door deel te nemen aan een liefdadigheidsinstelling die kinderen helpt die het minder goed hebben getroffen.

Ons hart breekt bij hun plotselinge overlijden. Ons hart breekt, maar tegelijkertijd heeft ons hart ook reden om vervuld te zijn.

Ons hart is vervuld van hoop en van dankbaarheid voor de dertien Amerikanen die de schietpartij hebben overleefd, onder wie het Congreslid voor wie velen van hen op zaterdag hierheen kwamen.

Ik ben net in het universitair medisch centrum geweest, anderhalve kilometer hiervandaan, waar onze vriendin Gabby op ditzelfde moment moedig strijd levert om te herstellen. En ik wil u laten weten (haar man Mark is hier en hij heeft mij toegestaan dit aan u te vertellen) dat Gabby, vlak nadat wij bij haar op bezoek waren geweest, een paar minuten nadat we de kamer hadden verlaten, toen een paar van haar collega-Congresleden in de kamer waren, voor het eerst haar ogen heeft geopend, dus ik kan u vertellen dat ze weet dat we hier zijn. Ze weet dat we van haar houden. En ze weet dat we voor haar duimen tijdens die reis die ongetwijfeld moeilijk gaat worden. Wij zijn er voor haar.

Ons hart is vervuld van dankbaarheid bij dat goede nieuws, en vol waardering voor diegenen die anderen hebben gered. We zijn dankbaar jegens Daniel Hernandez, die als vrijwilliger werkt bij Gabby's kantoor. Het spijt me, Daniel, want jij zult het misschien ontkennen, maar wij hebben besloten dat je een held bent omdat je je een weg door de chaos hebt gebaand om je om je baas te bekommeren, om haar wonden te verzorgen en haar in leven te helpen houden.

We zijn de mannen dankbaar die de schutter onderuithaalden toen hij bleef staan om zijn wapen opnieuw te laden. We zijn de tengere Patricia Maisch dankbaar, die de moordenaar zijn munitie ontfutselde, en zo ongetwijfeld levens heeft gespaard. En we zijn de artsen, verpleegkundigen en eerstehulpverleners dankbaar die wonderen hebben verricht om degenen die gewond waren te helpen. Wij zijn hen dankbaar.

Deze mannen en vrouwen helpen ons eraan herinneren dat heldendom niet alleen op het slagveld wordt aangetroffen. Zij helpen ons eraan herinneren dat heldendom niet om een speciale opleiding of om fysieke kracht vraagt. Heldendom zit in de harten van velen van onze medeburgers overal om ons heen, en het wacht tot het moment dat er aanspraak op wordt gemaakt, zoals afgelopen zaterdagochtend. Hun daden, hun onzelfzuchtigheid, zijn een uitdaging voor ons allemaal. Ze werpen de vraag op wat er afgezien van gebeden en het uitspreken van bezorgdheid nog meer van ons wordt gevraagd om verder te komen. Hoe kunnen we de gevallenen eren? Hoe kunnen we hun nagedachtenis trouw zijn?

Wanneer een tragedie als deze toeslaat, hebben we nu eenmaal de neiging om naar verklaringen te vragen, om te proberen orde in de chaos te scheppen en wat zinnigs te ontdekken in iets wat zinloos lijkt. We zien al in het hele land gesprekken ontstaan, niet alleen over de motivatie achter deze schietpartij, maar ook over zaken als het nut van wetten op het gebied van wapenveiligheid tot en met het functioneren van ons geestelijke-gezondheidsstelsel. En een groot deel van dit proces, om te debatteren over wat er kan worden gedaan om zulke tragedies in de toekomst te voorkomen, is een essentieel bestanddeel van de uitoefening van onze democratische rechten en plichten.

Maar op een moment dat onze dialoog zo ernstig is gepolariseerd (op een moment dat we veel te gretig de schuld van alle feilen van de wereld aan de voeten leggen van diegenen die toevallig anders denken dan wij) is het belangrijk dat we even pas op de plaats maken en controleren of we wel met elkaar praten op een manier die heelt, en niet op een manier die wonden nalaat.

Volgens de Heilige Schrift is er kwaad in de wereld en gebeuren er vreselijke dingen die het menselijk verstand te boven gaan. In de woorden van Job: 'Het licht verwachtte ik, maar de duisternis brak aan.' Akelige dingen gebeuren, en wij moeten in de nasleep daarvan voor simpele verklaringen waken.

Want de waarheid is dat niemand van ons weet wat deze kwaadaardige aanval heeft losgemaakt. Geen van ons weet met zekerheid wat had kunnen voorkomen dat deze schoten werden gelost, of welke gedachten er schuilden in de verste uithoeken van de geest van een gewelddadige man. We moeten inderdaad alle feiten achter deze tragedie onderzoeken. We kunnen en mogen niet passief blijven in de confrontatie met zulk geweld. We moeten bereid zijn oude aannames aan de kaak te stellen om de kans op dat soort geweld in de toekomst te verkleinen. Maar wat we niet mogen doen, is deze tragedie aangrijpen als de zoveelste gelegenheid om elkaar in de haren te vliegen. Dat mogen we eenvoudigweg niet doen.

Laten we bij het bespreken van dit soort kwesties allemaal een flinke dosis nederigheid betrachten. In plaats van met de vinger te wijzen en anderen de schuld te geven zouden we deze kans moeten aangrijpen om ons morele voorstellingsvermogen te verbreden, zorgvuldiger naar elkaar te luisteren, ons instinct voor meelevendheid aan te scherpen en onszelf helpen herinneren aan alle manieren waarop de dingen waarop wij hopen en waarover wij dromen met elkaar verknoopt zijn. Dat is immers iets wat de meesten van ons doen wanneer we iemand kwijtraken in onze familie, vooral als dat verlies onverwacht komt. Dan worden we uit onze vaste routine geworpen. We worden gedwongen onze blik naar binnen te richten. We denken na over het verleden, vragen ons af of we genoeg tijd hebben doorgebracht met een ouder wordende vader of moeder. Hebben we onze dankbaarheid uitgesproken voor alle opofferingen die ze zich voor ons hebben getroost? Hebben we een partner verteld hoe wanhopig veel we van hem of haar hielden, en dat niet af en toe, maar dag in, dag uit?

Dus een plotseling verlies zorgt ervoor dat we omzien, maar dwingt ons ook vooruit te zien, om over nu en de toekomst na te denken, over de manier waarop we ons leven leiden en onze relaties met degenen die nog bij ons zijn, voeden.

We kunnen ons afvragen of we voldoende vriendelijkheid, ruimhartigheid en medeleven hebben betoond tegenover de mensen in ons leven. Misschien vragen we ons af of we wel het juiste doen tegenover onze kinderen of onze gemeenschap, en of onze prioriteiten wel kloppen.

We onderkennen onze eigen sterfelijkheid, en worden eraan herinnerd dat wat er in die kortstondige tijd die ons op deze aarde is gegeven werkelijk op aankomt, niet rijkdom, status, macht of roem is, maar hoezeer we hebben liefgehad en welke kleine rol we hebben gespeeld in het verbeteren van andermans leven. En dat proces, het proces van reflecteren, van zorgen dat onze daden stroken met onze waarden, dat is waar een tragedie als deze naar mijn overtuiging om vraagt.

Zij die gewond zijn geraakt, zij die zijn omgekomen, zijn deel van onze familie, een Amerikaanse familie van driehonderd miljoen. We hebben ze dan misschien niet persoonlijk gekend, maar we herkennen onszelf wel degelijk in hen. In George en Dot, in Dorwan en Mavy, voelen we de niet-aflatende liefde die wij voor onze eigen echtgenote, onze eigen echtgenoot, onze eigen partner koesteren. Phyllis is onze moeder of onze grootmoeder; Gabe onze broer of zoon. In rechter Roll zien we niet alleen de man die zijn gezin en zijn baan koesterde, maar ook een man die de belichaming was van de trouw van Amerika aan de wet.

En in Gabby zien we onze burgerzin weerspiegeld, dat verlangen om deel te nemen aan dat soms frustrerende, soms twistzieke, maar altijd noodzakelijke en oneindige proces om een volmaaktere eenheid te scheppen.

En in Christina zien we al onze kinderen terug. Nieuwsgierig, vol vertrouwen, energiek, vervuld van magie. Kinderen die onze liefde en ons goede voorbeeld verdienen.

Als deze tragedie tot nadenken en debat stemt, en dat moet, laten we er dan voor zorgen dat het degenen die we zijn verloren waardig is. Laten we ervoor zorgen dat dat debat zich niet op het gebruikelijke niveau afspeelt van politiek, punten scoren en kleingeestigheid dat in de volgende nieuwsronde alweer wegebt.

Het verlies van deze fantastische mensen moet ertoe leiden dat we allemaal ernaar streven een beter mens te worden. Een beter mens in ons privéleven, betere vrienden, buren, collega's en ouders. En als hun dood, zoals de afgelopen dagen wel is gezegd, helpt om het publieke debat beschaafder te maken, laten we dan niet vergeten dat dat niet is omdat deze tragedie is veroorzaakt door een simpel gebrek aan beschaving (want dat is niet zo), maar omdat alleen een beschaafder, eerlijker publiek debat ons kan helpen de uitdagingen waarvoor ons land staat aan te gaan op een manier die hen trots zou stemmen.

We moeten beschaafd zijn omdat we het voorbeeld willen naleven van overheidsdienaren als John Roll en Gabby Giffords, die er in de eerste plaats van doordrongen waren dat we allemaal Amerikanen zijn, dat we elkaars ideeën aan de kaak kunnen stellen zonder elkaars vaderlandsliefde in twijfel te trekken, en dat het onze gezamenlijke taak is om voortdurend de cirkel van onze zorg te vergroten zodat we de American Dream aan toekomstige generaties kunnen nalaten.

Zij geloofden, en ik geloof dat we het beter kunnen. Degenen die hier zijn gestorven, degenen die hier levens hebben gered, helpen me dat te geloven. We zijn wellicht niet in staat een eind te maken aan alle kwaad op de wereld, maar ik weet dat het aan ons is om uit te maken hoe we anderen behandelen.

En ik geloof dat we ondanks al onze onvolmaaktheden fatsoenlijk en goed zijn, en dat de krachten die ons uiteendrijven niet zo sterk zijn als de krachten die ons verenigen.

Dat geloof ik, deels omdat een kind als Christina Taylor Green dat geloofde.

Stelt u zich dat jonge meisje even voor, dat zich net bewust begon te worden van onze democratie, net de verplichtingen begon te begrijpen die burgerschap met zich meebrengt, net een glimp begon te zien van het feit dat zij misschien ooit een rol zou spelen in het vormen van de toekomst van haar land. Ze was gekozen in de leerlingenraad. Ze beschouwde vrijwilligerswerk als iets spannends en hoopgevends. Ze wilde haar Congreslid ontmoeten, iemand van wie ze zeker wist dat ze goed en belangrijk was en misschien iemand die als voorbeeld kon dienen. Ze zag dat allemaal met de ogen van een kind, ogen die niet verduisterd zijn door het cynisme of het sarcasme dat wij volwassenen vaak als vanzelfsprekend aanvaarden. Ik wil aan haar verwachtingen voldoen. Ik wil dat onze democratie zo goed is als Christina dacht dat die is. Ik wil dat Amerika zo goed is als zij het zich voorstelde. Wij moeten allemaal doen wat we kunnen om ervoor te zorgen dat dit land voldoet aan de verwachtingen van onze kinderen.

Zoals eerder al is gezegd, werd Christina geboren op 11 september 2002. Ze was een van de vijftig baby's die staan afgebeeld in een boek met de titel *Faces of Hope*. Aan weerszijden van haar foto staan in dat boek eenvoudige wensen voor een kinderleven. 'Ik hoop dat je mensen in nood zult helpen', is er een. 'Ik hoop dat je alle woorden van het volkslied kent en ze zingt met je hand op je hart.' 'Ik hoop dat je in plassen springt.'

Als er plassen in de hemel zijn, dan springt Christina daar vandaag in. En hier op deze aarde leggen wij onze hand op ons hart, en zetten ons als Amerikanen ervoor in een land te scheppen dat haar zachtmoedige, blijde geest waardig is.

Moge God iedereen die wij zijn verloren in eeuwige vrede bewaren. Moge Hij de overlevenden liefhebben en beschermen. En moge Hij de Verenigde Staten van Amerika zegenen.

‘Er is recht geschied’

Toespraak bij de dood van Osama bin Laden
Het Witte Huis, Washington D.C.
2 mei 2011

Vanavond kan ik het Amerikaanse volk en de hele wereld laten weten dat de Verenigde Staten een operatie hebben uitgevoerd waarbij de leider van Al Qaida Osama bin Laden, een terrorist die verantwoordelijk is voor de moord op duizenden onschuldige mannen, vrouwen en kinderen, is gedood.

Bijna tien jaar geleden werd een stralende dag in september verduisterd door de ernstigste aanval op het Amerikaanse volk uit onze geschiedenis. De beelden van 11 september staan in ons nationale geheugen gegrift: gekaapte vliegtuigen die door een onbewolkte septemberlucht vlogen; de instortende Twin Towers; zwarte rook die van het Pentagon opsteeg; het wrak van vlucht 93 in Shanksville in Pennsylvania, waar ons dankzij de acties van dappere burgers nog meer verdriet en verwoesting bespaard is gebleven.

Toch weten we dat de ergste beelden onzichtbaar zijn gebleven voor de wereld. De lege plaats aan de eettafel. Kinderen die moesten opgroeien zonder hun moeder of vader. Ouders die nooit het gevoel zouden leren kennen van de omhelzing van hun kind. Bijna drieduizend burgers werden weggenomen en lieten een gapend gat achter in ons hart.

Op 11 september 2001, op een moment van diep verdriet, sloeg het Amerikaanse volk de handen ineen. We staken onze buren de hand toe, boden de gewonden ons bloed aan. We bevestigden opnieuw onze banden met elkaar en onze liefde voor de gemeenschap en ons land. Op die dag waren we, ongeacht waar we vandaan kwamen, ongeacht tot welke God we baden, of tot welk ras of welke etniciteit we behoorden, verenigd als één Amerikaanse familie.

Net zo verenigd waren we in ons voornemen ons land te beschermen en degenen die deze afgrijselijke aanval hadden uitgevoerd voor het gerecht te brengen. Al snel vernamen we dat de aanvallen op 11 september waren uitgevoerd door Al Qaida, een organisatie die geleid werd door Osama bin Laden, die openlijk de oorlog had verklaard aan de Verenigde Staten en erop uit was onschuldigen in ons land en over de hele wereld te vermoorden. En dus trokken we ten strijde tegen Al Qaida om onze burgers, onze vrienden en onze bondgenoten te beschermen.

Dankzij de onvermoeibare, heldhaftige inzet van ons leger en van onze terrorismebestrijders hebben we de afgelopen tien jaar grote vooruitgang geboekt bij die inspanningen. Wij hebben terroristische aanvallen verijdeld en onze binnenlandse defensie versterkt. In Afghanistan hebben we de Taliban-regering verdreven, die Bin Laden en Al Qaida een toevluchtsoord en steun bood. Wereldwijd hebben we samengewerkt met onze vrienden en bondgenoten om tientallen terroristen van Al Qaida gevangen te nemen en uit te schakelen, onder wie diverse die hadden deelgenomen aan het plannen van de aanval op 11 september.

Toch zag Osama bin Laden kans gevangenneming te ontlopen, en hij ontsnapte over de Afghaanse grens naar Pakistan. Intussen bleef Al Qaida vanuit het gebied langs die grens opereren, en via hun vertakkingen wereldwijd.

En dus gaf ik kort na mijn aantreden als president de directeur van de CIA Leon Panetta de opdracht om het doden of gevangennemen van Bin Laden tot allergrootste prioriteit te verheffen van onze oorlog tegen Al Qaida, terwijl we tegelijkertijd doorgingen met onze bredere inspanningen om zijn netwerk te verstoren, te ontmantelen en te verslaan.

Afgelopen augustus, na jaren nauwgezet werk van onze inlichtingendiensten, werd ik op de hoogte gesteld van een mogelijke aanwijzing over de verblijfplaats van Bin Laden. Het was allesbehalve zeker, en het kostte vele maanden om deze aanwijzing tot de bodem toe uit te zoeken. Ik kwam geregeld samen met mijn nationale-veiligheidsteam om nieuwe informatie te bespreken over de mogelijkheid dat we Bin Laden inderdaad hadden gelokaliseerd op een ommuurd terrein ergens diep in de binnenlanden van Pakistan. Uiteindelijk besloot ik vorige week dat we genoeg informatie hadden om actie te ondernemen en gaf ik mijn goedkeuring aan een operatie om Osama bin Laden in te rekenen en voor het gerecht te brengen.

Vandaag hebben de Verenigde Staten op mijn aanwijzing een gerichte operatie uitgevoerd tegen genoemd ommuurd terrein in Abbottabad in Pakistan. Een klein team Amerikanen heeft de operatie met uitzonderlijke moed en bedrevenheid uitgevoerd. Er zijn geen Amerikanen gewond geraakt. Zij hebben ervoor gezorgd dat er geen burgerslachtoffers zijn gevallen. Na een vuurgevecht hebben zij Osama bin Laden gedood en zijn lichaam in beslag genomen.

Ruim twee decennia heeft Bin Laden leidinggegeven aan Al Qaida en is hij hun symbool geweest, en voortdurend heeft hij aanvallen gepleegd op ons land, onze vrienden en bondgenoten. De dood van Bin Laden is de belangrijkste prestatie tot nu toe in het kader van onze nationale inspanningen om Al Qaida te verslaan.

Dat neemt niet weg dat zijn dood niet het einde betekent van onze inzet. Het lijdt geen twijfel dat Al Qaida pogingen zal blijven ondernemen om ons aan te vallen. We moeten en zullen thuis en in het buitenland op onze hoede blijven.

Daarbij moeten we nogmaals benadrukken dat de Verenigde Staten niet in oorlog zijn en nooit in oorlog zullen zijn met de islam. Net als president Bush kort na 11 september deed, heb ik duidelijk gemaakt dat onze oorlog niet tegen de islam is gericht. Bin Laden was geen moslimleider; hij was een massamoordenaar van moslims. Al Qaida heeft in vele landen talloze moslims afgeslacht, waaronder in ons eigen land. Zijn verscheiden moet dan ook worden toegejuicht door iedereen die in vrede en menselijke waardigheid gelooft.

In de loop van de jaren heb ik herhaaldelijk duidelijk gemaakt dat we in Pakistan actie zouden ondernemen, als we wisten waar Bin Laden was. Dat is wat we hebben gedaan. Maar het is belangrijk om op te merken dat onze contraterroristische samenwerking met Pakistan ons mede heeft geleid naar Bin Laden en de plek waar hij zich verscholen hield. Bin Laden had immers ook Pakistan de oorlog verklaard en opdracht gegeven het volk van Pakistan aan te vallen.

Vanavond heb ik president Zardari gebeld, en mijn team heeft gesproken met hun collega's in Pakistan. Zij zijn het erover eens dat dit een goede, historische dag is voor onze beide landen. En het is essentieel dat Pakistan met ons mee blijft vechten tegen Al Qaida en zijn vertakkingen.

Het Amerikaanse volk heeft niet voor deze strijd gekozen. Die strijd kwam tot ons en begon met de zinloze slachtpartij onder onze burgers. Na bijna tien jaar dienstverlening, strijd en opoffering weten we maar al te goed wat de kosten van de oorlog zijn. Die wegen zwaar op mij als ik opnieuw een brief moet ondertekenen aan een gezin dat een dierbare is verloren of in de ogen kijk van een soldaat die zwaargewond is geraakt.

Dus Amerikanen kennen de prijs van de oorlog. En toch zullen wij als land nooit toestaan dat onze veiligheid wordt bedreigd, niet werkeloos toezien wanneer onze mensen worden gedood. We zullen nooit aflaten onze burgers, vrienden en bondgenoten te verdedigen. Wij blijven trouw aan de waarden die ons maken tot wie wij zijn. En op avonden als deze kunnen we zeggen tegen gezinnen die een dierbare hebben verloren door de terreur van Al Qaida: er is recht geschied.

Vanavond kunnen we de talloze mensen van inlichtingendiensten en terrorismebestrijding danken die zich onvermoeibaar hebben ingezet om dit resultaat te bereiken. Het Amerikaanse volk ziet hun werk niet, noch kennen ze hun namen. Maar vanavond ervaren ze de voldoening van hun werk en het resultaat van hun streven naar gerechtigheid.

Wij danken de mannen die deze operatie hebben uitgevoerd, want zij staan voor het professionalisme, de vaderlandsliefde en de ongeëvenaarde moed van diegenen die ons land dienen. Zij maken deel uit van een generatie die het zwaarste deel van deze last sinds die dag in september voor haar rekening heeft genomen.

Ten slotte wil ik nog zeggen tegen die gezinnen die dierbaren zijn kwijtgeraakt op 11 september dat wij hun verlies nooit zijn vergeten, noch ooit hebben getwijfeld over ons voornemen om alles te doen wat nodig is om een volgende aanval binnen onze landsgrenzen te voorkomen.

Laten we vanavond terugdenken aan dat gevoel van eenheid dat op 11 september de boventoon voerde. Ik weet dat het af en toe heeft gewankeld. Maar de prestatie die vandaag is geleverd getuigt van de grootheid van ons land en de vastberadenheid van het Amerikaanse volk.

De opdracht om ons land veilig te maken is nog niet volbracht. Maar vanavond worden we er opnieuw aan herinnerd dat Amerika alles kan bereiken waar wij ons voor inzetten. Dat is het verhaal van onze geschiedenis, of dat nu gaat om het najagen van welvaart voor ons volk, de strijd voor gelijkheid voor al onze burgers, onze inzet om ook over de landsgrenzen heen onze waarden te verdedigen, of onze opofferingen om de wereld veiliger te maken.

Laten we niet vergeten dat we die dingen niet alleen kunnen doen vanwege rijkdom of macht, maar ook omdat we zijn wie we zijn: een volk, onder God, ondeelbaar, met vrijheid en rechtvaardigheid voor eenieder. Dank u. God zegene u en de Verenigde Staten van Amerika.

‘Het oog gericht op die verre horizon’

Toespraak tijdens de Democratische Conventie
Charlotte, North Carolina
6 september 2012

MICHELLE OBAMA: Het is me een groot genoegen en een eer om de liefde van mijn leven, de vader van onze twee dochters en de president van de Verenigde Staten van Amerika te mogen aankondigen: Barack Obama.

Wat hou ik toch veel van je, Michelle. Een paar avonden geleden werd maar weer eens aangetoond wat een fortuinlijk man ik ben. We zijn vreselijk trots op jullie, Malia en Sasha. En inderdaad, jullie moeten morgenochtend weer naar school.

Dank je, Joe Biden, omdat je de allerbeste vicepresident bent die ik me had kunnen wensen, en omdat je een krachtige, loyale vriend bent.

Mevrouw de voorzitter, afgevaardigden, ik aanvaard uw nominatie voor het presidentschap van de Verenigde Staten. Toen ik deze Conventie voor het eerst toesprak, in 2004, was ik een jongere man, een senator uit Illinois die het had over hoop; niet over blind optimisme, niet over wensdenken, maar over hoop koesteren oog in oog met problemen; hoop, oog in oog met onzekerheid; dat koppige vertrouwen, dat dit land vooruit heeft gebracht, in een toekomst, ook als de kansen niet veelbelovend zijn en de weg lang is.

Acht jaar later is die hoop op de proef gesteld door de kosten van een oorlog, door een van de ernstigste economische crises uit de geschiedenis, en door een politieke impasse waardoor we ons gaan afvragen of het nog wel mogelijk is om de uitdagingen van deze tijd aan te pakken.

Ik weet dat campagnes soms onbelangrijk, om niet te zeggen onnozel kunnen lijken. Triviale zaken groeien uit tot enorme kwesties. Ernstige kwesties verworden tot soundbites. De waarheid raakt ondergesneeuwd door een massa geld en reclame. Als het je de keel uithangt om mij te horen zeggen dat ik deze boodschap goedkeur, neem dan van mij aan dat dat voor mij ook geldt.

Maar hoe je het ook wendt of keert, zodra je gaat stemmen, sta je voor de helderste keuze van elke generatie. De komende paar jaar zullen er in Washington belangrijke beslissingen worden genomen op het gebied van banen, economie, belastingen, tekorten op de betalingsbalans, energie, onderwijs, oorlog en vrede; allemaal beslissingen die de komende tientallen jaren een reusachtige invloed zullen hebben op ons leven en op dat van onze kinderen.

En bij elk van die kwesties zullen we niet alleen voor de keuze tussen twee kandidaten of twee partijen staan. Het zal een keuze zijn tussen twee verschillende paden voor Amerika, een keuze tussen twee fundamenteel verschillende visies op de toekomst.

Wij komen op voor het herstel van de waarden die de grootste middenklasse en de sterkste economie uit de wereldgeschiedenis hebben helpen opbouwen, de waarden die mijn grootvader heeft verdedigd in het leger van generaal Patton, de waarden die mijn grootmoeder ertoe aanzetten in zijn afwezigheid bij een bommenwerperfabriek te gaan werken.

Zij wisten dat ze deel uitmaakten van iets groters, van een land dat fascisme en depressie overwon; een land waar de innovatiefste fabrieken de beste producten ter wereld voortbrachten. En iedereen had deel aan die trots en dat succes, van het directiekantoor tot en met de werkvloer.

Mijn grootouders kregen de kans om te studeren, een huis te

kopen, om datgene waar te maken wat de grondslag vormt van het Amerikaanse verhaal: de belofte dat hard werken vruchten zal afwerpen, dat verantwoordelijkheidsgevoel loont, dat iedereen een eerlijke kans krijgt, iedereen zijn steentje bijdraagt, en dat iedereen zich aan dezelfde spelregels houdt, van de dorpsstraat tot Wall Street en tot Washington.

Ik heb me kandidaat gesteld voor het presidentschap omdat ik die grondslag zag verdwijnen. Ik ben mijn loopbaan begonnen met hulp bieden aan mensen in de slagschaduw van een gesloten staalfabriek in een tijd dat veel te veel goede banen naar elders begonnen te verdwijnen. Tegen 2008 hadden we al bijna een decennium lang meegemaakt dat gezinnen de grootste moeite hadden om voortdurend stijgende kosten te betalen, terwijl de lonen niet stegen; mensen die steeds meer schulden opbouwden, alleen maar om de hypotheek en studiekosten te betalen, benzine in de tank te stoppen of eten op tafel te zetten. En toen dat kaartenhuis tijdens de grote recessie instortte, raakten miljoenen onschuldige Amerikanen hun baan, hun huis en hun spaargeld kwijt; een tragedie waar we nog steeds van proberen te herstellen.

Onze vrienden in Tampa bij de Republikeinse Conventie waren maar al te graag bereid om over alles te praten wat er allemaal verkeerd is in Amerika. Maar veel hadden ze niet te zeggen over hoe ze het zelf zouden rechtzetten. Ze willen wel jullie stem, maar ze willen niet dat jullie weten wat hun plan is. En dat is omdat het enige wat ze te bieden hebben het bekende recept van de afgelopen dertig jaar is: overschot? Belastingverlaging. Tekort te hoog? Nog eens een belastingverlaging. Voel je een koutje opkomen? Neem twee belastingverlagingen, draai een paar regelgevingen terug, en bel morgen maar weer eens.

Ik heb belastingen verlaagd voor degenen die dat nodig hebben: middenklassengezinnen, kleine bedrijven. Ik geloof alleen niet dat nog een ronde belastingvoordeeltjes voor miljonairs ons land goede banen zal opleveren of ons begrotingstekort zal terugdringen. Ik geloof niet dat we met het ontslaan van leerkrachten en het terugdraaien van studiebeurzen zullen zorgen voor een groei van de economie of dat dat ons zal helpen wedijveren met wetenschappers en technici uit China.

Na alles wat we hebben doorgemaakt geloof ik niet dat we met het terugdraaien van de regelgeving voor Wall Street de kleine onderneemster zullen helpen haar bedrijf uit te breiden, of de ontslagen bouwvakker zullen helpen zijn huis te behouden.

Dat hebben we meegemaakt. Dat hebben we geprobeerd, en daar gaan we niet naar terug. We gaan voorwaarts, Amerika.

Ik wil niet suggereren dat de route die ik voorstel snel of makkelijk zal zijn. Dat heb ik nooit gedaan. Jullie hebben me niet gekozen om je te vertellen wat je wilt horen. Jullie hebben me gekozen om je de waarheid te vertellen.

En de waarheid is dat het langer zal duren dan een paar jaar voordat wij problemen hebben opgelost die in de loop van tientallen jaren zijn gegroeid. Dat zal vragen om gezamenlijke inspanning en verantwoordelijkheid, en om de soort doortastende, niet-aflatende experimenten die Franklin Roosevelt beproefde tijdens de enige crisis die ernstiger was dan die van nu. Overigens moeten diegenen van ons die het erfgoed van zijn partij voortdragen, beseffen dat niet elk probleem kan worden opgelost met het zoveelste overheidsprogramma of het zoveelste dictaat uit Washington.

Maar vergeet niet, Amerika, dat onze problemen kunnen worden opgelost. Onze uitdagingen kunnen worden overwonnen. De route die wij bieden is dan misschien zwaarder, maar brengt ons wel naar een betere plek. Ik vraag jullie om voor die toekomst te kiezen.

Ik vraag jullie de handen ineen te slaan voor een stel doelen voor je land: doelen op het gebied van de industrie, energie, onderwijs, nationale veiligheid en het begrotingstekort: reële, haalbare plannen die zullen leiden tot nieuwe banen en meer kansen, en die deze economie op een steviger fundament weer zullen opbouwen. Dat is wat we de komende vier jaar kunnen doen, en daarom heb ik me kandidaat gesteld voor een tweede termijn als president van de Verenigde Staten.

We kunnen kiezen voor een toekomst waarin we meer producten en minder banen exporteren. Na een decennium dat werd bepaald door wat we kochten en leenden, keren we terug naar de basis en doen we datgene waar Amerika altijd het beste in is geweest: we maken weer dingen. In Detroit en Toledo heb ik arbeiders gesproken die bang waren dat ze nooit meer een Amerikaanse auto zouden bouwen. En nu kunnen ze ze niet snel genoeg bouwen, omdat we een op sterven na dode auto-industrie nieuw leven hebben ingeblazen, die nu weer tot de wereldtop behoort.

Ik heb samengewerkt met directeuren die banen terughalen naar Amerika, niet omdat onze arbeiders een lager loon krijgen, maar omdat we betere producten maken. Omdat we harder en slimmer werken dan wie ook.

Ik heb handelsverdragen getekend die ervoor zorgen dat onze ondernemingen meer goederen verkopen aan miljoenen nieuwe klanten, goederen die drie trotse woorden dragen '*Made in America*'.

Na een decennium van neergang zijn er de afgelopen tweeënhalfjaar in dit land weer een half miljoen banen gecreëerd in de industrie.

Nu hebben jullie een keus: we kunnen nog meer belastingvoordeeltjes geven aan ondernemingen die banen naar het buitenland verplaatsen, of we kunnen ondernemingen gaan belonen die nieuwe fabrieken openen, nieuwe arbeiders opleiden en nieuwe banen scheppen, hier in de Verenigde Staten. We kunnen grote fabrieken en kleine bedrijven helpen hun export te verdubbelen, en als we deze route kiezen, kunnen we in de komende vier jaar een miljoen nieuwe banen scheppen in de industrie. Jullie kunnen dat laten gebeuren. Jullie kunnen voor die toekomst kiezen.

Jullie kunnen kiezen voor de route waarin we meer greep hebben op onze energie. Na dertig jaar niets te hebben gedaan, hebben we de brandstofnormen zodanig verhoogd dat auto's en vrachtwagens halverwege het komende decennium twee keer zo ver komen op een liter benzine. We hebben het gebruik van duurzame energie verdubbeld en duizenden Amerikanen hebben inmiddels een baan bij het bouwen van windturbines en duurzame batterijen. In het afgelopen jaar alleen al hebben we de olie-import met een miljoen vaten per dag verlaagd, meer dan enige andere regering in de recente geschiedenis. En vandaag de dag zijn de Verenigde Staten minder afhankelijk van buitenlandse olie dan wanneer ook in de afgelopen twee decennia.

Dus nu hebben jullie de keus tussen een strategie die deze vooruitgang terugdraait of een die daarop voortborduurt. We hebben de afgelopen drie jaar enorme stukken land toegankelijk gemaakt voor het zoeken naar olie en gas, en we zullen meer toegankelijk maken. Maar in tegenstelling tot mijn opponent zal ik oliemaatschappijen niet het energieplan voor dit land laten schrijven, onze kusten in gevaar laten brengen of nog weer een vier miljard aan overheidssteun van onze belastingbetalers innen. Wij bieden een betere route.

Wij bieden een betere route, een betere toekomst waarin we blijven investeren in wind en zonne-energie en in schone steenkool; waar boeren en wetenschappers nieuwe biobrandstoffen bruikbaar maken om onze auto's en vrachtwagens aan te drijven; waarin bouwvakkers huizen en fabrieken bouwen die minder energie verspillen; waarin we een voorraad voor honderd jaar aan gas zullen benutten die zich vlak onder onze voeten bevindt. Als jullie voor die route kiezen, kunnen we onze olie-import tegen 2020 met de helft reduceren en alleen al bij de winning van natuurlijk gas ruim 600.000 nieuwe banen scheppen.

En mijn plan is inderdaad nog steeds om de koolstofvervuiling terug te dringen die onze aarde opwarmt, want klimaatverandering is geen oplichterij. Meer droogte, overstromingen en bosbranden zijn geen grapje. Zij vormen een bedreiging voor de toekomst van onze kinderen. En in deze verkiezingen kunnen jullie daar iets aan doen.

Jullie kunnen voor een toekomst kiezen waarin meer Amerikanen de kans krijgen de vaardigheden te verwerven om te wedijveren, ongeacht hun leeftijd en hoeveel geld ze hebben. Onderwijs was voor mij de poort naar meer kansen. En voor Michelle net zo. Het is voor de meesten van jullie zo'n poort geweest. En nu is het meer dan ooit de poort naar een middenklassenbestaan.

Voor het eerst in deze generatie heeft vrijwel elke staat op onze oproep gereageerd om de maatstaven voor leerkrachten en onderwijs op te trekken. Sommige van de slechtste scholen van het land hebben echt vooruitgang geboekt op het gebied van wiskunde en lezen. Miljoenen studenten betalen tegenwoordig minder voor hun studie omdat we eindelijk het stelsel hebben aangepakt waarin miljarden belastinggeld werden verspild aan banken en kredietverschaffers.

En nu is aan jullie de keus: we kunnen het onderwijssysteem uithollen, of we kunnen besluiten dat geen kind in de Verenigde Staten gedwongen mag worden zijn dromen op te schorten vanwege een overvolle klas of een instortende school. Geen gezin mag de toelatingsbrief voor een universiteit ter zijde leggen omdat ze het geld er niet voor hebben. Geen bedrijf hoort op zoek te moeten gaan naar arbeiders elders omdat ze hier niemand met de juiste vaardigheden kunnen vinden. Dat is niet onze toekomst.

De overheid heeft daar een rol in. Maar leerkrachten moeten inspireren; schoolhoofden moeten leidinggeven; ouders moeten hun kinderen leergierigheid bijbrengen. En jullie studenten moeten het werk doen. En dan beloof ik jullie dat we beter onderwijs zullen geven dan welk land ter wereld ook en dat we iedereen het nakijken zullen geven.

Maar dan moeten jullie me wel helpen. Help me binnen tien jaar honderdduizend leerkrachten wiskunde en natuurkunde te rekruteren en het onderwijs aan jonge kinderen te verbeteren. Help me twee miljoen arbeiders de kans te geven op hun regionaal opleidingscentrum vaardigheden te leren die rechtstreeks naar een baan leiden. Help ons samen te werken met colleges en universiteiten om de komende tien jaar studiekosten te helpen halveren. Samen kunnen we dat doel bereiken. Die toekomst kunnen jullie kiezen voor Amerika. Dat is onze toekomst.

In een wereld vol nieuwe dreigingen en uitdagingen kunnen jullie kiezen voor een leiderschap dat al op de proef is gesteld. Vier jaar geleden beloofde ik een eind te maken aan de oorlog in Irak.

Dat hebben we gedaan. We hebben de opmars van de Taliban in Afghanistan gestuit, en in 2014 zal de langste oorlog die we ooit hebben gevoerd ten einde komen.

Boven de skyline van New York verrijst een nieuwe toren; Al Qaida stevent af op een nederlaag; en Osama bin Laden is dood.

Vanavond eren wij de Amerikanen die hun leven nog steeds in de waagschaal stellen. Wij staan voorgoed in het krijt bij een generatie die zich heeft opgeofferd zodat dit land veiliger is geworden en in hoger aanzien staat. Wij zullen jullie nooit vergeten. En zolang ik opperbevelhebber ben, zullen wij het krachtigste leger ondersteunen dat de wereld ooit heeft gekend. Als jullie je uniform uittrekken, zullen wij jullie dienstbaar zijn zoals jullie ons hebben gediend: want niemand die voor dit land vecht, hoort te moeten vechten voor een baan, een dak boven het hoofd, of de zorg die terugkerende militairen nodig hebben.

Overal ter wereld hebben we oude bondgenootschappen aangehaald en zijn we nieuwe coalities aangegaan om de verspreiding van kernwapens tegen te houden. Wij hebben rond de Stille Oceaan onze macht bevestigd en hebben ons namens onze arbeiders tegen China teweergesteld. Van Birma tot Libië en Zuid-Soedan zijn wij opgekomen voor de rechten en de waardigheid van alle mensen: mannen en vrouwen, christenen, moslims en joden.

Maar we mogen nog zoveel vooruitgang hebben geboekt, er zijn nog steeds uitdagingen. Terroristische complotten moeten worden verijdeld. De crisis in Europa moet worden ingedamd. Onze inzet voor de veiligheid van Israël mag niet wankelen, en evenmin ons streven naar vrede. De Iraanse regering moet geconfronteerd worden met een wereld die zich gezamenlijk blijft verzetten tegen haar ambities op nucleair gebied. De historische golf van veranderingen in de Arabische wereld hoort niet te worden bepaald door de ijzeren vuist van een dictator of de haat van extremisten, maar door de hoop en de ambities van gewone mensen die naar dezelfde rechten reiken die wij hier tegenwoordig genieten.

Dus nu hebben we een keus. Mijn opponent en zijn running mate hebben geen ervaring met buitenlandse politiek, maar uit alles wat we tot nu toe hebben gehoord en gezien, zou je afleiden dat ze de klok willen terugzetten naar een tijd vol geschreeuw en weinig wol die Amerika veel schade heeft gedaan.

Je noemt Rusland immers niet onze grootste vijand (niet Al Qaida, maar Rusland) tenzij je nog steeds vastzit in een Koude Oorlog-mentaliteit. Misschien ben je nog niet toe aan diplomatieke betrekkingen met Beijing als je niet eens de Olympische Spelen kunt bezoeken zonder onze naaste bondgenoot voor het hoofd te stoten.

Volgens mijn opponent was het 'tragisch' om de oorlog in Irak te beëindigen. En hij gaat ons niet vertellen hoe hij een eind zal maken aan de oorlog in Afghanistan. Maar ik wel.

En terwijl mijn opponent meer geld wil steken in wapentuig waar onze gezamenlijke stafchefs niet eens op zitten te wachten, zal ik het geld dat we niet meer aan oorlogen uitgeven spenderen aan het verminderen van ons begrotingstekort en om meer mensen aan het werk te helpen bij het opknappen van wegen, bruggen, scholen en landingsbanen. Want na twee jaar die duizenden levens hebben gekost en ruim een biljoen dollar, is het tijd om hier thuis weer wat aan de opbouw van ons land te doen.

Jullie kunnen voor een toekomst kiezen waarin we ons begrotingstekort verminderen zonder de middenklasse te treffen. Volgens onafhankelijke deskundigen zal mijn plan ons begrotingstekort met vier biljoen terugdringen. Afgelopen zomer heb ik met Republikeinen in het Congres samengewerkt om onze uitgaven met een biljoen terug te dringen, want diegenen onder ons die geloven dat de overheid een kracht ten goede kan zijn, moeten harder dan wie ook werken om die overheid te hervormen zodat die zuiniger en efficiënter wordt en beter luistert naar het Amerikaanse volk.

Ik wil de belastingwet hervormen zodat die eenvoudig en eerlijk wordt en de rijkste huishoudens hogere belastingen laat betalen over inkomsten van boven de 250.000 dollar: hetzelfde percentage dat we hadden toen Bill Clinton president was; hetzelfde percentage als toen er in onze economie bijna 23 miljoen nieuwe banen werden geschapen, we het hoogste overschot ooit hadden, en ook nog eens een massa miljonairs.

Ik popel nog steeds om een overeenkomst te bereiken op basis van de uitgangspunten van mijn uit beide partijen samengestelde commissie die zich over onze schulden boog. Geen enkele partij heeft het alleenrecht op wijsheid. Geen democratie functioneert zonder compromissen. Ik wil dit voor elkaar krijgen, en dat kan ook. Maar als gouverneur Romney en zijn vrienden in het Congres ons voorhouden dat we op de een of andere manier ons begrotingstekort kunnen verlagen door nog eens biljoenen aan nieuwe belastingvoordeeltjes voor de rijken in te voeren, dan... Hoe zei Bill Clinton dat ook alweer? Maak de sommetjes dan. Reken het dan door.

Ik weiger daarin mee te gaan en zolang ik president ben, zal ik dat ook niet doen. Ik weiger middenklassengezinnen te vragen hun belastingaftrek voor hun huis of voor het opvoeden van hun kinderen in te leveren om te betalen voor een belastingvoordeeltje voor de zoveelste miljonair.

Ik weiger studenten te vragen meer voor hun studie te betalen, of kinderen van een bijspijkercursus te trappen of ziektekostenverzekeringen af te schaffen voor miljoenen Amerikanen die arm, bejaard of gehandicapt zijn, om maar te maken dat degenen die het beste af zijn minder hoeven te betalen. Daar ga ik niet in mee.

En nooit ofte nimmer zal ik van Medicare een tegoedbon maken. Geen enkele Amerikaan hoort in zijn nadagen overgeleverd te worden aan de luimen van verzekeringsmaatschappijen. Die mensen horen met pensioen te gaan met de zorg en de waardigheid die ze hebben verdiend. Natuurlijk zullen we Medicare hervormen en krachtiger maken voor op de lange termijn, maar dat zullen we bereiken door de kosten van de gezondheidszorg terug te dringen en niet door ouderen te vragen duizenden dollars meer te betalen.

En we zullen onze belofte houden wat het socialezekerheidsstelsel aangaat door verantwoorde stappen te zetten die het systeem zullen versterken, en niet door het uit te leveren aan Wall Street.

Dat is de keuze waar we nu voor staan. Hier draait het om bij deze verkiezingen. Voortdurend krijgen we van onze tegenstanders te horen dat grotere belastingverlagingen en minder regelgeving de enige oplossing zijn: dat de overheid nu eenmaal niet alles kan doen, en dat ze dan dus maar vrijwel niets moet doen. Als je geen ziektekostenverzekering kunt betalen, moet je maar hopen dat je niet ziek wordt. Loost een bedrijf giftige afvalstoffen in de lucht die jouw kinderen inademen? Dat is de prijs van de vooruitgang. Als je je niet kunt veroorloven om een bedrijf te beginnen of te gaan studeren, volg dan het advies op van mijn tegenstander en leen geld van je ouders.

Weet je wat het is? Zo zijn wij niet. Zo werkt het niet in ons land. Als Amerikanen geloven wij dat onze schepper ons bepaalde onvervreemdbare rechten heeft verleend, rechten die geen mens of overheid ons kan ontnemen. We zijn voor persoonlijke verantwoordelijkheid en juichen individuele initiatieven toe. We hebben geen recht op succes; dat succes moeten we verdienen. Wij eren de strevers, de dromers, de mensen die risico nemen, de ondernemers die altijd de drijvende kracht zijn geweest achter ons vrije ondernemerschap, de grootste motor achter groei en welvaart die de wereld ooit heeft gekend.

Maar we geloven ook in iets wat burgerschap heet. Burgerschap is een woord dat de kern uitmaakt van ons ontstaan; een woord dat de essentie is van onze democratie; het idee dat dit land alleen functioneert wanneer we bepaalde verplichtingen aanvaarden tegenover elkaar en tegenover toekomstige generaties.

Wij geloven dat als de directeur van een autofabriek zijn arbeiders genoeg betaalt om de auto's te kunnen kopen die ze bouwen, het hele bedrijf het beter zal doen. Wij geloven dat als een gezin niet meer verleid kan worden tot het ondertekenen van een hypotheekovereenkomst die ze niet kunnen betalen, niet alleen dat gezin beschermd wordt, maar ook de waarde van andere huizen, en zodoende de hele economie. Wij geloven dat het kleine meisje dat dankzij een fantastische leerkracht of een beurs de kans krijgt te ontsnappen aan de armoede, weleens de volgende Steve Jobs zou kunnen worden, of de onderzoeker die kanker geneest, of president van de Verenigde Staten, en wij hebben de macht om haar die kans te bieden.

We weten dat kerken en liefdadigheidsinstanties vaak meer verschil kunnen maken dan een simpel armoedebestrijdingsprogramma. We willen niet zomaar dingen uitdelen aan mensen die weigeren zichzelf te helpen, en wat we al helemaal niet willen is reddingsoperaties voor banken die de regels overtreden. We denken niet dat de overheid al onze problemen kan oplossen, maar evenmin denken we dat de overheid de bron is van al onze problemen, net zomin als uitkeringstrekkers, ondernemingen, vakbonden, immigranten, homo's of welke andere groep dan ook die we volgens sommigen de schuld van onze problemen moeten geven.

Want we begrijpen dat deze democratie de onze is, Amerika. Als volk erkennen we dat we zowel verantwoordelijkheden als rechten hebben; dat ieders lot verbonden is met dat van anderen; dat een zelfzuchtige vrijheid, een vrijheid zonder betrokkenheid bij anderen, een vrijheid zonder liefde, welwillendheid, plicht of vaderlandslievendheid onze oorspronkelijke idealen en degenen die bij de verdediging van die idealen zijn gestorven onwaardig zijn.

Als burgers begrijpen we dat het er in Amerika niet om draait wat er voor ons kan worden gedaan, maar om wat er door ons samen kan worden gedaan, met het zware, frustrerende, maar noodzakelijke werk van de directe democratie. Dat is wat wij geloven.

De verkiezing van vier jaar geleden ging immers niet over mij, maar over jullie. Jullie waren de verandering, medeburgers. Jullie zijn de reden waarom een klein meisje met een hartkwaal in Phoenix de operatie zal ondergaan die ze nodig heeft omdat de ziektekostenverzekering geen beperkingen kan opleggen aan de dekking. Dat hebben jullie bereikt.

Jullie zijn de reden waarom een jongeman in Colorado die nooit had gedacht dat hij zich zou kunnen veroorloven zijn droom uit te laten komen om af te studeren als arts nu op het punt staat dat te doen. Dat hebben jullie mogelijk gemaakt.

Jullie zijn de reden waarom een jonge immigrant die hier is opgegroeid, naar school ging en trouw heeft gezworen aan onze vlag, niet meer kan worden gedeporteerd uit het enige land dat ze ooit het hare heeft genoemd; waarom onzelfzuchtige soldaten niet meer uit het leger worden getrapt om wie ze zijn en van wie ze houden; waarom duizenden ouders eindelijk in staat waren tegen de dierbaren die ons zo dapper hebben gediend te zeggen: 'Welkom thuis.' 'Welkom thuis.' Dat hebben jullie gedaan.

Als jullie je nu afwenden, als je in de cynische boodschap trapt dat de verandering waarvoor wij hebben gevochten onmogelijk is, dan zal die verandering niet komen. Als je het idee laat varen dat je stem verschil kan maken, zullen andere stemmen die leegte vullen: de lobbyisten en belangengroepen; de mensen met de cheques van tien miljoen die deze verkiezingen proberen te kopen en degenen die het jullie lastiger maken om te stemmen; politici in Washington die willen uitmaken met wie jij trouwt, of willen bepalen welke keuzes op gezondheidsgebied vrouwen voor zichzelf mogen maken.

Jullie zijn de enigen die ervoor kunnen zorgen dat dat niet gebeurt. Jullie zijn de enigen met de macht om ons verder te brengen. Ik erken dat de tijden zijn veranderd sinds ik deze conventie voor het eerst toesprak. De tijden zijn veranderd, en ik ook. Ik ben niet zomaar een kandidaat meer. Ik ben de president.

En dat brengt met zich mee dat ik weet wat het betekent om jonge Amerikanen de strijd in te sturen, want ik heb moeders en vaders omhelsd van degenen die niet terugkeerden. Ik heb de pijn ervaren van gezinnen die hun huis waren kwijtgeraakt en de frustraties van arbeiders die hun baan waren kwijtgeraakt. Als de critici gelijk hebben dat ik mijn beslissingen allemaal op grond van enquêtes heb genomen, ben ik kennelijk niet zo goed in het interpreteren van enquêtes. En ik ben weliswaar zeer trots op wat we samen hebben bereikt, maar ik ben me veel meer bewust van mijn eigen falen en begrijp precies wat Lincoln bedoelde toen hij zei: 'Ik ben vele malen op de knieën gedwongen door de stellige overtuiging dat er geen andere plaats was waar ik heen kon.'

Maar zoals ik hier vanavond sta, ben ik hoopvoller dan ooit voor Amerika. Niet omdat ik denk dat ik overal een antwoord op heb. Niet omdat ik naïef ben over de omvang van de uitdagingen waar we voor staan. Ik ben hoopvol dankzij jullie.

De jonge vrouw die ik tijdens een wetenschapsbeurs ontmoette die landelijke erkenning had gekregen voor haar biologie-onderzoek terwijl ze met haar familie in een daklozenopvang woonde: die geeft me hoop.

De arbeider in een autofabriek die de loterij won nadat de fabriek waar hij werkte bijna dicht was gegaan, maar die elke dag naar zijn werk bleef komen en vlaggen kocht voor zijn hele woonplaats en die een van de auto's die hij zelf had gebouwd kocht om zijn vrouw mee te verrassen: die geeft me hoop.

De familieonderneming in Warroad in Minnesota die geen enkele van hun vierduizend werknemers ontsloeg toen de recessie toesloeg, ook al sloten hun concurrenten tientallen fabrieken, ook al betekende dat dat de eigenaren afstand moesten doen van sommige voordeeltjes en hun eigen inkomen moesten verlagen omdat ze begrepen dat de gemeenschap en de arbeiders die de zaak hadden helpen opbouwen hun grootste kapitaal vormden: zij geven me hoop.

Ik denk aan de jonge matroos die ik sprak in het Walter Reed-ziekenhuis, die herstellende was van een aanval met een granaat waardoor kort daarna zijn been onder de knie moest worden afgezet. Een halfjaar geleden zagen we hem komen binnenwandelen bij een diner in het Witte Huis ter ere van diegenen die in Irak hebben gediend, rijzig en tien kilo aangekomen, indrukwekkend in zijn uniform, met een brede grijns op zijn gezicht en stevig op zijn nieuwe been. En een paar maanden daar weer na zag ik hem op de fiets om het hardst rijden met andere gewonde oorlogshelden op een sprankelende lentedag, een inspiratie voor andere helden die nog maar aan het begin stonden van de moeilijke weg die hij was gegaan: hij geeft me hoop. Ik weet niet bij welke partij deze mannen en vrouwen horen. Ik weet niet of ze op mij zullen stemmen. Maar wat ik wel weet is dat hun levenskracht is wat ons definieert. Zij doen me denken aan de woorden van de Heilige Schrift dat ons 'een hoopvolle toekomst' te wachten staat.

Als jullie die hoop met mij delen, vraag ik je vanavond om je stem. Als jullie het idee verwerpen dat de belofte van dit land is voorbehouden aan de weinige uitverkorenen, moet jullie stem te horen zijn bij deze verkiezingen. Als jullie het idee verwerpen dat onze regering voorgoed in het krijt staat bij de hoogste bieder, moeten jullie opstaan in deze verkiezingen.

Als jullie geloven dat nieuwe centrales en fabrieken in ons landschap kunnen verschijnen, dat nieuwe energie onze toekomst kan aanjagen, dat nieuwe scholen kansen kunnen bieden aan dit volk van dromers; als jullie geloven in een land waar iedereen een eerlijke kans krijgt, iedereen zijn steentje bijdraagt, en iedereen zich aan dezelfde regels houdt, moeten jullie aanstaande november je stem uitbrengen.

Ik heb nooit gezegd dat dit een makkelijke reis zou worden, Amerika, en dat zal ik ook nu niet beloven. Ja, onze weg is moeilijker, maar hij leidt naar een betere plek. Ja, onze weg is langer, maar we bereizen hem samen. We draaien ons niet om. We laten niemand achter. We trekken elkaar omhoog. We ontlenen kracht aan onze overwinningen en leren van onze fouten, maar we houden het oog gericht op die verre horizon, in het besef dat de voorzienigheid met ons is en dat we voorwaar gezegend zijn om burgers te zijn van het geweldigste land ter wereld.

'Fired up? Ready to go!'

Toespraak samen met Michelle op de laatste campagnebijeenkomst
Des Moines, Iowa
6 november 2012

MICHELLE OBAMA: Dank je, jongens. Ontzettend bedankt.
PUBLIEK: *We love Michelle! We love Michelle!*
MICHELLE OBAMA (lacht): En ik hou van jullie. Ik hou van jullie vanuit de grond van mijn hart. Ik vind het meer dan geweldig dat ik hier bij jullie kan zijn.

Maar we moeten een deel van die liefde aan Bruce Springsteen geven. Ik bedoel, jeetje. Maandenlang heb ik zijn nummers op onze verkiezingsbijeenkomsten gehoord. Maar eerlijk is eerlijk: er gaat niets boven The Boss zelf in actie te zien. Absoluut niets. Hij was gewoon fantastisch. Hij en zijn gezin en zijn team, ze zijn echt geweldig geweest. Daarom willen we Bruce bedanken voor alles wat hij voor ons heeft gedaan.

Vooral wil ik jullie bedanken voor jullie komst vanavond. Ik bedoel, jullie weten dat het een behoorlijk emotionele tijd voor ons is, omdat dit het laatste evenement van de laatste campagne van mijn man is. Dit is de laatste keer dat hij en ik tijdens een campagnebijeenkomst samen op het podium staan. Dat is de reden waarom we vanavond hier naar Iowa wilden komen, omdat dit in feite de plek is waar het allemaal begonnen is, precies hier.

Ik koester zoveel dierbare herinneringen aan deze staat – de feestelijke bijeenkomsten in Sioux City en Cedar Rapids, de viering van Malia's verjaardag in Pella, de aanblik van het gezicht van mijn man dat in de boter gekerfd stond. Geloof me, daar hebben we het nog steeds over met Kerstmis.

Maar ik zal nooit de vriendelijkheid, de warmte en de liefde vergeten die jullie mij en mijn gezin hebben geschonken, en vooral onze meisjes. Dat is echt wat in die eerste dagen de doorslag heeft gegeven, toen ik niet zo zeker was over dit hele proces; toen ik me nog steeds afvroeg wat het zou betekenen voor onze meisjes en ons gezin als Barack de kans kreeg president te worden.

Hoewel ik mijn zorgen en mijn angsten had, besefte ik ook dat deze beslissing niet alleen van invloed was op mij als echtgenote en moeder, maar ook als kiezer, als Amerikaan. Ik begon mij een beeld te vormen van het soort mens dat ik als leider van ons land wilde zien. Ik wist dat ik een president wilde met een standvastig karakter, vol medeleven en sterke overtuigingen. Ik wilde een president die slim was. Ik wilde iemand die we konden vertrouwen, iemand die ons altijd, altijd de waarheid zou vertellen, ook wanneer die onaangenaam was. En ik wilde een president die niet werd gedreven door politiek of door de richting van waaruit de wind waaide, maar door de worstelingen, verwachtingen en dromen van alle Amerikanen.

Hoe meer ik erover nadacht, hoe meer ik in mijn hart wist dat ik Barack beschreef. Ik wist dat hij die president kon zijn. En dat is precies wat hij vier jaar lang heeft bewezen. Hij is zichzelf trouw gebleven, en met jullie hulp heeft hij dag in dag uit gewerkt om zijn land beter te maken, het vooruit te helpen. Hij heeft onze economie van de afgrond gered en de auto-industrie behouden. Hij heeft een historische hervorming in de gezondheidszorg doorgevoerd en de oorlog in Irak beëindigd. Hij heeft gestreden voor gelijke betaling voor vrouwen en voor studiemogelijkheden voor studenten. Hij heeft gevochten voor onze bejaarden, zodat zij met waardigheid met pensioen kunnen gaan; en voor onze veteranen, zodat zij de bijstand krijgen die ze verdienen en het respect dat ze waard zijn.

Vier jaar lang heeft Barack gevochten om ieder van ons een eerlijke kans op die grote American Dream te geven, hoe we er ook uitzien, waar we ook vandaan komen of van wie we ook houden. Vier jaar lang hebben wij allemaal gezien wat ik de afgelopen 23 jaar heb gezien. We hebben iemand gezien met eergevoel en integriteit, die weet waarin hij gelooft en trouw blijft aan zijn waarden. Ik ben zo trots op mijn echtgenoot. We hebben een eerlijk man gezien, die de feiten kent en ons die altijd meteen geeft. We hebben een man gezien wiens kracht en vastberadenheid om een betere toekomst te bouwen nooit heeft gewankeld, nooit.

Daarom vind ik het zo fantastisch om hier vanavond in Iowa te zijn. Want lang voordat de meeste mensen zelfs maar van hem hadden gehoord, hadden jullie gezien wat ik zag. Daarom hebben jullie allemaal van die waanzinnige dingen gedaan. Jullie kwamen naar campagnekantoren hier in Des Moines en elders in de staat. Belangrijker nog, jullie hebben je huis opengesteld. Jullie hebben cursussen over de voorverkiezingen gegeven. Jullie zijn met ons naar het Jefferson-Jacksondiner* gelopen. En toen, op een koude januariavond, zijn jullie opgekomen voor Barack omdat jullie wisten dat hij zou opkomen voor jullie.

In deze afgelopen vier jaar is ons gezin werkelijk gezegend geweest – werkelijk gezegend – door alle liefde en steun en gebeden die we uit elke hoek van dit land hebben gekregen. Ook Barack zelf is werkelijk gezegend geweest dat hij jullie allen aan zijn zijde had toen we samenwerkten om die verandering teweeg te brengen waarin wij geloven.

Het is een eer en een voorrecht om dit land te dienen – geloof me. En morgen krijgen we de kans om af te maken waaraan we hier in Iowa begonnen zijn. Morgen zullen wij in deze staat, in dit land, allemaal in de rij gaan staan en onze stem uitbrengen in bibliotheken en buurthuizen, in gymnastieklokalen. We gaan op deuren kloppen totdat we geen gevoel meer in onze vingers hebben. We gaan mensen bellen tot onze keel schor is. We stoppen pas

* Een Democratisch verkiezingsdiner en fundraiser.

wanneer elke kiezer en elke laatste stem is geteld.

We gaan het doen. We gaan het doen omdat we weliswaar ver zijn gekomen, maar we ook weten dat er nog zoveel meer te doen is. Wat we echt daadwerkelijk weten, is dat we nu niet kunnen omkeren. We moeten doorgaan met dit land vooruit te helpen.

Dat betekent dat we de man moeten herkiezen die dag in dag uit voor ons heeft gevochten – mijn echtgenoot, de liefde van mijn leven – de president van de Verenigde Staten, Barack Obama.

DE PRESIDENT: Dag, Iowa! Morgen. Morgen, Iowa. Morgen. Van het graniet in New Hampshire tot de Rockies in Colorado, van de stranden van Florida tot de golvende heuvels van Virginia, van de valleien van Ohio tot de velden hier in Iowa – wij zullen Amerika vooruit blijven helpen.

Ik ben nog één keer teruggekomen naar Iowa om jullie te vragen om je stem. Ik ben teruggekomen om jullie te vragen ons te helpen afmaken waarmee we begonnen zijn. Omdat dit de plek is waar onze beweging voor verandering begonnen is. Precies hier. Precies hier.

Pal achter deze tribunes staat het gebouw waar in 2008 ons hoofdkwartier in Iowa gevestigd was. Ik ben net nog even naar binnen gelopen, en het riep heel veel herinneringen op. Dit was de plek waar een paar van de eerste jonge mensen die zich bij onze campagne aansloten een kantoor hadden ingericht, bereid om met weinig salaris en met nog minder slaap te werken. Omdat ze geloofden dat mensen die van hun land houden het kunnen veranderen.

Dit was de plek waar zo velen van jullie die dat geloof deelden, kwamen helpen. Toen de temperatuur in pakweg de eerste week niet wilde meewerken, kwamen sommigen van jullie met hoeden en handschoenen voor het personeel. Die arme jongens en meiden, ze hadden zich niet goed voorbereid. Toen de muren in het kantoor kaal waren, maakte een van jullie een muurschildering om het moreel op te vijzelen. Toen we naar een Steak Fry* liepen, toen we

* Een grote Democratische verkiezingsbarbecue en fundraiser in Iowa.

een Jefferson-Jacksondiner leven moesten inblazen, namen jullie je buren mee en maakten je eigen verkiezingsborden. Toen we mensen moesten bellen, kwamen leraren en verpleegkundigen na hun werk opdagen. Ze waren hondsmoe, maar bleven desondanks tot laat in de avond.

Jullie hebben Michelle en mij in jullie huis ontvangen. Jullie namen ons mee wanneer we een lift nodig hadden. Jullie gezicht gaf me nieuwe hoop voor de toekomst van het land, en jullie verhalen vervulden me met vastberadenheid om elke dag die ik in het Oval Office kwam voor jullie te vechten.

Jullie hebben ons geïnspireerd. Ik wil van deze gelegenheid dan ook gebruikmaken om één ding te zeggen tegen alle jonge en minder jonge mensen die in de loop der jaren zoveel aan deze campagne hebben bijgedragen; tegen degenen onder jullie die dit niet alleen voor mij hebben gedaan, maar voor elkaar, voor een ontslagen familielid, voor een ziek kind, voor een vriend in nood; tegen ieder van jullie die zich met hart en ziel heeft ingezet voor deze zware taak om Amerika te veranderen: ik wil jullie bedanken.

Jullie hebben deze campagne op je genomen en je eigen gemaakt. Jullie hebben jezelf georganiseerd, straat voor straat, wijk voor wijk, district voor district. Jullie hebben een beweging opgestart die zich over het land heeft uitgebreid, een beweging die is opgebouwd uit jong en oud, arm en rijk, zwart en wit, latino's, Aziaten, oorspronkelijke Amerikanen, homoseksuelen, heteroseksuelen, Democraten, Republikeinen die geloven dat wij allemaal iets bij te dragen hebben; dat we allemaal recht hebben op een kans in onze eigen American Dream.

En toen de cynici zeiden dat het ons niet zou lukken, zeiden jullie: '*Yes, we can.*'

PUBLIEK: *Yes, we can!*

DE PRESIDENT: Jullie hebben gezegd: 'Yes, we can.' We kunnen het! En het is ons gelukt. Tegen elke verwachting in is het ons gelukt. We wisten niet welke problemen we zouden tegenkomen toen we aan deze reis begonnen. We wisten niet hoe groot de crisis zou blijken te zijn. Maar we wisten wel dat we die problemen op dezelfde manier zouden aanpakken als dit land dat altijd heeft gedaan – met die vastberaden, onoverwinnelijke Amerikaanse spirit die zegt: hoe zwaar de storm ook wordt, hoe moeilijk de tijden ook zijn, we doen dit met z'n allen. We staan op of vallen als één natie en als één volk.

Dat is de spirit die ons door de problemen en beproevingen van de afgelopen vier jaar heeft geholpen. In 2008 waren we verwikkeld in twee oorlogen en zaten we in de ergste economische crisis sinds de Grote Depressie. Vandaag de dag hebben onze ondernemingen bijna vijfenhalf miljoen nieuwe banen gecreëerd. De Amerikaanse auto-industrie is terug. De waarde van de huizen stijgt weer. We zijn minder afhankelijk van buitenlandse olie dan ooit in de laatste twintig jaar. We hebben de productie van schone energie verdubbeld. Dankzij de inspanningen en offers van onze dappere mannen en vrouwen in uniform is de oorlog in Irak voorbij. De oorlog in Afghanistan loopt op zijn einde. Al Qaida is op de vlucht gejaagd. Osama bin Laden is dood.

We hebben de afgelopen vier jaar echte vooruitgang geboekt. Maar, Iowa, we zijn hier vanavond bijeen omdat we nog meer werk te doen hebben. We zijn nog niet klaar met deze reis. We hebben nog een lange weg te gaan. Zolang er ook maar één Amerikaan is die een baan wil maar die niet kan vinden; zolang er nog gezinnen zijn die harder werken maar nog steeds achterblijven; zolang er ook maar één kind is in Des Moines, in Iowa, in dit land, dat wegkwijnt in armoede en geen kansen krijgt, is ons werk niet gedaan. Onze strijd om verandering gaat door.

Want we weten dat dit land niet kan slagen zonder een groeiende, bloeiende middenklasse en stevige ladders voor iedereen die wil werken om in die middenklasse terecht te komen. Onze strijd gaat door omdat Amerika altijd op zijn best was wanneer iedereen een eerlijke kans kreeg, iedereen een redelijk aandeel leverde, en iedereen volgens dezelfde regels speelde. De mensen in Iowa begrijpen dat. Dat is wat wij geloven. Dat is waarom jullie mij in 2008 hebben gekozen. En, Iowa, dat is waarom ik me verkiesbaar stel voor een tweede termijn als president van de Verenigde Staten.

PUBLIEK: Nog vier jaar! Nog vier jaar! Nog vier jaar!

DE PRESIDENT: De keuze die jullie morgen maken – en jullie begrijpen dit; jullie hier in Iowa zijn bij de pinken – de keuze die jullie maken is niet alleen maar een keuze tussen twee kandidaten of partijen. Het is een keuze tussen twee verschillende visies op Amerika – op wie we zijn, wat we geloven, wat ons aan het hart gaat. Het is een keuze tussen terugkeren naar een top-downbeleid dat de oorzaak is geweest van de rotzooi waaraan we de afgelopen vier jaar hebben proberen te ontsnappen, of voorwaarts gaan naar een toekomst die is gebouwd op een sterke en groeiende middenklasse.

Iowa, jullie kennen me goed. Jullie hebben mij de afgelopen zes jaar vaak gezien. Misschien zijn jullie het niet eens met elke beslissing die ik heb genomen – dat geldt in elk geval voor Michelle. Er zijn misschien tijden geweest waarin jullie gefrustreerd waren door het tempo van verandering. Ik verzeker jullie, dat was ik ook. Maar laat ik dit zeggen: jullie weten wat ik geloof. Jullie weten waar ik sta. Jullie weten dat ik de waarheid spreek. Jullie weten dat ik elke dag zal vechten voor jullie en jullie gezinnen, zo hard ik kan.

Dat is de reden waarom we – wanneer we over verandering praten – weten hoe echte verandering eruitziet; want we hebben ervoor gevochten. We dragen de littekens die het bewijzen. Ik heb grijze haren die het aantonen – ik was minder grijs toen ik voor het eerst in Iowa kwam. Soms was het zwaar. Soms was het frustrerend. We begrijpen dat. Maar wat wij ook weten, is dat wanneer wij besluiten een verschil te maken, wanneer Amerikanen zich samenpakken, vastbesloten om dingen te veranderen, niemand ons kan stoppen. We zijn niet te stuiten.

Na alles wat we samen hebben meegemaakt, na alles waar we ons samen doorheen hebben geslagen, kunnen we verandering nu niet de rug toekeren.

We weten hoe echte verandering eruitziet. Verandering is een land waarin elke Amerikaan een kans heeft op uitstekende scholing, waar we nieuwe leraren werven, nieuwe werknemers opleiden, minder schoolgeld vragen. Zodat niemand in dit land gedwongen wordt de droom van een hogere opleiding op te geven.

Verandering komt wanneer we Amerika's nalatenschap op het gebied van innovatie recht doen door te investeren in de nieuwe generatie technologie en maakindustrie. In plaats van winsten van oliemaatschappijen te subsidiëren wil ik de energiebanen van morgen ondersteunen. En Iowa heeft verstand van schone energie, biodiesel en windmolens, die dit land zullen bevrijden uit de greep van de buitenlandse olie.

Ik wil geen belastingwetgeving die bedrijven beloont voor het scheppen van banen in het buitenland; ik wil bedrijven belonen die banen hier in Amerika scheppen. Dat is echte verandering, Iowa.

Verandering is een einde maken aan een decennium van oorlogvoeren, zodat wij hier in eigen land iets voor de opbouw van onze eigen natie kunnen doen – onze wegen en bruggen repareren, onze scholen moderniseren, onze veteranen aan werk helpen. Want mensen die voor de vrijheid van dit land vechten, zouden nooit moeten vechten om een baan of om een dak boven hun hoofd wanneer ze thuiskomen. Dat is waar wij voor vechten. Dat is waarom wij nog niet klaar zijn. Verandering is een toekomst waarin we ons overheidstekort verminderen door de rijkste Amerikanen te vragen terug te keren naar de belastingtarieven die ze betaalden onder Bill Clinton. We bezuinigen op uitgaven die we niet nodig hebben. Maar zolang ik president ben, zullen we de zorg voor ouderen en gehandicapten niet veranderen in een knipkaart, alleen maar om de belastingverlaging van een of andere miljonair te betalen. We gaan geen kinderen uit het onderwijsprogramma voor achterstandskinderen schoppen om de belastingverlaging van een miljonair te betalen.

Want onze begroting is een weerspiegeling van onze prioriteiten en onze waarden. We weten wat onze toekomst vereist. We weten wat echte verandering is. Jullie hebben mij geholpen dat duidelijk te maken, hier in Iowa. We weten ook dat verandering niet gemakkelijk is. Velen van jullie bezochten in 2007 en 2008 discussiebijeenkomsten, en ik had het altijd over verandering. Maar ik zei ook dat ik het niet alleen had over een verandering van president. Ik had het niet alleen over een verandering van partij. Ik had het over een verandering van ons beleid. Ik heb jullie verteld dat ik president wilde worden omdat jullie democratische stem veel te lang de mond was gesnoerd door speciale belangen en politici, die alles doen wat nodig is om dingen bij het oude te laten. We hebben het in de afgelopen vier jaar gezien, de status-quo in Washington. Ze zijn machtig en ze hebben ons bestreden bij elke stap die we zetten. Toen we probeerden ons gezondheidsstelsel te hervormen, en daarin slaagden, gaven ze miljoenen uit om ons tegen te houden. Toen we probeerden Wall Street te hervormen, en daarin slaagden, gaven ze miljoenen uit om ons terug te dringen. Wij bleven gaan. Maar dat waren harde gevechten.

Waar de beschermers van de status-quo in Washington nu op rekenen, is dat jullie vermoeid raken van al het gekibbel. Dat jullie de buik vol hebben van die disfunctionerende politiek. Dat jullie de verandering waarvoor we hebben gevochten zullen opgeven. Dat jullie je zullen afwenden en hen de beslissingen laten nemen die elke Amerikaan treffen. Met andere woorden, ze zetten hun geld in op cynisme. Maar, Iowa, jullie hebben me geleerd mijn geld in te zetten op jullie. Jullie hebben me geleerd mijn geld in te zetten op hoop.

Ik zal met iedereen samenwerken, van welke partij dan ook, om dit land vooruit te helpen. Als jullie de patstelling in het Congres willen doorbreken, zullen jullie stemmen op leiders die er ook zo over denken – of het nu Democraten, Republikeinen of onafhankelijken zijn. Het soort leiders dat jullie in Iowa altijd hebben gehad. Tom en Christie Vilsack, Tom Harkin, Leonard Boswell en Bruce Braley, en mijn grote vrienden Tom Miller en Mike Fitzgerald.

Maar er zijn enkele principes waarvoor je moet vechten. Er zijn momenten waarop je je hakken in het zand moet zetten. Als de prijs van vrede in Washington betekent dat je afspraken maakt om studenten hun studiebeurs af te nemen, of dat je het budget voor het geboorteregeleringsprogramma schrapt, of dat je verzekeringsmaatschappijen laat discrimineren tegen kinderen met bestaande ziekten, of dat je gezondheidszorg schrapt voor de miljoenen mensen in het gezondheidsprogramma die arm, bejaard of gehandicapt zijn... ik zal die prijs niet betalen. Daarover ga ik niet onderhandelen. Dat is geen compromisbeleid van twee partijen. Dat is geen verandering. Dat is overgave aan dezelfde krachten van de status-quo die de middenklassengezinnen al veel te lang hebben uitgeperst.

Iowa, ik ben niet bereid de strijd te staken. Ik heb nog een hoop strijdlust in me. Maar om die strijd te voeren voor Amerikaanse gezinnen, moeten ook jullie nog iets van strijdlust in je hebben.

Het blijkt dat de mensen aan de top in dit land geen nieuwe voorvechter in Washington nodig hebben. Ze zullen altijd een plek aan de tafel krijgen. Ze zullen altijd toegang en invloed hebben. De mensen die een voorvechter nodig hebben, zijn de Amerikanen van wie ik 's avonds laat na een lange dag op kantoor de brieven lees; de mannen en vrouwen die ik elke dag tijdens de campagne tegenkom.

De ontslagen meubelmaakster die op 55-jarige leeftijd wordt omgeschoold voor een baan in het hoger beroepsonderwijs: zij heeft een voorvechter nodig. De restauranthouder die een lening nodig heeft om te kunnen uitbreiden – hij serveert geweldige maaltijden, maar de bank heeft hem afgewezen: hij heeft hulp nodig; hij heeft een voorvechter nodig. De koks en de obers en de schoonmakers die overuren draaien in een hotel in Des Moines of Las Vegas, en die voldoende geld proberen te sparen om een eerste huis te kopen of hun kind verder te laten leren: zij hebben een voorvechter nodig.

De arbeider in de autofabriek die was ontslagen, die dacht dat het bedrijf nooit meer open zou gaan, maar die nu zijn baan terugheeft, vol trots en waardigheid, bouwend aan een geweldige auto, bouwend aan Amerika: hij heeft een voorvechter nodig. De lerares in een overvol klaslokaal met verouderde schoolboeken, die uit eigen zak lesmateriaal betaalt, die niet altijd het gevoel heeft dat ze de steun krijgt die ze nodig heeft, maar elke dag komt opdraven omdat ze weet dat dit de dag kan zijn dat ze een doorbraak realiseert en ze het verschil maakt in het leven van een kind: zij heeft een voorvechter nodig.

Al die jongens en meiden in onze stadscentra, plattelandssteden, jongeren die dromen van een carrière als wetenschapper of arts, ingenieur of ondernemer, diplomaat of zelfs president: zij hebben een voorvechter in Washington nodig. Want de toekomst zal nooit zoveel lobbyisten hebben als de status-quo. Kinderen hebben geen lobbyisten zoals oliemaatschappijen of banken die wel hebben. Maar het zijn de dromen van die kinderen die onze redding zijn.

Dat is waar wij voor vechten. Dat is waar ik jullie voor nodig heb, Iowa. Om ervoor te zorgen dat hun stemmen worden gehoord. We zijn dan ook te ver gekomen om nog om te keren. We zijn te ver gekomen om slappe knieën te krijgen. Dit is het moment om door te zetten. Om al onze kinderen op te leiden en al onze arbeiders te scholen en nieuwe banen te scheppen en onze wegen te repareren en onze troepen weer naar huis te halen en zorg te dragen voor onze veteranen en kansen te vergroten en onze middenklasse te laten groeien en onze democratie te herstellen. En om te garanderen dat wie je ook bent, waar je ook vandaan komt, hoe je begonnen bent, hoe je eruitziet, van wie je houdt, wat je achternaam is, dat je het hier in Amerika kunt maken als je het probeert. Dat is waar wij voor vechten.

Iowa, na al die maanden van campagne voeren, na al de verkiezingsbijeenkomsten, na de miljoenen dollars aan advertenties, komt het allemaal aan op jullie. Het ligt niet meer in mijn handen. Het ligt in jullie handen. Alles hangt af van wat jullie doen wanneer jullie morgen het stemhokje binnenstappen. Het is opmerkelijk hoe onze democratie werkt. Op een bepaald punt – na al die inspanningen en al die verkiezingsbijeenkomsten – komt het simpelweg neer op ieder van ons, als burger. Alles hangt af van de vriend die je meeneemt naar de stembus, of je buurman of buurvrouw, je collega, je moeder, je vader, je vrouw, je man.

Zo hoort onze democratie te werken. De allerbelangrijkste kracht in onze democratie zijn jullie. Dit land vooruithelpen begint bij jullie. Laat niemand je ooit wijsmaken dat je stem er niet toe doet. Laat je door niemand zeggen dat je stem geen verschil maakt. Het maakt wel degelijk verschil.

Ik ben hier zelf weer eens krachtig aan herinnerd tijdens onze vorige campagne. Mensen in Iowa, ik weet dat jullie dit verhaal misschien al eens hebben gehoord. Het was in het begin van de voorverkiezingen en we stonden nog steeds heel laag in de peilingen. Ik geloof dat dit kantoor net een beetje begon warm te draaien. In die tijd vocht ik nog steeds in South Carolina, een van de eerste staten waarin een voorverkiezing werd gehouden. Ik wilde echt de steun van een afgevaardigde van de staat daar. Ik ontmoette haar tijdens een formele bijeenkomst waar niemand mij kende, niemand mijn naam kon uitspreken. Ze vroegen zich af: wat denkt hij wel niet?

Goed, ik vroeg om haar steun. Ze antwoordde: 'Weet je wat, Obama? Ik geef je mijn steun als je mijn woonplaats Greenwood in South Carolina komt bezoeken.' Ik denk dat ik tijdens het diner een slok wijn had gedronken, want ik zei meteen: 'Oké.' Ongeveer een maand later ging ik terug naar South Carolina. We kwamen laat aan – volgens mij kwamen we uit Iowa. We hadden non-stop campagne gevoerd en steden bezocht, en we hadden debatten bijgewoond en handen geschud. Intussen pleegde ik telefoontjes en vroeg mensen om hun steun. We landden dus rond middernacht in Greenwood, South Carolina. We kwamen rond één uur 's nachts bij het hotel aan. Ik was kapot. Ik was uitgeput. Ik sleepte mijn koffers naar mijn kamer. In die tijd vlogen we nog niet met Air Force One. En we hadden iets andere hotels.

Net toen ik mijn kamer wilde binnenlopen, tikte een van mijn stafleden me op de schouder en zei: 'Sorry, senator' – ik was in die tijd senator. 'We moeten morgenochtend al om halfzeven op weg zijn.' Ik zei: 'Wat? Waarom?' 'Wel, u hebt beloofd dat u naar Greenwood zou gaan, en dat is een paar uur rijden.'

Weet je, Iowa, ik probeer me aan mijn beloften te houden. Dus een paar uur later sta ik op – en ik voel me verschrikkelijk. Volgens mij heb ik een opkomende kou. Ik doe de gordijnen open in de hoop dat een beetje zonlicht me wat oppept, maar het regent pijpenstelen. Een verschrikkelijke storm. Ik neem een douche en een kop koffie, en ik sla de krant open. Er staat een negatief verhaal over mij in *The New York Times*. Ik was in die tijd een heel stuk gevoeliger voor negatieve verhalen. Ik ben er nu meer aan gewend geraakt.

Ten slotte kleed ik me aan, ga naar beneden en loop naar de auto. Maar mijn paraplu klapt om en ik ben doorweekt. Als ik uiteindelijk in de auto zit, ben ik nat en kwaad en nog altijd wat slaperig. Dan blijkt dat Greenwood een paar uur verwijderd ligt van welke plaats dan ook.

Dus we rijden, en we rijden, en we rijden, en we rijden. Uiteindelijk bereiken we Greenwood – hoewel je niet meteen in de gaten hebt dat je in Greenwood bent, want er staan nauwelijks hoge gebouwen. We stoppen bij een klein gemeenschapshuis en ik loop naar binnen en kijk wat rond. Zo te horen is er niet veel te doen. De afgevaardigde had gezegd dat ze voor ons een kleine bijeenkomst zou organiseren. We lopen naar binnen en er zitten zo'n twintig mensen. Ook die zijn allemaal een beetje nat en ze lijken niet erg enthousiast om me te zien.

Maar ik ben in de race voor het presidentschap, dus ik doe wat ik behoor te doen. Ik schud handen, ik zeg: 'Hoe gaat het met u? Leuk u te ontmoeten.' Ik maak mijn rondje door het zaaltje en plotseling hoor ik een stem achter me die roept: '*Fired up.*'

PUBLIEK: *Ready to go!*

DE PRESIDENT: Ik ben even van mijn stuk gebracht en weet niet wat er aan de hand is. Maar iedereen in de zaal – dit is een kleine zaal – doet alsof dit doodnormaal is. Wanneer de stem zegt: 'Fired up', zeggen ze allemaal: 'Ready to go.'

Opnieuw hoor ik die stem: 'Fired up.' Ze antwoorden: 'Ready to go! Ready to go!'

Ik kijk om me heen, draai me om... en zie daar een kleine vrouw staan. Ze is ongeveer zestig jaar oud en ziet eruit alsof ze net uit de kerk komt – met zo'n enorme hoed op. Ze kijkt me aan, met een wat starende blik, en ze grinnikt, glimlacht, ziet er blij uit. Het blijkt dat ze gemeenteraadslid in Greenwood is, die overigens bijklust als privédetective. Ik verzin dit niet. Het is echt waar. Het blijkt dat iedereen in de omgeving haar kent. Wanneer ze naar football-wedstrijden gaat en wanneer ze naar verkiezingsbijeenkomsten gaat en wanneer ze naar openbare evenementen gaat, doet ze haar yell. Ze doet het overal waar ze komt. Dus de eerste paar minuten blijft ze maar roepen: 'Fired up.'

PUBLIEK: Ready to go!

DE PRESIDENT: Iedereen zegt: 'Fired up', en zij zegt: ik ben 'Ready to go'. Waarop alle anderen zeggen: 'Ready to go.'

Ik denk: die vrouw zet mij voor paal. Dit is míjn bijeenkomst. Ik ben degene die president wil worden. Maar zij is de baas in de zaal. Ik kijk naar mijn stafleden en die halen alleen maar hun schouders op. Ze weten niet wat ze ermee aan moeten.

Dit gaat een paar minuten zo door. Maar nu komt het, Iowa. Na een paar minuten voel ik me ook een beetje *fired up*. Ik voel me ook een beetje *ready to go*. Dus ik begin mee te doen met de yell, en mijn staf begint mee te doen met de yell. Op een of andere manier voel ik me best wel goed.

We gaan verder met de bijeenkomst en praten over het leven van de mensen in de zaal, over hun gezinnen, hun worstelingen en hun hoop voor hun kinderen en kleinkinderen. Wanneer we weggaan, regent het nog steeds, maar het lijkt zo erg niet. We gaan naar onze volgende halte en voor de rest van de dag, zelfs nadat we Greenwood hadden verlaten, voelde ik me goed – ook al trokken we nog steeds weinig publiek en konden mensen nog steeds mijn naam niet uitspreken.

Als ik mijn staf zag, zei ik: 'Zijn jullie fired up?' Zij zeiden: 'Wij zijn fired up.' Dan zei ik: 'Zijn jullie ready to go?' En zij zeiden: 'Wij zijn ready to go.'

We hebben die yell meegenomen naar Iowa, en tijdens onze verkiezingsbijeenkomsten is dat een leuze geworden. We hadden borden met de tekst: 'Fired up, Ready to go.' De vrouw zelf, ze heette Edith Childs, is een beroemdheid geworden en kreeg een goede pers in *The Wall Street Journal.* Mensen schreven stukken over haar. Dit werd een van de meezingers van onze campagne in 2008.

Maar nu komt de clou van het verhaal. We wisten dat we naar Des Moines zouden terugkomen voor de laatste campagnebijeenkomst die ik ooit voor mezelf zou houden. We werden een beetje sentimenteel. We belden Edith Childs op en zeiden: 'Waarom kom je niet hierheen? Dan komen we je met het vliegtuig in South Carolina ophalen en kun je deze yell nog één keer doen, uit nostalgie. Om de bende weer eens bij elkaar te brengen.'

Weet je wat Edith zei? Ze zei: 'Ik zou het geweldig vinden u te zien, maar ik denk dat we nog altijd kunnen winnen in North Carolina. Daarom ga ik met een club mensen naar North Carolina om op verkiezingsdag langs de deuren te gaan. Ik heb geen tijd om er alleen maar over te praten. Ik ben nog steeds fired up, maar ik heb nog werk te doen.

Dat laat zien wat een stem kan doen. Een stem kan een zaal veranderen. En als ze een zaal kan veranderen, kan ze een stad veranderen. En als ze een stad kan veranderen, kan ze een staat veranderen. En als ze een staat kan veranderen, kan ze een natie veranderen. En als ze een natie kan veranderen, kan ze de wereld veranderen.

Iowa, in 2008 heeft jullie stem de wereld veranderd. Edith Childs heeft me gevraagd jullie een boodschap door te geven. Als jullie bereid zijn morgen achter mij te staan, als jullie bereid zijn je vrienden en je buren en je collega's morgen mee te nemen naar de stembus, als jullie bereid zijn ervoor te zorgen dat we kunnen afmaken waaraan we zijn begonnen, dan is ze er behoorlijk zeker van dat we in Iowa zullen winnen. Ze is er behoorlijk zeker van dat we deze verkiezing zullen winnen. Ze heeft maar één vraag aan jullie, en die is: 'Zijn jullie fired up?'

PUBLIEK: Ready to go!

DE PRESIDENT: Zijn jullie fired up?

PUBLIEK: Ready to go!

DE PRESIDENT: Zijn jullie fired up?

PUBLIEK: Ready to go!

DE PRESIDENT: Zijn jullie fired up?

PUBLIEK: Ready to go!

DE PRESIDENT: Iowa, laten we de wereld er morgen aan herinneren waarom de Verenigde Staten van Amerika het geweldigste land op aarde zijn.

Ik hou van jullie. Laten we gaan stemmen. Laten we vooruit blijven gaan. God zegene jullie. En God zegene de Verenigde Staten van Amerika.

‘Voorwaarts. Daar moeten we heen’

Toespraak na de verkiezingsoverwinning
McCormick Place, Chicago, Illinois
7 november 2012

Vanavond, ruim tweehonderd jaar nadat een voormalige kolonie zelfbeschikkingsrecht heeft verworven, is onze taak om onze eenheid te vervolmaken weer een stap verder gekomen.

Die stap vooruit is aan jullie te danken. Die stap vooruit is gezet omdat jullie opnieuw je geloof hebben bevestigd in de geest die oorlog en depressie overwint; de geest die dit land heeft opgeheven uit de diepten van wanhoop naar de grote hoogten van hoop; de overtuiging dat we weliswaar ieder onze eigen individuele dromen zullen najagen, maar tegelijkertijd een Amerikaanse familie zijn, en dat we samen zullen stijgen of dalen, als een land en een volk.

Vanavond hebben jullie als het Amerikaanse volk ons bij deze verkiezingen eraan helpen herinneren dat onze weg weliswaar zwaar en langdurig is geweest, maar dat we ons hebben herpakt, ons terug hebben gevochten en diep vanbinnen weten dat voor de Verenigde Staten het beste nog moet komen.

Ik wil iedere Amerikaan die aan deze verkiezingen heeft deelgenomen bedanken. Of je nu voor het eerst hebt gestemd en misschien wel een hele tijd in de rij hebt staan wachten (waar we trouwens echt iets aan moeten doen). Of je nu letterlijk het vuur uit je sloffen hebt gelopen of mensen hebt gebeld, of je nu een bord hebt opgehouden voor Obama of voor Romney, je hebt in elk geval je stem laten horen en invloed uitgeoefend.

Ik heb zo-even gouverneur Romney gesproken en hem en Paul Ryan gefeliciteerd met de stevige campagne die ze hebben gevoerd. We hebben dan wel vurig strijd geleverd, maar dat is alleen omdat we dit land innig liefhebben, en heel veel geven om zijn toekomst. De familie Romney, van George en Lenore tot hun zoon Mitt, heeft ervoor gekozen Amerika te dienen, een erfgoed dat we vanavond eren en toejuichen.

Ik verheug me erop om in de komende weken het gesprek aan te gaan met gouverneur Romney om ons te buigen over de vraag hoe we kunnen samenwerken om dit land verder te brengen.

Wie ik ook wil bedanken is mijn vriend en metgezel van de afgelopen vier jaar, de blije strijder van Amerika en de beste vicepresident die een mens zich maar kan wensen: Joe Biden.

En ik zou niet de man zijn die ik nu ben zonder de vrouw die er twintig jaar geleden in toestemde om met me te trouwen. Laat me dit maar eens publiekelijk zeggen: ik heb nog nooit zoveel van je gehouden, Michelle. Ik heb vol trots gezien hoe de rest van Amerika ook verliefd op je werd als de First Lady van ons land. En jullie, Sasha en Malia, groeien voor onze ogen op tot twee sterke, slimme, mooie jonge vrouwen, net als jullie moeder. Ik ben verschrikkelijk trots op jullie. Maar voorlopig is één hond wel genoeg.

En wat het allerbeste campagneteam en de allerbeste vrijwilligers uit de geschiedenis van de politiek aangaat: sommigen van jullie waren deze keer nieuw, en sommigen zijn vanaf het begin aan mijn zijde geweest. Maar jullie zijn allemaal familie. Wat jullie ook gaan doen, of waar jullie ook heen gaan hierna, jullie zullen voor altijd de herinnering meedragen aan de geschiedenis die we samen hebben gemaakt, en jullie zullen de levenslange waardering meedragen van een dankbare president. Dank jullie dat jullie erin zijn blijven geloven, over elke heuvel en door elk dal heen. Jullie hebben me die hele weg overeind gehouden. Ik zal altijd dankbaar blijven voor alles wat jullie hebben gedaan, voor al het werk dat jullie hebben verzet.

Ik weet dat politieke campagnes weleens nietig, om niet te zeggen onnozel kunnen lijken. Dat levert ruimschoots stof op voor de cynici die ons voorhouden dat de politiek slechts een strijd is tussen ego's, of het domein van groepen met bepaalde belangen. Maar als je ooit de kans krijgt om een gesprek aan te knopen met mensen die naar onze verkiezingsbijeenkomsten kwamen en samendromden langs een afzettouw in een gymnastieklokaal, of mensen tot laat in de avond hebt zien werken in een campagnekantoor in een piepkleine county ver van huis, zul je iets anders ontdekken.

Dan hoor je de vastbeslotenheid in de stem van een jonge straathoekwerker die een studie achter de rug heeft en ervoor wil zorgen dat ieder kind die kans krijgt. Dan zal je de trots horen in de stem van een vrijwilliger die van deur tot deur gaat omdat haar broer eindelijk een baan vond toen de plaatselijke autofabriek nieuwe mensen nodig had. Je zult de grote vaderlandsliefde horen in de stem van iemand die met een militair is getrouwd en die 's avonds laat aan de telefoon zit om ervoor te zorgen dat degenen die voor dit land vechten nooit voor een baan of een dak boven zijn hoofd zullen moeten vechten als ze naar huis terugkeren.

Daarom doen we dit. Dat kan de politiek ook zijn. Daarom zijn verkiezingen van belang. Het is allemaal niet nietig, het is groot. Het is belangrijk.

In een land met driehonderd miljoen inwoners kan de democratie een luidruchtige, rommelige, ingewikkelde aangelegenheid zijn. Wij koesteren allemaal diepe overtuigingen. En als we zware tijden doormaken, als we als land grote beslissingen nemen, dan roept dat onafwendbaar emoties en controverses op. Dat zal na vanavond niet anders worden, en dat moet ook niet. De discussies die we voeren zijn een teken van onze vrijheid en we mogen nooit vergeten dat op dit moment mensen in verre landen hun leven op het spel zetten, enkel en alleen om de kans te krijgen zich uit te spreken over kwesties die ertoe doen, de kans om hun stem uit te brengen zoals wij vandaag hebben gedaan.

Ondanks al onze verschillen hebben de meesten van ons bepaalde hoopvolle verwachtingen gemeen voor de toekomst van

Amerika. We willen dat onze kinderen opgroeien in een land waar ze toegang hebben tot de beste scholen en de beste leerkrachten die een land maar kan bieden, wil het zijn naam eer aandoen als wereldwijde leider op het gebied van technologie, ontdekkingen en vernieuwing, met alle goede banen en nieuwe bedrijven die daaruit voortkomen.

We willen dat onze kinderen leven in een Amerika dat niet zucht onder schulden, dat niet verzwakt wordt door ongelijkheid; dat niet wordt bedreigd door de verwoestende kracht van een planeet die steeds warmer wordt.

Wij willen een land doorgeven dat veilig is, en dat wereldwijd gerespecteerd en bewonderd wordt; een land dat wordt verdedigd door het sterkste leger ter wereld en de beste troepen die deze wereld ooit heeft gekend, maar ook een land dat deze oorlogstijd vol zelfvertrouwen achter zich laat om een vrede vorm te geven die gebouwd is op de belofte van vrijheid en waardigheid voor ieder mens.

Wij geloven in een ruimhartig Amerika, een meelevend Amerika; in een tolerant Amerika dat openstaat voor de dromen van een immigrantendochter die hier op school zit en trouw zweert aan onze vlag. Openstaat voor de jongen die opgroeit aan de South Side in Chicago en verder kijkt dan de dichtstbijzijnde straathoek. Of het kind van een timmerman in North Carolina dat arts, onderzoeker, ingenieur of ondernemer, diplomaat of zelfs president wil worden. Op zo'n toekomst hopen wij. Die visie hebben we gemeen. Dat is waar we heen moeten. Voorwaarts. Daar moeten we heen.

Nu zullen we af en toe heftig van mening verschillen over de manier om daar te komen. Net als in de afgelopen twee eeuwen zal die vooruitgang hortend en stotend gaan. Die voltrekt zich niet altijd in een rechte lijn. Het is niet altijd een geëffend pad. De erkenning dat we gemeenschappelijke verwachtingen en dromen hebben maakt op zich nog geen eind aan alle patstellingen, lost nog niet alle problemen op, en vervangt nog niet het nauwgezette werk om een consensus op te bouwen en tot de lastige compromissen te komen die nodig zijn om verder te komen met dit land. Maar die band is waar we van uit moeten gaan.

Onze economie is zich aan het herstellen. Er komt een eind aan een decennium van oorlog. Een lange campagne is nu voorbij. En of ik jouw stem nu heb binnengehaald of niet, ik heb naar je geluisterd. Ik heb van je geleerd. En jullie hebben een betere president van me gemaakt. Met jullie verhalen en jullie problemen ben ik bij mijn terugkeer naar het Witte Huis nog vastbeslotener en bevlogener over het werk dat moet worden verzet en de toekomst die in het verschiet ligt.

Vanavond hebben jullie voor actie gekozen, en niet voor de gebruikelijke politiek. Jullie hebben ons gekozen om ons op jullie banen te richten, niet op de onze. Ik zie ernaar uit om in de komende weken en maanden samen te werken met de leiders van beide partijen om de uitdagingen aan te gaan die we alleen samen kunnen oplossen: het terugdringen van het begrotingstekort; de herziening van onze belastingwetgeving; het bijstellen van ons immigratiesysteem; onafhankelijk worden van olie uit het buitenland. We hebben een hoop werk te verzetten.

Maar dat wil niet zeggen dat jullie werk erop zit. Je rol als burger in onze democratie eindigt niet bij het uitbrengen van je stem. Het gaat in Amerika nooit om wat er voor ons kan worden gedaan. Het gaat om wat er door ons samen kan worden gedaan, middels het zware, frustrerende maar noodzakelijke werk van de directe democratie. Dat is het beginsel dat ten grondslag ligt aan ons land.

Dit land beschikt over meer rijkdommen dan enig ander land, maar dat is niet wat ons rijk maakt. We hebben het sterkste leger uit de geschiedenis, maar dat is niet wat ons sterk maakt. Onze universiteiten en onze cultuur roepen wereldwijd afgunst op, maar dat is niet waarom de wereld naar ons toe komt. Wat Amerika uitzonderlijk maakt, zijn de banden die het meest diverse land ter wereld bijeenhouden, de overtuiging dat we een gedeelde lotsbestemming hebben; dat dit land alleen functioneert als we zekere verplichtingen tegenover elkaar en tegenover toekomstige generaties aanvaarden; dat de vrijheid waarvoor vele Amerikanen hebben gevochten en zijn gestorven zowel verantwoordelijkheden als rechten met zich meebrengt, waaronder liefde, barmhartigheid, plichtsbetrachting en vaderlandsliefde. Dat maakt Amerika groots.

Ik ben vanavond hoopvol gestemd, aangezien ik die geest aan het werk heb gezien in Amerika. Ik heb die instelling gezien bij het familiebedrijf waarvan de eigenaren liever hun eigen salaris verlaagden dan de buurtgenoten die bij hen werkten te ontslaan, en in de arbeiders die liever zelf minder uren gingen werken dan dat een vriend zijn baan zou kwijtraken. Ik heb het gezien bij soldaten die zich na het verlies van een arm of been opnieuw aanmeldden, en bij de SEAL's die in het duister de trap op stormden, het gevaar tegemoet, omdat ze wisten dat achter hen een maat rugdekking gaf.

Ik heb het in New Jersey en New York gezien waar de leiders van elke partij en elk overheidsechelon hun onderlinge verschillen opzijzetten om een gemeenschap overeind te helpen na een verwoestende storm.

En ik heb het pasgeleden gezien in Mentor in Ohio, waar een vader het verhaal vertelde over zijn dochter van acht wier lange gevecht tegen de leukemie hun gezin bijna al hun geld had gekost, ware het niet dat een paar maanden voordat de verzekeringsmaatschappij zou zijn gestopt met het betalen voor haar ziektekosten de gezondheidszorg werd hervormd. Ik was niet alleen in de gelegenheid om deze vader te spreken, maar ontmoette ook die ongelooflijke dochter van hem. En toen hij de menigte toesprak, had iedere ouder in de zaal bij het aanhoren van zijn verhaal tranen in de ogen, omdat we allemaal wisten dat dat meisje onze dochter had kunnen zijn. En ik weet dat iedere Amerikaan wil dat haar een stralende toekomst wacht. Zo zijn wij. Zo is het land waaraan ik vol trots als jullie president leidinggeef. En vanavond ben ik ondanks alle tegenslagen die we hebben doorgemaakt, ondanks alle frustraties die Washington met zich meebrengt, hoopvoller dan ooit over onze toekomst. Ik ben hoopvoller dan ooit over Amerika, en ik vraag jullie die hoop te steunen.

Ik heb het niet over blind optimisme, het soort hoop dat eenvoudigweg weigert de reusachtige taken en de hindernissen op ons pad onder ogen te zien. Ik heb het niet over het soort wensdenken dat ons toestaat aan de zijlijn te zitten of ons te onttrekken aan een confrontatie. Voor mij is hoop altijd dat koppige gedoe geweest dat in ons zit en ondanks alle bewijzen van het tegendeel vasthoudt aan de overtuiging dat ons iets beters te wachten staat, zolang we maar de moed hebben om te blijven streven, te blijven werken, te blijven vechten.

Ik geloof, Amerika, dat we kunnen voortbouwen op de vooruitgang die we al hebben geboekt, en blijven vechten voor nieuwe banen, nieuwe kansen, en nieuwe zekerheid voor de middenklasse. Ik geloof dat we ons aan de belofte kunnen houden die onze grondleggers hebben gedaan, namelijk dat als je maar bereid bent hard te werken, ongeacht wie je bent, waar je vandaan komt, hoe je eruitziet, wie je liefhebt, of je nu zwart of blank bent, Aziatisch, latino of van indiaanse afkomst, jong of oud, rijk of arm, al of niet gehandicapt, homo of hetero, dat maakt allemaal niet uit, maar dan kun je hier in Amerika slagen, als je je schouders eronder zet.

Ik geloof dat we samen die toekomst kunnen waarmaken, we zijn immers niet zo verdeeld als je zou afleiden uit onze politiek; we zijn niet zo cynisch als de betweters geloven; we zijn meer dan de som van onze individuele ambities; en we zullen altijd meer zijn dan een verzameling rode en blauwe staten. We zijn en blijven de Verenigde Staten van Amerika. Samen, met jullie hulp, en dankzij Gods genade, zullen wij de reis voortzetten en de wereld eraan helpen herinneren waarom wij in het geweldigste land ter wereld wonen.

‘Het kostbare licht van de vrijheid’

Inaugurele rede
Het Capitool, Washington D.C.
21 januari 2013

Vicepresident Biden, edelhoogachtbare, leden van het Amerikaanse Congres, hooggeachte gasten en medeburgers: telkens wanneer wij samenkomen om een president in te huldigen, getuigen wij van de onverminderde kracht van onze grondwet, bevestigen we de belofte van onze democratie. Wij roepen in de herinnering dat wat dit volk verbindt niet de kleur van onze huid, de leerstellingen van ons geloof of de oorsprong van onze namen is. Wat ons uitzonderlijk, wat ons Amerikanen maakt, is onze trouw aan een idee dat onder woorden is gebracht in een verklaring die ruim twee eeuwen geleden is afgelegd:

‘Wij beschouwen deze waarheden als vanzelfsprekend, dat alle mensen als gelijken zijn geschapen; dat zij door hun Schepper begiftigd zijn met bepaalde onvervreemdbare rechten; dat daaronder leven, vrijheid en het nastreven van geluk zijn.’

Nog steeds zetten wij de nimmer eindigende weg voort om een brug te slaan tussen de betekenis van die woorden en de werkelijkheden van onze tijd. De geschiedenis heeft ons immers duidelijk gemaakt dat deze waarheden dan misschien vanzelfsprekend zijn, maar nooit als vanzelfsprekend te realiseren zijn; dat vrijheid weliswaar een geschenk van God is, maar dat ze door Zijn schepselen hier op aarde moet worden verworven. De patriotten van 1776 hebben geen strijd geleverd om de tirannie van een koning te laten plaatsmaken voor de privileges van een kleine groep of de mores van het gepeupel. Zij hebben ons een republiek gegeven, een regering van, door en voor het volk, en zij hebben elke generatie opnieuw toevertrouwd onze grondbeginselen veilig te bewaren. En al ruim tweehonderd jaar hebben wij dat gedaan.

Door het bloed dat is vergoten door de zweep en het bloed dat is vergoten door het zwaard hebben wij geleerd dat geen enkele unie die stoelt op beginselen als vrijheid en gelijkheid half-geknecht, half-vrij kan overleven. We hebben onszelf vernieuwd en bezworen samen verder te gaan.

Samen hebben we bepaald dat een moderne economie spoorwegen en snelwegen nodig heeft om reizen en handeldrijven sneller te laten verlopen, en scholen en universiteiten om onze werknemers op te leiden.

Samen hebben we ontdekt dat een vrije markt alleen floreert als er regels zijn om concurrentie en eerlijkheid te waarborgen.

Samen hebben we besloten dat een land dat werkelijk groots is voor de kwetsbaren zorgt en zijn volk in bescherming neemt tegen de ergste gevaren en tegenslagen.

En in al die tijd hebben we nooit onze kritische houding tegenover het centrale gezag laten varen, en evenmin hebben we ons ooit overgegeven aan de misvatting dat alles wat er mis is in de samenleving enkel en alleen is recht te zetten door de overheid. Onze waardering voor initiatief en ondernemend zijn, ons hameren op hard werken en persoonlijke verantwoordelijkheid, zijn vaste waarden in ons karakter.

Maar we hebben ook altijd ingezien dat als de tijden veranderen wij mee moeten veranderen; dat trouw aan onze grondbeginselen vraagt om een nieuwe aanpak van nieuwe uitdagingen; dat het in stand houden van onze persoonlijke vrijheden in uiterste instantie vraagt om gezamenlijk actie te ondernemen. Want met enkel solistisch optreden zal het Amerikaanse volk niet tegemoet kunnen komen aan de eisen die de wereld van vandaag stelt. Net zomin als

Amerikaanse soldaten het fascisme en het communisme destijds hadden kunnen bestrijden met slechts musketten en burgerlegertjes. Niemand kan geheel alleen alle docenten wis- en natuurkunde opleiden die we nodig hebben om onze kinderen klaar te stomen voor de toekomst, of de wegen, netwerken en onderzoekslaboratoria bouwen die ons land nieuwe banen en nieuwe bedrijven zullen opleveren. Meer dan ooit zullen we deze dingen samen moeten doen, als één land en één volk.

Deze generatie Amerikanen is op de proef gesteld door crises die onze vastbeslotenheid hebben versterkt en onze veerkracht hebben aangetoond. Er komt nu een decennium van oorlogen ten einde. Een economisch herstel is ingezet. Amerika heeft onbegrensde mogelijkheden, want we beschikken over alle kwaliteiten waar deze wereld zonder grenzen om vraagt: jeugd en doorzettingsvermogen; verscheidenheid en openheid; een oneindig vermogen om risico's te nemen en de gave om zaken opnieuw uit te vinden. Landgenoten, wij zijn gemaakt voor dit moment en zullen dat moment aangrijpen, maar alleen als we dat samen doen.

Want als volk begrijpen we dat ons land niet kan slagen als een steeds kleinere groep het heel goed doet en een steeds grotere groep de eindjes nauwelijks aan elkaar kan knopen. Wij geloven dat de welvaart van Amerika hoort te rusten op de brede schouders van een opkomende middenklasse. Wij geloven dat Amerika floreert wanneer iedereen zelfstandigheid en trots ervaart door zijn of haar werk; wanneer het loon voor eerlijk werk gezinnen redt van de rand van de armoede. Wij zijn onze overtuigingen trouw als een meisje dat in diepe armoede opgroeit weet dat ze een even grote kans heeft om te slagen als ieder ander, omdat ze een Amerikaanse is; ze is vrij, en ze is gelijk, en dat niet alleen in Gods ogen, maar ook in de onze. Wij begrijpen dat aftandse programma's niet meer zijn afgestemd op de noden van onze tijd. Dus moeten wij nieuwe ideeën en nieuwe technologieën ontwikkelen om onze overheid te renoveren, onze belastingwetgeving op te kalefateren, onze scholen te hervormen en onze burgers de vaardigheden mee te geven die ze nodig hebben om harder te werken, meer te leren, hoger te reiken.

Maar terwijl de middelen zullen veranderen, zal ons doel hetzelfde blijven: een land dat iedere Amerikaan zal belonen voor zijn inspanningen en vastberadenheid. Daar vraagt dit moment om. Daarmee verlenen we werkelijke betekenis aan onze overtuiging.

Als volk geloven wij nog steeds dat iedere burger recht heeft op een fundamentele mate van veiligheid en waardigheid. Wij moeten lastige keuzes maken om de kosten van gezondheidszorg en de omvang van ons begrotingstekort terug te dringen. Maar wij verwerpen de gedachte dat Amerika moet kiezen tussen het zorgdragen voor de generatie die dit land heeft opgebouwd en investeren in de generatie die zijn toekomst zal opbouwen. Wij herinneren ons immers de lessen uit ons verleden, toen de ouderdom in armoede werd doorgebracht en ouders met een gehandicapt kind nergens konden aankloppen.

We geloven niet dat vrijheid in dit land is voorbehouden aan wie het heeft getroffen, of dat geluk is voorbehouden aan een enkeling. Hoe weloverwogen we ons leven ook leiden, we zien onder ogen dat ieder van ons plotseling geconfronteerd kan worden met het verlies van een baan, een ziekte, of een huis dat is weggevaagd door een storm. De verplichtingen die we tegenover elkaar aangaan in de vorm van Medicare, Medicaid en de bijstand zijn geen zaken die ons initiatief ondermijnen, zij versterken ons juist. We worden daardoor geen land van mensen die alleen maar nemen; het geeft ons juist vrijheid, om de risico's te nemen die ons land groot maken.

Als volk geloven wij nog steeds dat wij als Amerikanen niet alleen verplichtingen hebben aan onszelf, maar ook aan het nageslacht. Wij zullen actie ondernemen tegen de dreigende klimaatverandering, in het besef dat, als we dat nalaten, dat verraad is aan onze kinderen en toekomstige generaties. Sommigen zullen wellicht nog steeds het overweldigende oordeel van de wetenschap ontkennen, maar niemand kan zich onttrekken aan de verwoestende gevolgen van felle branden, verlammende droogten en steeds krachtigere stormen.

Het pad naar duurzame energiebronnen zal lang en soms zwaar

zijn. Amerika kan zich niet verzetten tegen die overgang, maar moet juist het voortouw nemen. We moeten de technologie die nieuwe banen en nieuwe industrieën schept niet aan andere landen overlaten, maar die belofte voor onszelf opeisen. Op die manier zullen we onze economische vitaliteit en onze nationale schatten behouden, in de vorm van onze bossen en rivieren, onze landbouwgebieden en besneeuwde bergtoppen. Zo zullen wij onze planeet beschermen die door God aan ons is toevertrouwd. Dat zal betekenis verlenen aan de overtuigingen die onze voorvaderen ooit hebben uitgesproken.

Als volk geloven wij er nog altijd in dat blijvende veiligheid en vrede geen eeuwige oorlog vereisen. Onze dappere mannen en vrouwen in uniform zijn getemperd in het vuur van de strijd en daardoor ongeëvenaard in hun vaardigheid en moed. Onze burgers kennen, verzengd door de herinnering aan degenen die wij zijn verloren, maar al te goed de prijs die er is betaald voor de vrijheid. Het besef van wat zij hebben geofferd zal ons altijd op onze hoede houden voor degenen die erop uit zijn ons schade toe te brengen. Maar we zijn ook de erfgenamen van degenen die de vrede en niet alleen de oorlog hebben gewonnen; degenen die van gezworen vijanden de hechtste vrienden hebben gemaakt – en hun lessen moeten wij ook meenemen naar deze tijd.

Wij zullen ons volk verdedigen en onze waarden hooghouden met de kracht van wapens en gerechtigheid. Wij zullen de moed tonen om te proberen onze geschillen met andere landen vreedzaam op te lossen, niet omdat we de gevaren waarvoor we geplaatst zijn onderschatten, maar omdat betrokkenheid achterdocht en angst duurzamer kan wegnemen.

Amerika zal het anker blijven voor krachtige bondgenootschappen in alle uithoeken van de wereld. We zullen die instituties verbeteren waarmee we ons vermogen vergroten om crises in het buitenland te kunnen beteugelen, want niemand heeft meer belang bij een vreedzame wereld dan het machtigste land. Wij zullen van Azië tot Afrika, van het Amerikaanse continent tot het Midden-Oosten de democratie ondersteunen, want onze belangen en ons geweten zetten ons ertoe aan op te treden namens hen die naar vrijheid verlangen. En we moeten een bron van hoop zijn voor de armen, de zieken, de uitgestotenen, de slachtoffers van vooroordelen, en dat niet uit liefdadigheid, maar omdat vrede vraagt om het onafgebroken bevorderen van de beginselen uit ons gemeenschappelijke credo: tolerantie en kansen, menselijke waardigheid en rechtvaardigheid.

Als volk verklaren wij vandaag dat de duidelijkste van alle waarheden, namelijk dat wij allen gelijk zijn geschapen, voor ons nog steeds leidend is, zoals die ster onze voorouders ook door Seneca Falls, Selma en Stonewall loodste; zoals zij ook die bezongen en onbezongen helden leidde die hun voetafdrukken achterlieten op deze prachtige Mall, om een predikant te horen zeggen dat we onze weg niet alleen kunnen gaan; om een koninklijke King te horen uitspreken dat onze individuele vrijheid onlosmakelijk verbonden is met de vrijheid van ieder mens op aarde.

Aan onze generatie de taak om voort te zetten wat deze pioniers in gang hebben gezet. Want onze reis is pas volbracht als onze echtgenotes, onze moeders en onze dochters een loon kunnen verdienen dat overeenstemt met hun inspanningen. Onze reis is pas volbracht als onze homoseksuele broeders en zusters door de wet net zo worden behandeld als ieder ander, want willen wij waarlijk gelijk zijn geschapen, dan moet de liefde die we elkaar toedragen net zo gelijk zijn. Onze reis is pas volbracht als geen enkele burger meer gedwongen is uren in de rij te staan om zijn stemrecht uit te oefenen. Onze reis is pas volbracht als we een betere manier hebben gevonden om de worstelende, hoopvolle immigranten te verwelkomen die Amerika nog steeds beschouwen als een land waar je het kunt maken, als slimme jonge studenten en technici worden toegelaten tot onze banenmarkt in plaats van verjaagd te worden uit ons land. Onze reis is pas volbracht als al onze kinderen, van de straten van Detroit tot de heuvels van de Appalachen en de stille lanen van Newton, weten dat mensen voor hen zorgen en om hen geven, en dat ze altijd veilig zijn.

Dat is de taak van onze generatie: om ervoor te zorgen dat deze woorden, deze rechten, deze waarden van leven, vrijheid en het streven naar geluk voor iedere Amerikaan gelden. Trouw zijn aan de Onafhankelijkheidsverklaring eist niet dat we het over elk detail van het leven eens moeten zijn. Het houdt niet in dat we vrijheid allemaal op precies dezelfde manier definiëren of precies dezelfde weg naar geluk volgen. Vooruitgang dwingt ons er niet toe om eeuwenoude disputen over de rol van de overheid voorgoed bij te leggen, maar ze vraagt er wel om dat we in deze tijd handelen.

Want nu staan we voor beslissingen en we kunnen ons geen uitstel veroorloven. We mogen absolutisme niet aanzien voor beginselvastheid, of politiek laten plaatsmaken voor spektakel, of schelden aanzien voor een weloverwogen debat. We moeten handelend optreden in het besef dat ons werk onvolmaakt zal zijn. We moeten handelen in het besef dat de overwinningen van vandaag onvolledig zullen zijn en dat het aan degenen zal zijn die hier over vier jaar, veertig jaar of vierhonderd jaar staan om de tijdloze geest voort te dragen die ooit aan ons is toevertrouwd in een sobere zaal in Philadelphia.

Landgenoten, de eed die ik vandaag tegenover jullie heb afgelegd, dezelfde die de anderen afleggen die in de Capitool dienen, was een eed voor God en het land, niet voor een partij of een factie. En die belofte moeten we tijdens onze ambtstermijn trouw inlossen. Maar de woorden die ik vandaag heb uitgesproken zijn niet heel anders dan de eed die wordt afgenomen als een soldaat in het leger gaat of een immigrant zijn droom waarmaakt. Mijn eed is niet heel anders dan de eed die we allemaal afleggen aan de vlag die boven ons hoofd wappert en ons hart met trots vervult.

Het zijn de woorden van burgers en ze vertegenwoordigen onze grootste hoop. U en ik hebben als burgers de macht om de koers van dit land te bepalen. U en ik hebben als burgers de verplichting om de disputen van onze tijd vorm te geven, niet alleen met de stem die we uitbrengen, maar ook met de stem die wij verheffen ter verdediging van onze oudste normen en waarden en blijvende idealen.

Laten wij stuk voor stuk met oprecht plichtsbesef en grote

vreugde ons eeuwigdurende geboorterecht omarmen. Laten wij met gedeelde inzet en gedeelde doelbewustheid, met passie en toewijding de roep van de geschiedenis beantwoorden en het kostbare licht van de vrijheid meevoeren naar een onzekere toekomst.

'Hoe goed heb ik zijn lessen in mijn eigen leven toegepast?'

Toespraak tijdens de herdenkingsdienst voor Nelson Mandela
First National Bank Stadium
Johannesburg, Zuid-Afrika
10 december 2013

Dank u, Graça Machel en familie Mandela, president Zuma en leden van de regering, staatshoofden en regeringsleiders uit het verleden en heden, geëerde gasten. Het is een bijzondere eer om vandaag hier bij u te zijn, om een uniek leven te eren. Dank u, mensen van Zuid-Afrika – mensen van elk ras en elke stand. De wereld dankt u omdat u Nelson Mandela met ons hebt gedeeld. Zijn strijd was uw strijd. Zijn triomf was uw triomf. Uw waardigheid en uw hoop hebben uitdrukking gevonden in zijn leven. Uw vrijheid, uw democratie is zijn gekoesterde nalatenschap.

Het is moeilijk om een lofrede op iemand te houden. Om niet alleen de feiten en gegevens die een leven vormen in woorden te vatten, maar ook de essentiële waarheid over die persoon: zijn of haar privévreugden en -zorgen, de stille momenten en unieke kwaliteiten die licht werpen op iemands ziel. Hoeveel moeilijker is het om dat te doen voor een reus uit de geschiedenis, die een natie gerechtigheid heeft geschonken en daarbij miljarden mensen in heel de wereld heeft geraakt.

Madiba werd geboren tijdens de Eerste Wereldoorlog, ver van

de centra van de macht, waar hij als jongen vee hoedde en werd onderwezen door de ouderen van zijn Thembu-stam. Hij zou zich echter ontpoppen als de laatste grote bevrijder van de twintigste eeuw. Net als Gandhi zou hij een grote verzetsbeweging leiden – een beweging die aanvankelijk weinig vooruitzichten op succes had. Net als dr. King zou hij een krachtige stem verlenen aan de eisen van de onderdrukten en aan de morele noodzaak tot raciale rechtvaardigheid. Hij onderging een wrede gevangenschap, die begon in de tijd van Kennedy en Chroesjtsjov en duurde tot aan de laatste dagen van de Koude Oorlog. Na zijn vrijlating uit de gevangenis zou hij zonder wapengeweld – net als Abraham Lincoln – zijn land bij elkaar houden toen het uiteen dreigde te vallen. En net als de Founding Fathers van Amerika richtte hij een constitutionele orde op om de vrijheid voor toekomstige generaties veilig te stellen. Het getuigde van een betrokkenheid bij de democratie en het recht, die niet alleen geratificeerd werd door zijn verkiezing, maar ook door zijn bereidheid om na slechts één termijn afstand te doen van de macht.

Op grond van zijn levensloop, de reikwijdte van zijn prestaties, de verering die hem zo terecht ten deel viel, is het verleidelijk Nelson Mandela te herinneren als een icoon, glimlachend en sereen, onbezoedeld door de smakeloze affaires van mindere mannen. Maar Madiba zelf verzette zich sterk tegen zo'n levenloos portret. Nee, Madiba stond er juist op zijn twijfels en angsten met ons te delen; zijn misrekeningen en zijn overwinningen. 'Ik ben geen heilige,' zei hij, 'tenzij je een heilige beschouwt als een zondaar die het blijft proberen.'

Juist omdat hij zijn onvolmaaktheid kon toegeven, omdat hij ondanks zijn zware lasten zo vol humor, ja zo vol schalksheid zat, houden we zoveel van hem. Hij was geen buste van marmer; hij was een man van vlees en bloed – een zoon en een echtgenoot, een vader en een vriend. Daarom hebben wij zoveel van hem geleerd, en daarom kunnen we nog steeds van hem leren. Want niets van wat hij heeft bereikt, was onvermijdelijk. In de loop van zijn leven heeft hij zijn plaats in de geschiedenis verdiend door zijn strijd en intelligentie, door zijn doorzettingsvermogen en geloof. Hij vertelt ons niet alleen wat mogelijk is op de bladzijden van geschiedenisboeken, maar ook in ons eigen leven.

Mandela toonde ons de kracht van actie; van risico's nemen voor onze idealen. Misschien had Madiba gelijk toen hij zei dat hij 'een trotse rebelsheid, een koppig gevoel voor eerlijkheid' van zijn vader had geërfd. We weten in elk geval dat hij samen met miljoenen zwarte en gekleurde Zuid-Afrikanen woedend was over 'duizend vernederingen, duizend beledigingen, duizend vergeten momenten [...] een verlangen om te strijden tegen het systeem dat mijn mensen gevangen hield,' zei hij.

Maar net als de oudere reuzen van het ANC – mensen als Sisulu en Tambo – wist Madiba zijn woede te temperen en kanaliseerde hij zijn verlangen om te vechten in organisaties, platforms en strategieën voor actie, zodat mannen en vrouwen konden opkomen voor hun door God gegeven waardigheid. Bovendien accepteerde hij de gevolgen van zijn daden, omdat hij wist dat verzet tegen grote belangen en onrechtvaardigheid zijn prijs heeft. 'Ik heb gevochten tegen blanke dominantie en ik heb gevochten tegen zwarte dominantie. Ik heb het ideaal gekoesterd van een democratische en vrije samenleving, waarin alle mensen in harmonie en met gelijke kansen samenleven. Het is een ideaal waarvoor ik hoop te leven en dat ik hoop te bereiken. Maar als het nodig is, is het ook een ideaal waarvoor ik bereid ben te sterven.'

Mandela leerde ons de kracht van actie, maar hij leerde ons ook de kracht van ideeën, het belang van rede en argumenten, de noodzaak om je niet alleen te verdiepen in de mensen met wie je het eens bent, maar ook in de mensen met wie je het niet eens bent. Hij begreep dat ideeën zich niet laten tegenhouden door gevangenismuren of zich laten vernietigen door de kogel van een sluipschutter. Hij maakte van zijn proces een aanklacht tegen apartheid door zijn welsprekendheid en zijn hartstocht, maar ook door zijn opleiding als advocaat. Hij gebruikte de tientallen jaren in de gevangenis om zijn argumenten aan te scherpen, maar ook om zijn dorst naar kennis onder andere mensen in de beweging te verspreiden. Bovendien leerde hij de taal en de gewoonten van zijn onderdrukker, zodat hij hun op een dag beter duidelijk kon maken dat hun eigen vrijheid afhing van de zijne.

Mandela toonde aan dat actie en ideeën niet voldoende zijn. Hoe rechtvaardig ook, ze moeten gebeiteld zijn in wetten en instellingen. Hij was praktisch en testte zijn opvattingen tegen het harde oppervlak van de omstandigheden en de geschiedenis. Als het om kernprincipes ging, was hij onbuigzaam. Daardoor kon hij aanbiedingen van onvoorwaardelijke vrijlating afwijzen en het apartheidsregime eraan herinneren dat 'gevangenen geen contracten kunnen afsluiten'.

In moeizame onderhandelingen over de overdracht van de macht en het opstellen van nieuwe wetten toonde hij echter aan dat hij niet bang was compromissen te sluiten om een hoger doel te bereiken. Omdat hij niet alleen een leider van een beweging was maar ook een bedreven politicus, deed de grondwet die uit die onderhandelingen voortkwam recht aan deze multiraciale democratie. Zij weerspiegelde Mandela's visie van wetten die zowel de rechten van de minderheid als die van de meerderheid beschermen, en de kostbare vrijheden van elke Zuid-Afrikaan beschutten.

Ten slotte begreep Mandela de banden die de menselijke geest verenigen. Er bestaat een woord in Zuid-Afrika – *ubuntu* – dat Mandela's grootste gave beschrijft: zijn besef dat wij allemaal met elkaar verbonden zijn op manieren die onzichtbaar zijn voor het oog; dat de mensheid één is; dat wij onszelf verwezenlijken door onszelf met anderen te delen en zorg te dragen voor de mensen om ons heen.

We zullen nooit weten hoeveel van dit besef aangeboren was, of hoeveel ervan was gevormd in een donkere eenzame cel. Maar we herinneren ons de gebaren, groot en klein: hij nodigde zijn gevangenisbewaarders uit als eregast bij zijn inauguratie; hij liep een rugbyveld op in een Springboktenue; hij deed naar aanleiding van het leed in zijn familie een oproep om de strijd tegen hiv/aids aan te gaan. Al deze gebaren lieten zien hoe groot zijn empathie en zijn begrip waren. Niet alleen belichaamde hij ubuntu, hij leerde miljoenen de waarheid ervan in zichzelf te vinden.

Er was een man als Madiba voor nodig om niet alleen de gevangenen, maar ook de gevangenisbewaarders te bevrijden; om te laten zien dat je anderen moet vertrouwen, zodat zij jou kunnen vertrouwen; om te leren dat verzoening niet een kwestie is van een wreed verleden negeren, maar een manier om het te confronteren met insluiting en grootmoedigheid en waarheid. Hij veranderde wetten, maar hij veranderde ook harten.

Voor de bevolking van Zuid-Afrika, voor iedereen die hij in heel de wereld heeft geïnspireerd, is het overlijden van Madiba met recht een tijd van rouw, en een tijd om een heldhaftig leven te vieren. Maar ik vind dat het in ieder van ons ook een tijd voor zelfreflectie moet oproepen. In alle eerlijkheid moeten we ons, ongeacht onze positie of onze omstandigheden, de vraag stellen: 'Hoe goed heb ik zijn lessen in mijn eigen leven toegepast?' Het is een vraag die ik mezelf stel, als man en als president.

We weten dat de Verenigde Staten net als Zuid-Afrika eeuwen van raciale overheersing moesten overwinnen. Net als hier was er een offer voor nodig: het offer van talloze mensen, bekende en onbekende, om de dageraad van een nieuwe dag te aanschouwen. Michelle en ik hebben van die strijd mogen profiteren. Maar in Amerika, in Zuid-Afrika en in landen over de hele wereld mag onze vooruitgang ons niet blind maken voor het feit dat ons werk nog niet gedaan is.

De worstelingen die volgden op de triomf van de formele gelijkheid of de universele vrijheid zijn misschien minder vervuld geweest van dramatiek en morele helderheid dan de worstelingen die eraan voorafgingen. Maar ze zijn niet minder belangrijk. Want in heel de wereld zien we nog steeds kinderen lijden aan honger en ziekte. We zien nog steeds vervallen scholen. We zien nog steeds jonge mensen zonder vooruitzichten voor de toekomst. In heel de wereld worden mannen en vrouwen vandaag de dag nog steeds in de gevangenis gegooid vanwege hun politieke opvattingen, en ze worden nog steeds vervolgd om hoe ze eruitzien, hoe ze hun godsdienst praktiseren en van wie ze houden. Dat gebeurt vandaag de dag.

Daarom moeten wij in actie komen omwille van de rechtvaardigheid. Ook moeten we in actie komen omwille van de vrede. Er zijn te veel mensen die graag Madiba's erfenis van raciale verzoening omarmen, maar zich hartstochtelijk verzetten tegen zelfs bescheiden hervormingen om het probleem van chronische armoede en groeiende ongelijkheid aan te pakken. Er zijn te veel leiders die hun solidariteit met Madiba's vrijheidsstrijd betuigen, maar afwijkende meningen onder hun eigen bevolking niet tolereren. Bovendien staan te velen van ons aan de zijlijn, behaaglijk in onze zelfgenoegzaamheid of ons cynisme terwijl we eigenlijk onze stemmen moeten laten klinken.

We staan vandaag de dag voor belangrijke vragen. Hoe bevorderen we gelijkheid en rechtvaardigheid? Hoe handhaven we vrijheid en mensenrechten? Hoe maken we een einde aan conflicten en sektarische strijd? Deze vragen hebben geen gemakkelijke antwoorden. Maar er waren ook geen gemakkelijke antwoorden voor die jongen die in de Eerste Wereldoorlog geboren werd. Nelson Mandela herinnert ons eraan dat het altijd onmogelijk lijkt, totdat het is gelukt. Zuid-Afrika laat ons zien dat het waar is. Zuid-Afrika laat ons zien dat we kunnen veranderen, dat we een wereld kunnen kiezen die niet wordt bepaald door onze verschillen, maar door onze gemeenschappelijke hoop. Dat we een wereld kunnen kiezen die niet wordt bepaald door conflict, maar door vrede, rechtvaardigheid en kansen.

Mensen als Nelson Mandela zullen we nooit meer meemaken. Ik wil echter één ding zeggen tegen de jonge mensen van Afrika en de jonge mensen in heel de wereld: ook jullie kunnen je dit levenswerk toe-eigenen. Meer dan dertig jaar geleden hoorde ik als student over Nelson Mandela en de strijd die plaatsvond in dit prachtige land, en het riep iets in mij wakker. Het maakte me bewust van mijn verantwoordelijkheden jegens anderen en jegens mezelf, en het deed me beginnen aan een onwaarschijnlijke reis die me vandaag hier heeft gebracht. Hoewel ik nooit zal kunnen tippen aan Madiba's voorbeeld, stimuleert hij mij een beter mens te willen worden. Hij spreekt tot het beste in onszelf.

Nadat deze grote bevrijder te rusten is gelegd en wij zijn teruggekeerd naar onze steden en dorpen en we de dagelijkse gang van zaken weer hebben opgepakt, laten we dan op zoek gaan naar zijn kracht. Laten we op zoek gaan naar de grootsheid van zijn geest ergens in onszelf. En wanneer de nacht valt, wanneer het onrecht zwaar op ons gemoed drukt, wanneer onze beste plannen buiten bereik lijken, laten we dan denken aan Madiba en de woorden die hem hebben getroost binnen de vier muren van zijn cel: 'Het maakt niet uit hoe nauw de poort is, hoeveel straffen er op de rol staan, ik ben de meester van mijn eigen lot: ik ben de kapitein van mijn ziel.'

Wat voor een prachtige ziel is dat geweest. We zullen hem ontzettend missen. Moge God de herinnering aan Nelson Mandela zegenen. Moge God het volk van Zuid-Afrika zegenen.

‘Selma laat ons zien dat Amerika nooit om één persoon draait’

Toespraak tijdens de vijftigjarige herdenking van de mars van Selma naar Montgomery
Edmund Pettus-brug in Selma, Alabama
7 maart 2015

Het is in dit leven een bijzondere eer een van je helden te kunnen volgen. John Lewis is een van mijn helden.

Nu kan ik me zo voorstellen dat de jonge John Lewis, toen hij die ochtend, vijftig jaar geleden, wakker werd en op weg ging naar Brown Chapel, geen heldendaden voor ogen had. Een dag als vandaag had hij evenmin voor ogen. Overal liepen jonge mensen met slaapmatjes en rugzakken. Ervaren leden van de beweging leerden nieuwkomers de tactiek van geweldloosheid, de juiste manier om jezelf te beschermen wanneer je aangevallen wordt. Een arts vertelde wat traangas met je lichaam doet. Demonstranten schreven instructies voor het geval er contact met hun dierbaren zou moeten worden opgenomen. In de lucht hingen twijfel, voorgevoelens en angst. Ze stelden zichzelf gerust door de laatste strofen van het laatste vers te zingen: *Wat de beproeving ook zal zijn, God zal voor je zorgen / Leun tegen zijn borst, vermoeide, God zal voor je zorgen.*

Vervolgens leidde John Lewis, met in zijn rugzak een appel, een tandenborstel en een boek over regeren – alles wat je nodig hebt voor een nacht in de cel – hen de kerk uit, op weg naar hun doel: verandering van Amerika.

President en mevrouw Bush, gouverneur Bentley, burgemeester Evans, Sewell, dominee Strong, Congresleden, verkozen ambtenaren, infanteristen, vrienden, mede-Amerikanen. Zoals John opmerkte zijn verschillende plaatsen en momenten in de Amerikaanse geschiedenis bepalend geweest voor ons land. Veel daarvan zijn plekken van oorlog: Concord en Lexington, Appomattox, Gettysburg. Andere plekken symboliseren de moed van ons land: Independence Hall en Seneca Falls, Kitty Hawk en Cape Canaveral.

Selma is zo'n plek. Op een middag vijftig jaar geleden kwamen veel gebeurtenissen uit onze turbulente geschiedenis – de schandvlek van de slavernij en de angst voor de Burgeroorlog, het juk van de segregatie en de tirannie van Jim Crow, de dood van vier meisjes in Birmingham en de droom van een baptistenpriester – al die historische gebeurtenissen ontmoetten elkaar op deze brug.

Het was geen botsing van legers, maar een van wilsovertuigingen, een strijd om de ware betekenis van Amerika. En dankzij mannen en vrouwen als John Lewis, Joseph Lowery, Hosea Williams, Amelia Boynton, Diane Nash, Ralph Abernathy, C.T. Vivian, Andrew Young, Fred Shuttlesworth, dr. Martin Luther King jr. en vele anderen was het uiteindelijk een rechtvaardig, een eerlijk en edelmoedig Amerika dat zegevierde – een Amerika dat niemand uitsluit.

Zoals voor alle historische gebeurtenissen van Amerika geldt, staat dit moment niet op zichzelf. De mars van Selma naar Montgomery was onderdeel van een grotere, generaties overstijgende strijd, en de leiders van die dag behoren tot een lange rij van helden.

We zijn hier vandaag om hen te eren. We zijn hier om de moed te prijzen van gewone Amerikanen die bereid waren om wapenstokken, traangas en trappelende hoeven te weerstaan; mannen en vrouwen die ondanks bloedvergieten en versplinterend bot hun kompas bleven volgen en hun mars naar gerechtigheid voortzetten.

Ze deden wat de Schrift hun opdraagt: *Verblijd u in de hoop, betoon geduld tijdens verdrukking, blijf constant in gebed.* En in de dagen daarna gingen ze opnieuw en weer opnieuw. Als het bazuingeschal klonk om meer mensen uit te nodigen, dan kwamen de mensen: zwart en wit, jong en oud, christelijk en joods, zwaaiend met de Amerikaanse vlag, liederen zingend van geloof en hoop. Een blanke journalist, Bill Plante, die destijds de marsen versloeg en hier vandaag ook is, merkte op dat de toename van het aantal blanke deelnemers de kwaliteit van de zang niet ten goede kwam. Toch zullen die oude gospelliederen voor degenen die meeliepen nooit eerder zo mooi hebben geklonken.

In de loop van de dagen zwol hun lied aan en bereikte het president Johnson. Hij zorgde voor bescherming en gaf een toespraak waarin hun oproep voor een beter Amerika weerklonk, zodat de hele wereld ervan hoorde: 'We zullen overwinnen.' Wat een sterk geloof hadden deze mannen en vrouwen. Een geloof in God, maar ook een geloof in Amerika.

De Amerikanen die de brug overstaken vormden geen indrukwekkende massa. Toch gaven ze miljoenen mensen nieuwe moed. Het waren geen gekozen vertegenwoordigers. Toch waren ze voorgangers van een land. Ze liepen de mars als Amerikanen die honderden jaren van bruut geweld en talloze dagelijkse vernederingen hadden ondergaan. Ze waren niet uit op een speciale behandeling, slechts op de gelijke behandeling die hun bijna een eeuw eerder beloofd was.

Wat zij hier deden, zal zijn weerklank hebben door de eeuwen heen. Niet omdat de verandering die ze afdwongen voorbestemd was, niet omdat ze een complete overwinning behaalden, maar omdat ze bewezen dat het mogelijk is om verandering teweeg te brengen zonder geweld te gebruiken, dat haat overwonnen kan worden door liefde en hoop.

Bij het herdenken van hun prestatie is het belangrijk om ons te blijven herinneren dat de demonstranten destijds door velen die aan de macht waren eerder werden veroordeeld dan gewaardeerd. Ze werden communisten genoemd, bastaarden of oproerkraaiers, seksueel en moreel verdorvenen, of nog erger. Ze werden met alles aangesproken behalve met de naam die hun door hun ouders gegeven was. Hun geloof werd betwijfeld. Hun levens werden bedreigd. Hun vaderlandsliefde werd uitgedaagd.

En toch, wat kan er meer Amerikaans zijn dan wat op deze plek is gebeurd? Wat zou het idee van Amerika beter vertegenwoordigen dan gewone, bescheiden mensen, miskenden, onderdrukten, de dromers – niet van hoge komaf, niet geboren in rijkdom of met voorrechten, niet van één religie maar van vele, samenkomend om de koers van hun land vorm te geven?

Welke betere uitdrukking van geloof in het Amerikaanse experiment dan deze, welke grotere vorm van vaderlandsliefde is er dan de overtuiging dat Amerika nog niet af is, dat we sterk genoeg zijn voor zelfkritiek, dat iedere volgende generatie naar onze onvolkomenheden kan kijken en besluiten dat het in onze macht ligt om dit land verder op te bouwen naar onze hoogste idealen?

Dat is waarom Selma geen uitschieter is in de Amerikaanse ervaring. Dat is waarom het geen museum is of een statisch monument om vanaf een afstandje naar te kijken. In plaats daarvan is het de manifestatie van een geloofsbelijdenis zoals geschreven staat in onze oprichtingsverdragen: *Wij het volk... met het oog op het vormen van een meer perfecte eenheid.* En: *We beschouwen deze waarheden als vanzelfsprekend: dat alle mensen gelijk geschapen zijn.*

Dit zijn niet zomaar woorden. Ze vormen een levend stuk, een oproep tot actie, een routekaart voor burgerschap en een vasthoudendheid aan de capaciteit van vrije mannen en vrouwen om ons eigen lot vorm te geven. Voor oprichters als Franklin en Jefferson, voor leiders als Lincoln en Roosevelt berustte het succes van ons experiment in zelfbestuur op de uitoefening hiervan door al onze burgers. En dat is wat we vieren, hier in Selma. Dat is waar deze beweging over ging, een stap in onze lange reis naar vrijheid.

Het Amerikaanse instinct dat deze jonge mannen en vrouwen de fakkel deed oppakken om deze brug over te steken, dat is hetzelfde instinct waarmee patriotten revolutie verkozen boven tirannie. Het is hetzelfde instinct dat immigranten de oceaan en de Río Grande over dreef, hetzelfde instinct waarmee vrouwen stemrecht opeisten, waarmee arbeiders zich organiseerden voor betere arbeidsomstandigheden; hetzelfde instinct waarmee we onze vlag plaatsten op Iwo Jima en op de maan.

Het is de overtuiging van generaties van burgers dat ons land zich voortdurend ontwikkelt, zij geloofden dat hun liefde voor Amerika meer inhoudt dan haar lof toezingen terwijl ongemakkelijke waarheden worden vermeden. Het vereist een pas op de plaats zo nu en dan, de bereidheid om uit te komen voor wat waar is, om de zaak op te schudden. Dat is Amerika.

Dit is wat ons uniek maakt. Dit is waarmee wij onze reputatie hebben gevestigd als land van kansen. Jonge mensen achter het IJzeren Gordijn zagen wat er gebeurde in Selma en braken uiteindelijk hun muur af. Jonge mensen in Soweto hoorden Bobby Kennedy praten over rimpelingen van hoop en wisten de gesel van de apartheid uiteindelijk uit te bannen. Jonge mensen in Birma verkozen de gevangenis boven het dienen van het militaire bewind. Ze zagen wat John Lewis voor elkaar had gekregen. Van de straten van Tunis tot het Maidan in Oekraïne hebben jonge mensen kracht geput uit deze plek, waar machtelozen een wereldmacht wisten te veranderen en hun leiders wisten aan te zetten tot het uitbreiden van de vrijheid.

Ze zagen dat idee bewaarheid worden hier in Selma, Alabama. Ze zagen dat idee zichzelf manifesteren hier in Amerika.

Dankzij demonstraties als deze werd algemeen stemrecht ingevoerd. Politieke, economische en sociale beperkingen werden opgeheven. En de verandering die deze mannen en vrouwen teweegbrachten is hier vandaag zichtbaar in de aanwezigheid van Afrikaanse Amerikanen die bestuurskamers en parlementszetels innemen, gekozen vertegenwoordigers bij gemeentebesturen van kleine plaatsen en grote steden, van de Congressional Black Caucus* helemaal naar de Oval Office.

Door wat zij deden, zwaaiden overal deuren open naar nieuwe kansen – niet alleen voor zwarte mensen, maar voor elke Amerikaan. Vrouwen gingen door die deuren. Latino's gingen door die

* Organisatie van zwarte Congresleden.

deuren. Aziatische Amerikanen, homoseksuele Amerikanen, Amerikanen met beperkingen – voor hen allemaal gingen die deuren open. Dankzij hun inspanningen kreeg het hele zuiden de kans om weer op te staan, niet door het verleden op te pakken, maar door boven het verleden uit te stijgen.

Wat een schitterende gebeurtenis, had Martin Luther King kunnen zeggen. En wat een bijzondere dank zijn we hun verschuldigd. Wat de vraag opwerpt: hoe kunnen we hen ooit bedanken?

Laten we eerst en vooral vaststellen dat een herdenkingsdag, hoe bijzonder ook, niet voldoende is. Als Selma ons iets heeft geleerd, is het wel dat het werk nooit af is. Het Amerikaanse experiment van zelfbestuur vraagt van elke generatie nieuwe inspanningen.

Selma leert ons ook dat we alleen actie kunnen ondernemen als we ons cynisme afleggen. In ons streven naar gerechtigheid kunnen we ons geen zelfgenoegzaamheid of wanhoop veroorloven.

Deze week werd me gevraagd of uit het Ferguson-rapport*van het ministerie van Justitie niet blijkt dat er weinig veranderd is in dit land als het om ras gaat. En ik begreep de vraag, want wat in het rapport staat klinkt helaas al te bekend. Het maakt melding van dezelfde vormen van misbruik en minachting van burgers die destijds leidden tot de Civil Rights Movement. Maar het idee dat er niets is veranderd, verwerp ik. Wat in Ferguson gebeurde, is niet uniek, maar gebruikelijk is het ook niet meer. Er is geen wet of gewoonte die dit ondersteunt. Dat was voor de Civil Rights Movement wel anders.

De gerechtigheid is niet gebaat bij het idee dat vooroordelen en discriminatie onveranderlijk zijn, dat raciale verdeeldheid nou eenmaal bij Amerika hoort. Wie denkt dat er de afgelopen vijftig jaar niets is veranderd, zou het eens moeten vragen aan iemand die in de jaren vijftig in Selma, Chicago of Los Angeles woonde. Vraag de

* Onderzoeksrapport naar raciale vooringenomenheid van de politie van Ferguson na het doodschieten van de onbewapende zwarte tiener Michael Brown in augustus 2014.

vrouwelijke CEO, die, als er niets was veranderd, waarschijnlijk was blijven steken in een secretaressebaan. Vraag aan je homoseksuele vrienden of uit de kast te komen niet makkelijker is dan dertig jaar geleden. Het niet erkennen van deze vooruitgang – deze zwaarbevochten vooruitgang, ónze vooruitgang – zou een ontkenning zijn van onze inspanningen, van onze capaciteiten en van onze verantwoordelijkheid om alles te doen wat in onze macht ligt om Amerika beter te maken.

Natuurlijk wordt die andere vergissing vaker gemaakt: denken dat Ferguson een op zichzelf staand incident was, dat racisme uitgebannen is, dat de taak die mannen en vrouwen naar Selma dreef volbracht is en dat raciale spanningen die nu nog voorkomen meer veroorzaakt worden door mensen die als het ze uitkomt de 'rassenkaart' spelen. We hebben het Ferguson-rapport niet nodig om te weten dat dat niet waar is. We hoeven onze ogen en oren maar open te houden, en ons hart open te stellen om te weten dat de raciale geschiedenis van dit land nog altijd haar lange schaduw vooruitwerpt.

We weten dat de mars nog niet gelopen is. We weten dat de race nog niet gewonnen is. We weten dat we die heilige poort, waar ieder van ons beoordeeld zal worden op wat we gedaan hebben, alleen passeren als we dat toegeven, als we de waarheid onder ogen zien. 'We zijn in staat om een grote last te dragen,' schreef James Baldwin ooit, 'als we erkennen dat die last de realiteit is en als we in die realiteit willen leven.'

Er is niets wat Amerika niet aankan – als we het probleem maar aanpakken. Er is werk aan de winkel voor alle Amerikanen, niet alleen voor een bepaalde groep. Niet alleen blanken. Niet alleen zwarten. Als wij de moed van degenen die die dag demonstreerden recht willen doen, vraagt dat van ons de morele verbeelding die zij bezaten. Het vereist dezelfde dringende urgentie van het nu. Net als zij moeten wij ons realiseren dat verandering afhangt van onze daden, van onze houding, van de dingen die we onze kinderen leren. En als we al die moeite doen, hoe zwaar ons dat ook mag vallen, dan kunnen wetten aangenomen worden, dan kunnen we het collectieve bewustzijn opschudden, dan kunnen we eensgezindheid bereiken.

Met een beetje moeite kunnen we ervoor zorgen dat ons strafrecht ons allemaal dient, niet alleen sommigen. Alleen samen kunnen we wederzijds vertrouwen in en van de politie opbouwen, uitgaand van het idee dat politiemensen deel uitmaken van de gemeenschap die zij met gevaar voor eigen leven beschermen. Burgers in Ferguson, in New York en Cleveland willen hetzelfde als de jonge mensen die hier vijftig jaar geleden de mars ondernamen: bescherming door de wet. Samen kunnen we onrechtvaardige veroordelingen en overvolle gevangenissen aanpakken, samen kunnen we kansarme omstandigheden verbeteren die te veel jongens de mogelijkheid ontnemen een man te worden, die het land beroven van te veel mannen die goede vaders hadden kunnen worden, en goede werknemers en goede buurmannen.

Met onze inspanningen kunnen we armoede terugdringen en barrières op de weg naar gelijke kansen neerhalen. Amerikanen accepteren geen gratis geld voor iedereen, noch geloven we in totale gelijkheid. We verwachten wel gelijke kansen. En als we dat werkelijk willen, als we het niet alleen zeggen maar ook werkelijk menen en bereid zijn daar moeite voor te doen, dan, ja, dan kunnen we elk kind opleiden zoals past in deze nieuwe eeuw, dan zal onze verbeeldingskracht groeien en onze horizon verbreden en kunnen we kinderen de vaardigheden bijbrengen die ze nodig hebben. We kunnen ervoor zorgen dat iedereen die wil werken de waardigheid van een baan heeft en een eerlijk loon, een stem die meetelt en stevige sporten op de ladder naar de middenklasse.

En met inspanning kunnen we het fundament van onze democratie beschermen, precies dat waarvoor zovelen over deze brug zijn gelopen, en dat is het stemrecht.

Vandaag de dag, in 2015, vijftig jaar na Selma, worden in dit land wetten geschreven die het mensen moeilijker maken om te stemmen. Op dit moment worden meer van dergelijke wetten voorgesteld. Daarmee raakt het wettelijk stemrecht, dat met zoveel bloed, zoveel zweet en tranen bevochten is, waarvoor offers zijn gebracht en moedwillig geweld is ondergaan, dat wettelijk stemrecht raakt verzwakt en steeds meer onderhevig aan politieke rancune.

Hoe is dit mogelijk? Het wettelijk stemrecht was een van de bekroningen van onze democratie, het gezamenlijk resultaat van Republikeinse en Democratische inspanningen. President Reagan verlengde het toen hij aan de macht was. President George W. Bush verlengde het toen hij aan de macht was. Honderd Congresleden zijn vandaag hiernaartoe gekomen om de mensen te herdenken die bereid waren te sterven voor dit recht. Willen we deze dag herdenken, laat deze honderd mensen teruggaan naar Washington en nog vierhonderd leden verzamelen die er een missie van maken om de wet nog dit jaar te herstellen. Op die manier eren we hen op deze brug.

Natuurlijk is onze democratie niet alleen een taak van het Congres, niet alleen van de rechtspraak of van de president. Als elke nieuwe stemrechtbeperkende wet vandaag werd ingetrokken, zouden we hier in Amerika nog altijd een van de laagste opkomstpercentages van de vrije landen hebben. Vijftig jaar geleden was het registreren van je stem hier in Selma of elders in het zuiden nog net zoiets als gokken hoeveel bonen er in een pot zitten of het aantal bubbeltjes op een stuk zeep. Het betekende dat je je waardigheid op het spel zette, en soms je leven.

Wat voor excuus kunnen we vandaag aanvoeren om niet te gaan stemmen? Hoe kunnen we zo terloops het recht vergooien waarvoor zovelen hebben gevochten? Hoe kunnen we onze macht, onze stem in het vormgeven van de toekomst, zomaar weggeven? Waarom leggen we de schuld bij iemand anders terwijl we net zo goed de tijd hadden kunnen nemen om naar het stembureau te gaan? We geven onze macht weg.

Medebetogers, er is zoveel veranderd in vijftig jaar. We hebben oorlog gekend, we hebben vrede bewerkstelligd. We hebben technologische vooruitgang omarmd in elk aspect van ons leven. Gemakken die onze ouders zich nauwelijks konden voorstellen, zijn voor ons vanzelfsprekend. Maar wat niet is veranderd is onze burgerschapsplicht, de bereidheid van een 26-jarige diaken, een unitarische bestuurder of een jonge moeder van vijf kinderen die besluiten dat ze zoveel van hun land houden dat ze alles willen riskeren om de belofte van dat land te realiseren.

Dat betekent het om van Amerika te houden. Dat betekent het om in Amerika te geloven. Dat betekent het als we zeggen dat Amerika uitzonderlijk is. Want we zijn geboren uit verandering. We braken met de oude aristocratische traditie, verklaarden wie we zijn niet via onze afkomst maar op basis van de gaven van onze schepper en bepaalde onvervreemdbare rechten. We verankeren onze rechten en verantwoordelijkheden in ons democratische systeem: een zelfbestuur van, door en voor het volk. Daarom debatteren en strijden we met zoveel passie en overtuiging, omdat we weten dat onze inspanningen ertoe doen. We weten dat Amerika is wat we er zelf van maken.

Kijk naar onze geschiedenis. Wij zijn Lewis en Clark en Sacajawea, pioniers die het onbekende trotseerden, gevolgd door vele boeren, mijnwerkers, ondernemers en handelaren. Dat is onze aard. Dat is wie we zijn.

We zijn Sojourner Truth en Fannie Lou Hamer, vrouwen die net zoveel konden als welke man ook – en meer. En we zijn Susan B. Anthony, die het systeem net zo lang opschudde tot de wet de werkelijkheid weerspiegelde. Dat is ons karakter.

We zijn de immigranten die op volgepakte schepen deze kusten bereikten, de opeengepakte massa's die verlangden naar vrijheid: overlevenden van de Holocaust, overlopers uit de Sovjet-Unie, de *lost boys* uit Soedan. We zijn de hoopvolle strijders die de Río Grande overstaken opdat onze kinderen een beter leven zouden krijgen. Dat is wat we geworden zijn.

We zijn de slaven die de bouwstenen hebben gelegd van het Witte Huis en de economie in het zuiden. We zijn de boerenknechten en de cowboys die het westen hebben ontsloten, de talloze arbeiders die het spoor hebben aangelegd, de wolkenkrabbers hebben gebouwd en die zich verenigden voor arbeidsrechten.

We zijn de fris geschoren militairen die vochten voor de bevrijding van een continent. En wij zijn de Tuskeegee Airmen* en de Navajo-codisten en de Japanse Amerikanen die voor dit land vochten zelfs toen henzelf de vrijheid werd ontzegd.

We zijn de brandweerlieden die zich op 11 september in die gebouwen haastten, de vrijwilligers die zich inschreven om te vechten in Afghanistan en Irak. We zijn de homoseksuele Amerikanen wier bloed door de straten van San Francisco en New York vloeide – net zoals er bloed vloeide over deze brug.

We zijn vertellers, schrijvers, dichters en kunstenaars die oneerlijkheid verafschuwen en hypocrisie verachten, die de stem vertolken van degenen die dat zelf niet kunnen, die de waarheden vertellen die moeten worden verteld. We zijn de uitvinders van gospel, jazz en blues, van bluegrass en country, van hiphop en rock and roll en van onze eigen stijl waarin het zoete verdriet en de roekeloze vreugde om de vrijheid weerklinken.

We zijn Jackie Robinson* die ondanks beledigingen, tegenwerking en effectballen naar zijn hoofd zijn plek verwierf in de wereldranglijsten. We zijn de mensen over wie Langston Hughes schreef dat ze 'tempels bouwen voor morgen, sterke, omdat we weten hoe dat moet'. We zijn de mensen over wie Emerson schreef dat ze 'standvastig zijn en bereid om te lijden omwille van waarheid en eer', die 'nooit moe worden, zolang we ver genoeg kunnen kijken'.

Dat is wat Amerika is. Geen archieffoto's, opgesmukte geschiedenis of andere pogingen om sommigen van ons Amerikaanser af te schilderen dan anderen. We respecteren het verleden, maar we hebben er geen hang naar. We zijn niet bang voor de toekomst, we gaan ervoor. Amerika is niet zomaar een land. Het is groot en bestaat uit menigten, om met Whitman te spreken. We zijn levendig en divers, we barsten van de energie en zijn oneindig jong van geest. Daardoor komt het dat iemand als John Lewis er op zijn vijfentwintigste al klaar voor was om zo'n machtige betoging te leiden.

En dat is wat we de jongeren hier en overal in het land willen

* Groep Afrikaans-Amerikaanse piloten in de Tweede Wereldoorlog.

* Legendarische, eerste zwarte honkballer.

meegeven op deze dag. Jullie zijn Amerika: niet gebonden aan gewoonten en normen, niet bezwaard door wat er is, omdat je klaar bent om te grijpen wat er al had moeten zijn.

Want overal in dit land zijn er eerste stappen die moeten worden gezet. Er is nieuw terrein te ontginnen, er zijn nog meer bruggen die overgestoken moeten worden. En van jullie, jong en onverschrokken als jullie zijn, de meest diverse en best opgeleide generatie in onze geschiedenis, van jullie moet ons land het hebben.

Want Selma laat ons zien dat Amerika nooit om één persoon draait. Het krachtigste woord in onze democratie is 'wij'. 'Wij het volk.' 'Wij zullen zegevieren.' *Yes we can.* Niemand is eigenaar van het woord 'wij'. Het is van ons allemaal. Ah, wat een grootse opdracht hebben we gekregen, om dit mooie land van ons almaar beter te maken.

Vijftig jaar na Bloody Sunday is onze mars nog niet ten einde, maar we komen in de buurt. 239 jaar na de oprichting van ons land hebben we misschien de perfectie nog niet bereikt, maar we komen naderbij. Onze opdracht is eenvoudiger omdat iemand ons al is voorgegaan. Iemand leidde ons over die brug. Wanneer het voelt alsof de weg te moeilijk is, wanneer de fakkel die we hebben aangenomen te zwaar is, dan denken we aan die eerste reizigers. We putten kracht uit hun voorbeeld en denken aan de woorden van de profeet Jesaja: 'Zij die hopen op de Heer zullen nieuwe kracht vinden. Zij zullen hun vleugels uitslaan als adelaars. Ze zullen rennen zonder uitgeput te raken. Ze zullen lopen zonder moe te worden.'

We herdenken hen die liepen opdat wij kunnen rennen. We moeten rennen opdat onze kinderen zullen vliegen. We zullen niet moe worden. Want we geloven in de kracht van een ontzagwekkende God en we geloven in de heilige belofte van dit land.

Moge Hij de strijders voor rechtvaardigheid die niet langer onder ons zijn zegenen, en de Verenigde Staten van Amerika. Ik dank u allen.

‘Je bent nooit alleen, je hoeft niet eens om hulp te vragen’

Begrafenistoespraak voor Beau Biden, de zoon van Joe Biden
Wilmington, Delaware
6 juni 2015

‘Een mens,’ schreef een Ierse dichter, ‘is authentiek als hij de waarheid spreekt die alle goede mensen altijd al hebben gekend.’ Beau Biden was zo’n authentiek iemand. Hij was een goed mens. Een man met karakter. Een man met een diepe liefde voor anderen, die op hun beurt van hem hielden.

Uwe eminenties, uwe excellenties, generaal Odierno, waarde gasten; Hallie, Natalie en Hunter; Hunter, Kathleen, Ashley, Howard; de rest van Beaus prachtige familie, vrienden, collega’s; Jill en Joe – wij zijn hier om samen met jullie te rouwen, maar wat belangrijker is: we zijn hier omdat we van jullie houden.

Zonder liefde kan het leven kil en wreed zijn. Soms is die wreedheid opzettelijk – de wandaden van onmensen en onverdraagzame figuren, of de passiviteit van mensen die onverschillig staan tegenover andermans leed. Maar vaak maakt wreedheid gewoon deel van het leven uit en is het ons noodlot of de wil van God, iets wat het begrip van ons stervelingen te boven gaat. Het verdriet om die anonieme, schijnbaar willekeurige wreedheid kan het warmste hart verkillen en het grootste hart ineen laten schrompelen. Het kan ons hard maken, verbitterd of vervuld van zelfmedelijden. Maar het kan ons ook, om een oud spreekwoord te parafraseren, doen smeken om een lichtere last.

Maar als je sterk genoeg bent, kun je God ook vragen om sterkere schouders, sterk genoeg om niet alleen je eigen last te dragen, maar ook die van anderen; sterk genoeg om de mensen af te schermen die dat het meeste nodig hebben.

Wie Beau Biden heeft gekend, weet welke keuze hij in het leven heeft gemaakt. Wie Joe en de rest van de familie Biden kent, begrijpt waarom Beau zo heeft geleefd. In Beaus leven nam het lot al snel een wrede wending. Een auto-ongeluk kostte zijn moeder en zus het leven en veroordeelde Beau en Hunter, twee peutertjes nog, tot een Kerstmis in het ziekenhuis.

Maar Beau was een Biden. En hij leerde al vroeg de familieregel van de Bidens: als het zover komt dat je om hulp moet vragen, is het eigenlijk al te laat. Met andere woorden: je bent nooit alleen, je hoeft niet eens om hulp te vragen omdat er altijd iemand voor je klaarstaat als je dat nodig hebt.

Na het ongeluk sprong tante Valerie bij om voor de jongens te zorgen en hen te helpen grootbrengen. Joe bleef in overheidsdienst, maar sloeg het politieke borreluur in Washington altijd over. Hij ging liever elke avond naar huis, en bleef dat decennialang doen, omdat hij zo zijn dierbaarste plicht kon vervullen: zijn kinderen naar school helpen en hen 's avonds welterusten kussen, zodat ze zouden weten dat hun wereld stabiel was en dat ze vaste grond onder hun voeten hadden.

Zoals Joe me ooit heeft toevertrouwd deed hij dat niet alleen omdat de kinderen hem nodig hadden. Hij deed het omdat hij die kinderen nodig had. En diep vanbinnen voelde Beau wel aan hoe diep het verdriet in zijn gezin en zijn vader zat en hoe begrijpelijk dat was. En in plaats van zijn jeugdtrauma te gebruiken als rechtvaardiging voor een leven vol zelfmedelijden of egocentrisme, nam dat kleine jongetje een heel volwassen beslissing: hij zou een zinvol leven leiden. Hij zou voor anderen leven. Hij zou God om sterkere schouders vragen.

Beau hielp zijn jongere broertje en zorgde voor hem. Hij accepteerde zijn nieuwe moeder met heel zijn hart – het schijnt dat de twee broertjes hun vader schaapachtig vroegen wanneer ze nu eindelijk met zijn allen met Jill konden trouwen – en niemand kon Jill harder aan het lachen krijgen dan Beau. Hij paste altijd heel goed op hun kleine zusje Ashley. Hij werd zo iemand die altijd deed wat het beste was en er altijd voor probeerde te zorgen dat anderen zich geen zorgen hoefden te maken.

Het is geen geheim dat Beau voor een groot deel was wie hij was omdat hij zo intens veel liefde en bewondering voor zijn vader had. Hij studeerde rechten, net als zijn vader, en deed dat zelfs aan dezelfde universiteit. Hij wilde bij de overheid werken, net als zijn vader, omdat hij dat hoogstaand en belangrijk werk vond. Hij leerde van zijn vader hoe hij weer moest opstaan als het leven hem tegen de grond sloeg. Hij leerde dat hij niet beter was dan anderen, maar ook niet minder – iets wat Joe overigens van zijn moeder had. En hij leerde hoe hij iedereen om zich heen het gevoel kon geven dat ze ertoe doen, omdat zijn vader hem had geleerd dat iedereen ertoe doet.

Hij leek zelfs op Joe qua uiterlijk en stem, hoewel ik denk dat Joe het direct met me eens zou zijn dat Beau een upgrade was, een soort Joe 2.0. Maar hoeveel Beau iedereen ook aan Joe deed denken, hij was vooral heel erg zichzelf. Hij was volkomen authentiek.

Hij was een telg uit een ongelooflijke familie die allerlei privileges afsloeg en ging voor de zwaardere, betere overwinning van je zelfverdiende eigen weg gaan. Hij was een soldaat die niets van glorie wilde horen en een en al oprechte bescheidenheid was. Een aanklager die de weerlozen bijstond. De zeldzame politicus die meer fans dan vijanden had en, nog zeldzamer, de publieke figuur die zijn privéleven boven alles stelde.

Beau nam geen binnenweggetjes. Hij sloeg een benoeming tot procureur-generaal van Delaware af omdat hij niet benoemd, maar verkozen wilde worden, wat hem ook lukte. Toen hij de kans kreeg zich verkiesbaar te stellen voor de Senaat, koos hij ervoor eerst zijn werk als procureur-generaal af te maken. Dat soort dingen deed hij niet om een cynisch publiek voor zich te winnen, maar omdat hij nu eenmaal zo was. Als twintiger werd hij samen met een vriend eens aangehouden wegens te hard rijden in de buurt van Scranton. De agent herkende de naam op zijn rijbewijs en wilde Beau matsen door hem alleen een waarschuwing te geven, omdat hij een fan was van Joes werk voor de politiediensten. Maar Beau eiste dat hij een bekeuring zou uitschrijven. Beau liet zich geen voordeeltjes aanleunen vanwege zijn naam.

Na de aanslagen van 11 september werd hij reservist. Dat zag hij als zijn plicht, als iets waar die sterke schouders voor bedoeld waren. Hij deed zijn plicht voor zijn land en ging naar Irak, en generaal Odierno heeft heel mooi gesproken over majoor Bidens tijd in het leger. Wat ik u kan vertellen is dat toen hij scheep ging in Dover er heel veel journalisten waren die hem wilden interviewen. Beau weigerde dat. Hij was gewoon een soldaat.

Ik heb hem ontmoet toen ik in Irak was en daar gedroeg hij zich hetzelfde. Zijn uitzending was zwaar voor Hallie en de kinderen, zoals voor zovele gezinnen in de afgelopen veertien jaar. Het was zwaar voor Joe en zwaar voor Jill. Dat is een van de redenen dat Jill zich zo hartstochtelijk op haar werk met gezinnen van soldaten wierp. En daarom weten we ook waarom Joe in al zijn toespraken roept: 'Moge God onze soldaten beschermen' en waarom hij dat elke keer weer zo hartgrondig meent.

Net als zijn vader was Beau een en al goedheid. De wreedheid van het lot verhardde hem niet, maar gaf hem mededogen en empathie. Maar hij hield er wel een gezonde hekel aan pesterij en dwingelandij aan over.

Volgens Beaus grootvader, Joes vader, was het misbruiken van je macht om anderen te kwellen de allerschandelijkste zonde. Dus rechtte Beau zijn sterke schouders om mensen tegen dat soort wandaden te beschermen. Hij vocht voor huiseigenaren die werden belazerd, senioren die werden opgelicht. Hij vocht zelfs actief tegen onmensen. Hij zette een taskforce tegen kindermisbruik op en veroordeelde meer dan tweehonderd mensen die zich online op kwetsbare kinderen wierpen. Dat alles deed hij met een groot gevoel voor het leed van anderen en hij haalde er experts bij om zowel kinderen als hun ouders nog meer trauma's te besparen.

Zo was Beau. Iemand die om de wereld gaf. Charmant en ontwapenend, iemand bij wie je je op je gemak kon voelen. Als hij een chique benefiet moest bijwonen met allerlei mensen die zichzelf veel te serieus namen, kwam hij naar je toe om iets volstrekt ongepasts in je oor te fluisteren. Zoon van een senator, majoor in het leger, de populairste gekozen functionaris van Delaware – sorry, Joe – maar hij voelde zich nooit te goed om met Thanksgiving een dansje te maken in alleen een sombrero en een onderbroek, als dat zijn dierbaren aan het lachen kon maken. En bij dat al was hij de perfecte overheidsambtenaar, die altijd een opschrijfboekje in zijn achterzak had om de problemen van iedereen die hij tegenkwam te noteren, om er, eenmaal terug op kantoor, iets aan te gaan doen.

Omdat hij een Biden was, waren de titels die bij familie horen – echtgenoot, vader, zoon, broer, oom – de titels die voor Beau het meest telden. Dit was een man die bij de Democratische Nationale Conventie niet al zijn tijd in achterkamertjes doorbracht met donoren of de hele tijd handjes liep te schudden. In plaats daarvan ging hij met zijn zoontje joyriden in de lift – op en neer, op en neer – omdat hij wist wat Joe ook had geleerd, namelijk wat uiteindelijk het belangrijkst is in het leven.

In principe kan iedereen naam maken in deze tijd van reality-tv, vooral in de huidige politiek. Als je hard genoeg schreeuwt of controversieel genoeg bent, kun je altijd aandacht krijgen. Maar dat die naam vervolgens ook iets betekent, dat hij geassocieerd wordt met waardigheid en integriteit, dat is zeldzaam. Er zijn geen trucjes om dat te bereiken. Het is niet te koop. Maar misschien kan het doorgegeven worden, als je een goede vader voor je kinderen bent. En wat voor erfenis is er mooier? Wat voor erfenis is er mooier dan deel uitmaken van een familie die van generatie op generatie doorgeeft wat het betekent om een fantastische ouder te zijn, wat het betekent om een oprechte burger te zijn en wat het betekent om te geven, om veel en royaal te geven, zonder iets terug te verwachten?

Daar is ons land opgebouwd, op mensen als Beau. Het is opgebouwd door gezinnen als dit. We hebben hier geen koningen of koninginnen, geen adel. We hoeven niet rijk geboren te worden om iets te kunnen bereiken. We hoeven anderen niet te vertrappen om succesvol te zijn. We hebben het opmerkelijke privilege dat we alles wat het leven ons geeft zelf kunnen verdienen, in de wetenschap dat we niet beter zijn dan een ander, maar ook niet minder. Dat weten we niet alleen omdat het zo is opgeschreven bij het ontstaan van ons land, maar omdat families als de Bidens het zo hebben gemaakt, omdat mensen als Beau het zo hebben gemaakt.

Hij heeft in 46 jaar gedaan wat de meesten van ons in 146 jaar niet voor elkaar zouden krijgen. Hij heeft niets laten liggen. Hij was iemand die een leven leidde waarin de middelen net zo belangrijk waren als het doel. En zijn voorbeeld vervulde je altijd van het verlangen een betere vader te zijn, of een betere zoon, of een betere broer of zus, beter in je werk, een betere soldaat. Hij zorgde dat je een beter mens wilde zijn. En is dat uiteindelijk niet waar je een mens aan afmeet, aan de manier waarop hij leeft, waarop hij anderen behandelt, wat het leven ook op zijn pad brengt?

We weten niet hoeveel tijd we hebben op deze planeet. We weten niet wanneer het noodlot zal toeslaan. We kunnen Gods plan niet kennen. Wat we wel weten is dat we elke minuut die we hebben ons leven kunnen leiden zonder het voor lief te nemen. We kunnen intens liefhebben. We kunnen mensen helpen die hulp nodig hebben. We kunnen onze kinderen leren wat belangrijk is en ze een erfenis van empathie en compassie en onzelfzuchtigheid nalaten. We kunnen ze leren hoe ze sterke schouders moeten krijgen.

De familie Biden, die wijdvertakte, nauw verbonden clan, wil ik zeggen dat ik weet dat Beaus verscheiden een gapende leegte in de wereld heeft achtergelaten. Hallie, ik kan me nauwelijks voorstellen wat een zware last je de laatste jaren op je schouders hebt moeten meetorsen. Het is aan jou, die hem alles gaf, te danken dat hij ons alles kon geven. En net zoals jij er voor hem was, zo zullen wij er voor jou zijn.

Natalie en Hunter, er zijn geen woorden voor hoeveel jullie vader van jullie hield, hoeveel hij van jullie moeder hield. Maar ik zal jullie iets zeggen: Michelle en ik en Sasha en Malia zijn ook bij de

Bidenclan gaan horen. We zijn een soort ereleden geworden. En de regel van de familie Biden geldt ook voor ons. We zijn er voor jullie en we zullen er altijd voor jullie zijn, dat zweer ik op mijn woord als Biden.

Joe en Jill, net als alle anderen hier danken Michelle en ik God dat jullie in ons leven zijn. Ons gezamenlijke avontuur is een van de mooiste dingen van ons leven. Joe, je bent als een broer voor me. En ik ben elke dag weer dankbaar dat je zo'n groot hart hebt, en zo'n grote ziel, en die sterke schouders. Ik heb niets dan bewondering voor je.

Ik heb Joes moeder, Catherine Eugenia Finnegan Biden, voor haar dood nog leren kennen. Ze stond samen met ons op het podium toen we voor het eerst waren verkozen. En ik weet dat ze Joe ooit heeft verteld dat er uit alle slechte dingen die je overkomen iets goeds kan voortkomen, als je maar hard genoeg zoekt. En ik denk dat ze iets in zich had van dezelfde Ierse dichter waarmee ik mijn verhaal begon, Patrick Kavanagh, die schreef: 'En ik zei: laat droefheid een afgevallen blad zijn bij het gloren van een nieuwe dag.'

Hoe moeilijk het nu ook is, met alle verdriet en door alle tranen heen, zijn we het aan Beau verplicht om niet stil te blijven staan bij wat er is geweest en wat er nog had kunnen komen, maar bij wat er is, dankzij hem. Denk aan de nieuwe dag die gloort voor kinderen die veiliger zijn dankzij Beau, die dankzij hem een beter leven hebben. Denk aan de dag die gloort voor ouders die geruster kunnen zijn en gezinnen die vrijer kunnen ademhalen, dankzij hem. Sommige mensen zullen misschien nooit weten dat hun leven er beter op is geworden dankzij Beau Biden. Maar dat geeft niet. Zeker voor Beau was applaus nooit het doel van zijn werk voor het algemeen nut.

Maar de mensen die hier de afgelopen week in rijen hun respect kwamen betuigen, die weten het. De postkamer van het Witte Huis is overstroomd met brieven van mensen die het ook weten. De soldaten die met Beau hebben gediend, die dankzij hem bij de National Guard zijn gegaan. De werknemers van Verdi's die dankzij hem nog steeds een huis hebben en die hem bedankten toen hij hen op een drukke avond hielp met tafels afruimen. De studenten in Newark die zich die keer herinneren dat hij uren met hen bleef praten, onvermoeibaar, nadat hij al een toespraak had gegeven en net zijn fysieke test had gedaan voor het leger. De vrouw van Rehoboth die vijf jaar lang een vriendelijk voicemailtje van hem bewaarde en schreef om te zeggen: 'Ik vind het zo mooi hoeveel hij van zijn familie hield.' En de onbekende die ergens halverwege dit grootse land een brief schreef, alleen maar om te zeggen: 'Het enige waarop we kunnen hopen is dat we trots op onze kinderen kunnen zijn omdat ze iets goeds bereiken in de wereld. Beau heeft dat gedaan, en hoe. Het is niet onopgemerkt gebleven.'

Jill, Joe, Hallie, Hunter en Natalie, het is niet onopgemerkt gebleven. De hele wereld heeft het gezien. Iedereen heeft zijn aanwezigheid gevoeld. En Beau leeft voort in de levens van anderen. En is dat niet waar het om draait in de tijd die we hier op aarde hebben? Om dit land dat ons zo lief is eerlijker en rechtvaardiger te maken, niet alleen voor Natalie en Hunter, of Naomi, of Finnegan, of Maisy, of Malia, of Sasha, maar voor alle kinderen? Is dat niet waar deze waanzinnige reis die we met zijn allen hebben ondernomen om draait, om het leven beter te maken voor de volgende generatie?

Beau had dat al zo vroeg in zijn leven in de gaten. Wat een erfenis heeft hij ons nagelaten. Wat een voorbeeld.

'We hebben het grote geluk gehad dat ons hart in onze jeugd vervuld is van vuur,' zei Oliver Wendell Holmes jr. 'Maar bovenal hebben we geleerd dat een man, of hij nu de spade van Vrouwe Fortuna aanneemt en de blik neerslaat om te gaan graven, of van Aspiratie haar bijl en touw aanneemt en het ijs gaat beklimmen, slechts invloed kan hebben op één succes, en wel dat hij zich aan zijn arbeid wijdt met een groot, sterk hart.'

Beau Biden deed zijn werk met een groot, sterk hart. Hij schonk zijn familie een groot, sterk hart. Wat een goed mens. Wat een authentieke man.

God zegene zijn nagedachtenis en de levens van allen die hij heeft geraakt.

‘*Amazing grace*’

Begrafenistoespraak voor de slachtoffers van de schietpartij in Charleston College South Carolina 26 juni 2015

De Bijbel spoort ons aan om te hopen. Om vol te houden en geloof te hebben in dingen die we niet zien.

‘Deze allen zijn in het geloof gestorven, de beloften niet verkregen hebbende, maar hebben dezelve van verre gezien, en geloofd, en omhelsd, en hebben beleden, dat zij gasten en vreemdelingen op de aarde waren,’ leert ons de Schrift.

We zijn hier vandaag om een man van God te gedenken die leefde in het geloof. Een man die geloofde in dingen die we niet zien. Een man die geloofde dat er betere tijden in het verschiet lagen. Een dienaar die bleef volhouden, terwijl hij wist dat niet alle beloften ingelost zouden worden, omdat hij geloofde dat zijn inspanningen degenen die na hem kwamen een beter leven konden geven.

Ik wil paar woorden zeggen voor Jennifer, zijn dierbare vrouw; Eliana en Malana, zijn prachtige dochters; de grote familie van de Mother Emanuel-kerk, de inwoners van Charleston en de inwoners van South Carolina.

Ik kan niet zeggen dat ik het geluk heb gehad om dominee Pinckney goed te kennen. Maar ik heb hem wel ontmoet en hem hier in South Carolina gesproken toen we allebei nog iets jonger waren. Toen ik nog geen zichtbare grijze haren had. Het eerste wat me opviel was zijn hoffelijkheid, zijn glimlach, zijn geruststellende bariton, zijn bedrieglijke gevoel voor humor – allemaal kwaliteiten die hem hielpen zo moeiteloos zo'n zware, verwachtingsvolle last te dragen.

Vrienden van hem zeiden deze week dat het net was of de toekomst was gearriveerd zodra Clementa Pinckney ergens binnenkwam, dat iedereen toen hij nog heel jong was al wist dat hij bijzonder was. Uitverkoren. Hij stamde af van generaties gelovigen, een familie van predikanten die het woord van God verspreidden, een familie van activisten die verandering zaaiden om het kiesrecht uit te breiden en een einde te maken aan de segregatie in het zuiden. Clem leerde hun lessen en verzaakte ze niet.

Op zijn dertiende stond hij op de preekstoel, op zijn achttiende was hij dominee, op zijn drieëntwintigste was hij overheidsdienaar. De arrogantie van de jeugd was hem vreemd, evenals de onzekerheid van de jeugd. Hij gaf het goede voorbeeld dat bij zijn positie paste met een wijsheid die zijn jeugdigheid oversteeg, in zijn gedrag, in zijn liefde, zijn geloof en zijn zuiverheid.

Als senator vertegenwoordigde hij een groot deel van de Lowcountry, een gebied dat van oudsher een van de meest verwaarloosde plekken van Amerika is. Een plek die nog steeds lijdt onder armoede en slechte scholen, een plek waar kinderen nog steeds honger kunnen hebben en zieken onbehandeld kunnen blijven. Een plek die iemand als Clem nodig had.

Zijn positie in een minderheidspartij betekende dat de kans om meer hulp voor zijn kiesdistrict te krijgen vaak klein was. Zijn oproepen tot meer rechtvaardigheid werden te vaak genegeerd en zijn eenzame stem ging vaak verloren. Maar hij heeft nooit opgegeven. Hij bleef trouw aan zijn overtuigingen. Hij liet zich niet ontmoedigen. Na een lange werkdag stapte hij in zijn auto en reed hij naar de kerk, om kracht te putten uit zijn gezin, uit zijn parochie, uit de gemeenschap die van hem hield en hem nodig had. Daar versterkte hij zijn geloof en droomde hij van een betere toekomst.

Dominee Pinckney stond voor een politiek die nooit middelmatig was, of kleingeestig. Hij was altijd even kalm, voorkomend en toegewijd. Hij propageerde vooruitgang, niet door je alleen zijn ideeën op te dringen, maar door ook naar jouw ideeën te vragen en te proberen om samen dingen van de grond te krijgen. Hij was een en al empathie en medeleven, en had het vermogen zichzelf in andermans schoenen voor te stellen en door hun ogen te kijken. Geen wonder dat een van zijn collega's in de Senaat senator Pinckney omschreef als 'de zachtaardigste van alle 46 senatoren – de beste van alle 46 senatoren'.

Clem kreeg vaak de vraag waarom hij ervoor koos om dominee en overheidsdienaar te zijn. Maar dan kende degene die dat vroeg waarschijnlijk de geschiedenis van de AME-kerk niet. Zoals onze broeders en zusters van de AME-kerk weten, maken wij dat verschil niet. 'Onze roeping,' zei Clem ooit, 'betreft niet alleen deze parochie, maar [...] het leven en de gemeenschap waar onze parochie gevestigd is.'

Hij was de verpersoonlijking van het idee dat ons christelijke geloof daden vereist en niet alleen woorden, dat het 'zoete uur van het gebed' eigenlijk de hele week beslaat, dat het omzetten van geloof in actie niet alleen tot individuele verlossing, maar tot onze collectieve verlossing leidt. Dat het geen geïsoleerde oproep tot liefdadigheid is om de hongerigen te voeden en de naakten te kleden en de daklozen te huisvesten, maar dat dit alles de dure plicht is van een rechtvaardige maatschappij.

Wat een goed mens. Soms denk ik dat dat het beste is waarop je kunt hopen voor je eigen grafrede: dat na alle woorden en voordrachten en levensbeschrijvingen gewoon wordt gezegd dat iemand een goed mens was.

Je hoeft geen hoge rang te hebben om een goed mens te zijn. Predikant op zijn dertiende. Dominee op zijn achttiende. Overheidsdienaar op zijn drieëntwintigste. Wat een leven heeft Clementa Pinckney geleid. Wat een voorbeeld is hij geweest. Wat een toonbeeld voor zijn geloof. En om hem vervolgens op zijn eenenveertigste te moeten verliezen – afgeslacht in de geborgenheid van zijn eigen kerk, samen met acht door en door goede leden van zijn gemeente, elk in een ander stadium van hun leven, maar verbonden door hun gemeenschappelijke verbintenis met God.

Cynthia Hurd. Susie Jackson. Ethel Lance. DePayne Middleton-Doctor. Tywanza Sanders. Daniel L. Simmons. Sharonda Coleman-Singleton. Myra Thompson. Goede mensen. Fatsoenlijke mensen. Godvrezende mensen. Mensen die zo vol leven en goedheid waren. Mensen die hun best deden en volhielden. Mensen met een groot geloof.

Ik wil de familieleden van de gevallenen zeggen dat het hele land deelt in uw rouw. Ons verdriet is des te dieper omdat het gebeurde in een kerk. De kerk is van oudsher de spil in het leven van zwarte Amerikanen. Het was altijd een plek die we de onze konden noemen in een vaak vijandige wereld, een veilig toevluchtsoord in een wereld met zoveel leed.

In de loop der eeuwen fungeerden zwarte kerken als schuilkerken waar slaven veilig de eredienst konden bijwonen, gebedshuizen waar hun vrije afstammelingen bij elkaar konden komen om God te prijzen, pleisterplaatsen voor ontsnapte slaven, bunkers voor de voetsoldaten van de burgerrechtenbeweging. Het waren en zijn wijkcentra waar we ons sterk maken voor werkgelegenheid en rechtvaardigheid, oorden van wijsheid, bronnen van netwerken, plekken waar kinderen liefde krijgen, waar ze eten krijgen, waar ze uit de problemen worden gehouden en te horen krijgen hoe mooi en slim ze zijn, waar ze geleerd wordt dat ze ertoe doen. Dat is wat de kerk doet.

Dat is waar de zwarte kerk voor staat. Ons kloppende hart. De plek waar onze waardigheid behouden blijft. Er is geen beter voorbeeld van deze traditie dan de Mother Emanuel-kerk, een kerk die gebouwd is door zwarten die vrijheid nastreefden, die tot de grond toe is afgebrand omdat de oprichter een einde aan de slavernij wilde maken en vervolgens uit die as is herrezen als een ware feniks.

In een tijd dat volledig zwarte kerkbijeenkomsten verboden waren, werden in deze kerk nog steeds diensten gehouden, in weerwil van onrechtvaardige wetten. Toen er terecht verzet ontstond tegen de rassenwetten beklom dr. Martin Luther King er het spreekgestoelte en was deze kerk het startpunt van demonstraties. Een heiligdom, deze kerk. Niet alleen voor zwarten, niet alleen voor christenen, maar voor alle Amerikanen die staan voor de gestage uitbreiding van mensenrechten en menselijke waardigheid in dit land, een grondsteen voor vrijheid en rechtvaardigheid voor allen. Dat is wat de kerk betekende.

We weten niet of de moordenaar van dominee Pinckney en acht anderen deze lange geschiedenis kende. Maar hij voelde duidelijk de betekenis van zijn gewelddaad aan. Een gewelddaad die in een lange reeks past van bommen en brandstichting en beschietingen van kerken, niet in willekeurige uitbarstingen van geweld, maar als machtsmiddel, als middel om te terroriseren en onderdrukken. Een daad die angst en rancune moest opwekken, geweld en achterdocht. Een daad die de kloof moest verdiepen die teruggaat op de erfzonde van ons land.

Maar Gods wegen zijn ondoorgrondelijk. God heeft andere ideeën.

Hij wist niet dat hij werd gebruikt door God. De verdachte van deze moorden was zo verblind door haat dat hij de goedheid van dominee Pinckney en dat Bijbelstudiegroepje niet kon zien, het licht van liefde dat van hen afstraalde toen ze de kerkdeuren opengooiden en een vreemdeling uitnodigden om samen met hen te bidden. De verdachte van deze moorden had nooit kunnen voorzien hoe de familieleden van de gevallenen zouden reageren toen ze hem in de rechtszaal zagen: met verzoenende woorden, ondanks hun onuitsprekelijke verdriet. Dat kon hij zich niet voorstellen.

De verdachte van deze moorden kon zich niet voorstellen hoe Charleston, onder de goede, wijze leiding van burgemeester Riley, hoe de staat South Carolina, hoe de Verenigde Staten van Amerika zouden reageren: niet met louter walging voor zijn schandelijke daad, maar met diepgevoelde grootmoedigheid en, belangrijker nog, met een bedachtzame introspectie en zelfonderzoek zoals we die we in het openbaar maar zelden zien.

Hij was zo verblind door haat dat hij niets begreep van dat wat dominee Pinckney zo goed kende: de macht van Gods genade.

Ik denk de hele week al na over het idee van genade. De genade van de families die hun dierbaren verloren. De genade waarover dominee Pinckney preekte. De genade die wordt omschreven in een van mijn favoriete gezangen, een lied dat we allemaal kennen: *Amazing Grace*. 'Amazing grace, how sweet the sound that saved a wretch like me. I once was lost, but now I'm found; was blind but now I see.' Wonderbaarlijke genade, hoe zoet de klank die een zondaar als ik heeft gered. Ik heb gedwaald, maar ben gevonden; was blind, maar kan nu zien.

Volgens de christelijke traditie is genade niet iets waarvoor we moeten werken. Genade is geen verdienste. Het is niet iets wat we verwerven. Genade is de vrije, welwillende gunst van God zoals die zich voordoet in de verlossing van zondaren en de zegeningen die wij in ontvangst nemen. Genade.

In deze vreselijke tragedie heeft God ons als natie Zijn genade getoond, want Hij heeft ons laten zien waar wij eerst blind waren. Hij heeft ons de kans gegeven terug te keren van onze dwalingen en het beste in onszelf te vinden. We hebben deze genade misschien niet verdiend, met al onze wrok en zelfgenoegzaamheid, onze kortzichtigheid en onze angst voor elkaar, maar we hebben haar toch ontvangen. God heeft haar toch gegeven. Hij heeft ons andermaal Zijn genade geschonken. Nu is het aan ons om daar iets goeds mee te doen, om Gods genade in dankbaarheid te aanvaarden en ons dit geschenk waardig te betonen.

We zijn te lang blind geweest voor de pijn die de Geconfedereerde vlag bij zovelen in ons land oproept. Natuurlijk zijn deze moorden niet veroorzaakt door een vlag. Maar zoals mensen uit alle geledingen van de maatschappij, Republikeinen en Democraten, inmiddels erkennen – onder wie gouverneur Haley, die onlangs veel goeds en prijzenswaardigs over dit onderwerp heeft gezegd – zoals we allemaal moeten erkennen, heeft deze vlag altijd meer vertegenwoordigd dan alleen een trots verleden. Voor velen, zwart en blank, was die vlag een herinnering aan systematische onderdrukking en raciale onderwerping. Dat zien we nu.

Als we die vlag in deze staat verwijderen van overheidsgebouwen, is dat geen daad van politieke correctheid, geen belediging voor de dapperheid van Geconfedereerde soldaten. Het zou simpelweg honoreren dat de zaak waarvoor ze vochten – de slavernij – verkeerd was en dat de rassenwetten van na de Burgeroorlog en alle verzet tegen gelijke rechten voor al onze burgers verkeerd waren. Het zou ons helpen een eerlijke rekening op te maken waar het de geschiedenis van Amerika betreft, een bescheiden, maar zinvolle balsem voor vele open wonden. Het zou een uiting zijn van de verbluffende veranderingen die deze staat en dit land ten goede hebben getransformeerd, dankzij het werk van zoveel mensen van goede wil, mensen van alle rassen die samen streven naar een volmaaktere unie. Het neerhalen van die vlag is een uiting van Gods genade.

Maar ik denk niet dat God wil dat we het daarmee voor gezien houden. We zijn te lang blind geweest voor de manier waarop oud onrecht het heden blijft bepalen. Misschien zien we dat nu. Misschien dwingt deze tragedie ons om harde vragen te stellen. Hoe kunnen we toestaan dat zovelen van onze kinderen in armoede leven, of naar vervallen scholen moeten, of opgroeien zonder kans op werk of een carrière?

Misschien dwingt het ons te kijken naar ons aandeel in de haat die een deel van onze kinderen voelt. Misschien vervult het ons van mededogen voor de tienduizenden verloren jongemannen in onze gevangenissen en gaan we zorgen dat het systeem niet langer wordt vervormd door vooroordelen, gaan we ons inzetten voor veranderingen in de opleiding en uitrusting van onze politie, zodat de vertrouwensband tussen de politiediensten en het volk dat ze dienen ons aller leven veiliger kan maken.

Misschien beseffen we nu hoe raciale vooroordelen ons kunnen beïnvloeden, zelfs als we het zelf niet in de gaten hebben, en zullen we ons voortaan niet alleen hoeden voor racistische uitingen, maar ook voor de subtiele neiging om Johnny wel uit te nodigen voor een sollicitatiegesprek, maar Jamal niet. Misschien zullen we eerst diep in ons hart kijken als we wetten overwegen die het voor sommige landgenoten moeilijker maken om te gaan stemmen. Dat kunnen we doen door te erkennen dat we allemaal mensen zijn, door alle kinderen even belangrijk te vinden, ondanks hun huidskleur of het milieu waarin ze worden geboren, en door alles te doen wat nodig is om echt gelijke kansen te creëren voor alle Amerikanen. Als we dat doen, geven we uiting aan Gods genade.

We zijn te lang blind geweest voor de ongeëvenaarde ellende die vuurwapengeweld in dit land veroorzaakt. Nu en dan vallen ons de schellen van de ogen: als acht van onze broeders en zusters worden neergemaaid in een kerk, twaalf in een bioscoop, zesentwintig in een basisschool. Maar ik hoop dat we ook kijken naar de dertig onvervangbare levens die elke dag in dit land sneuvelen door vuurwapengeweld, de talloze anderen wier leven er voor altijd door verandert – de overlevenden die voor het leven getekend zijn, de kinderen die getraumatiseerd raken en elke dag vol angst en beven naar school lopen, de echtgenoot die nooit de warme hand van zijn vrouw meer zal voelen, hele gemeenschappen die telkens weer overspoeld worden door verdriet als ze moeten aanzien dat wat hen is overkomen nu ook anderen overkomt.

De overgrote meerderheid van de Amerikanen – en ook de meerderheid van de vuurwapenbezitters – wil hier iets aan doen. Dat zien we nu.

Dit is wat ik geloof: als we het verdriet en het verlies van anderen kunnen erkennen zonder ons respect te verliezen voor de tradities en de levenswijzen die samen ons dierbare land vormen, als we de morele keuze kunnen maken om te veranderen, dan is dat een uiting van Gods genade.

We verdienen geen genade. We zijn allemaal zondaars. Het komt ons niet toe. Maar God geeft het ons niettemin. En we kiezen zelf hoe we het aanvaarden. Hoe we dit geschenk eer aandoen is onze keuze.

Niemand kan of mag verwachten dat de rassenverhoudingen in dit land op slag veranderen. Telkens als er iets als dit gebeurt, zegt iemand dat we het nodig eens over rassenkwesties moeten hebben. We praten veel over rassenkwesties. Maar er vallen geen bochten af te snijden. We hoeven niet meer te praten. Laat niemand geloven dat een paar veiligheidsmaatregelen met betrekking tot vuurwapens elke tragedie kunnen voorkomen. Dat is namelijk niet zo. Mensen van goede wil zullen blijven discussiëren over de voor- en nadelen van uiteenlopende vormen van beleid, zoals onze democratie vereist, want ons Amerika is een groot, luidruchtig land. En aan beide kanten van de debattafel zitten goede mensen. De oplossingen die we vinden zullen altijd deeloplossingen blijven.

Maar ik geloof dat het verraad zou zijn aan alles waar dominee Pinckney voor stond als we ons hierna weer in veilig zwijgen hullen. Zodra de grafredes zijn voltooid en de tv-camera's zijn verdwenen, grijpen we te vaak terug op het oude en vertrouwde om ongemakkelijke waarheden uit de weg te gaan over de vooroordelen die onze maatschappij nog steeds beheersen. Als we genoegen nemen met symbolische gebaren in plaats van hard te werken aan duurzamere veranderingen, gaan we voor we het weten weer dwalen.

Het zou afbreuk doen aan de vergevingsgezinde houding van de nabestaanden als we hierna onze oude gewoonten weer oppakken en mensen die het niet met ons eens zijn niet beschouwen als mensen die het mis hebben, maar als mensen die domweg fout zijn, als we schreeuwen in plaats van te luisteren, als we ons barricaderen achter vooropgezette meningen of ingesleten cynisme.

Dominee Pinckney zei ooit: 'We hebben in het zuiden een grote affiniteit met de geschiedenis, maar niet altijd met elkaars geschiedenis.' Wat voor het zuiden opgaat, gaat op voor heel Amerika. Clem begreep dat rechtvaardigheid ontstaat waar we onszelf in anderen herkennen. Dat mijn vrijheid niet mogelijk is zonder jouw vrijheid. Dat de geschiedenis geen zwaard kan zijn dat onrechtvaardigheid rechtvaardigt, geen schild tegen vooruitgang, maar dat het een handboek moet zijn dat ons helpt de fouten uit de geschiedenis niet te herhalen en de vicieuze cirkel te doorbreken. Een weg naar een betere wereld. Hij wist dat de weg van de genade een open geest vereist, maar – nog belangrijker – ook een open hart.

Dat is wat ik deze week heb gevoeld: een open hart. Dat, meer dan wat voor beleid of analyse ook, is volgens mij wat we nu nodig hebben, dat wat een vriendin van me, de schrijfster Marilyn Robinson, beschrijft als 'dat allesoverstijgende, andersoortige reservoir van goedheid dat we elkaar kunnen betonen in de gewone loop der dingen'.

Dat reservoir van goedheid. Als we die genade kunnen vinden, is alles mogelijk. Als we die genade kunnen aanboren, kan alles veranderen.

Wonderbaarlijke genade. Amazing Grace.

(Zingt.) Amazing grace, how sweet the sound, that saved a wretch like me; I once was lost, but now I'm found; was blind but now I see.

Clementa Pinckney vond die genade.

Cynthia Hurd vond die genade.

Susie Jackson vond die genade.

Ethel Lance vond die genade.

DePayne Middleton-Doctor vond die genade.

Tywanza Sanders vond die genade.

Daniel L. Simmons sr. vond die genade.

Sharonda Coleman-Singleton vond die genade.

Myra Thompson vond die genade.

En dat hebben ze ons getoond, en nu hebben ze dat stokje aan ons doorgegeven. Laat ons dat kostbare, buitengewone geschenk waardig zijn, zolang wij leven. Laat de genade hen nu thuisbrengen. En moge God Zijn genade blijven schenken aan de Verenigde Staten van Amerika.

‘Afrika heeft geen sterke leiders nodig, maar sterke organisaties’

Toespraak aan de mensen in Afrika
Nelson Mandela Hall in Addis Abeba, Ethiopië
28 juli 2015

Mevrouw de voorzitter, ik dank u hartelijk voor uw vriendelijke woorden en uw leiderschap. Premier Hailemariam en de mensen uit Ethiopië: nogmaals bedankt voor uw geweldige gastvrijheid in deze pan-Afrikaanse instelling. Leden van de Afrikaanse Unie, geachte gasten, dames en heren, dank dat u mij hier vandaag ontvangt. Het is een grote eer om als eerste president van de Verenigde Staten de Afrikaanse Unie te mogen toespreken.

Ik ben dankbaar voor deze kans om de vertegenwoordigers van meer dan een miljard mensen uit het grote Afrikaanse continent toe te spreken. Het zijn burgers, leiders van maatschappelijke organisaties en geloofsgemeenschappen die ons vandaag bij elkaar hebben gebracht, en het verheugt me zoveel jonge mensen te zien die de energie en het optimisme van het hedendaagse Afrika belichamen. Hallo! Fijn dat jullie er zijn.

Ik sta hier als een trotse Amerikaan. Ik sta hier ook als de zoon van een Afrikaan. Mensen uit Afrika hebben Amerika mede opgebouwd en er het grootse land van gemaakt dat het nu is. Afrika en de mensen die hier vandaan komen hebben mij geholpen te worden wie ik ben en hoe ik naar de wereld kijk. In dorpen in Kenia, het land waar mijn vader is geboren, leerde ik over mijn voorouders, over het leven van mijn grootvader, over de dromen van mijn vader en over de familiebanden die ons als Afrikanen en Amerikanen verbinden.

Als ouders vinden Michelle en ik het belangrijk dat onze twee dochters hun afkomst kennen: Europees en Afrikaans, met al hun kracht en al hun strijd. Daarom hebben we onze dochters meegenomen en stonden we met ze aan de kust van West-Afrika, bij de deuren zonder terugweg,* in het besef dat zich onder hun voorouders zowel slaven als slavenhouders bevonden. We stonden met hen in die kleine cel op Robbeneiland waar Madiba* de wereld liet zien dat alleen hij, ongeacht de aard van zijn fysieke opsluiting, heer en meester was over zijn geest. Wij en onze kinderen leren een belangrijke les van Afrika en zijn volkeren: dat je de menselijke waardigheid van ieder individu moet koesteren.

Menselijke waardigheid: die fundamentele overtuiging vanuit ons menszijn dat wij allen, ongeacht waar we vandaan komen of hoe we eruitzien, als gelijke individuen geboren worden, aangeraakt door de genade van God. Ieder mens heeft betekenis. Ieder mens doet ertoe. Ieder mens verdient het om fatsoenlijk en respectvol bejegend te worden. Dit is iets wat de mensheid gedurende lange tijd in onze geschiedenis niet heeft beseft. Waardigheid was een deugd die voorbehouden was aan mensen van stand en aanzien: koningen en oudsten. Er was een geestelijke revolutie van eeuwen voor nodig om ons de ogen te openen voor de waardigheid van ieder mens. En over de hele wereld hebben generaties ervoor gestreden om dit idee vorm te geven door middel van wetten en instituties.

Zo ook hier in Afrika. Dit is de bakermat van de mensheid.

* De 'doors of no return' staan symbool voor de doorgang van de verblijfplaatsen naar de schepen richting Amerika van tot slaaf gemaakte Afrikanen tijdens de slaventijd. Vluchten betekende te worden neergeschoten of verslonden door haaien.

* Traditionele clannaam van Nelson Mandela die uit respect of als koosnaam wordt gebruikt.

Oude Afrikaanse koninkrijken beschikten over prachtige bibliotheken en universiteiten. Maar het kwaad van de slavernij sloeg toe – niet alleen in het buitenland, ook hier op dit continent. Kolonialisme verwoestte de economie van Afrika en beroofde mensen van mogelijkheden om zelf hun leven vorm te geven. Uiteindelijk kwamen de bevrijdingsbewegingen op. Vijftig jaar geleden, in een verlangen naar zelfbeschikking, haalden Afrikanen de vreemde vlaggen naar beneden om verheugd hun nationale vlag te hijsen. Zoals de Zuid-Afrikaanse Albert Luthuli destijds zei: 'De basis voor vrede en broederschap in Afrika is hersteld door de herleving van nationale soevereiniteit en onafhankelijkheid, van gelijkheid en waardigheid van mensen.'

Nu we een halve eeuw verder zijn in dit tijdperk van onafhankelijkheid is het de hoogste tijd om afstand te nemen van het oude stereotype van een Afrika vol armoede en conflicten. De wereld kan niet om de enorme vooruitgang van Afrika heen. Afrika is vandaag de dag een van de snelst groeiende economieën ter wereld. De Afrikaanse middenklasse zal naar verwachting groeien tot meer dan een miljard consumenten. Met honderden miljoenen mobiele telefoons en steeds meer toegang tot het internet vervangen Afrikanen in sneltreinvaart oude technologie door nieuwe welvaart. Afrika is in beweging. Een nieuw Afrika is in opkomst.

Voortgestuwd door de groei heeft Afrika samen met de rest van de wereld historische verbeteringen behaald in de gezondheidszorg. Het aantal nieuwe hiv-infecties neemt af. Afrikaanse moeders hebben een hogere kans om een bevalling te overleven en om een gezond kind te baren. De sterfkans door malaria neemt af, wat het leven redt van miljoenen Afrikaanse kinderen. Voor miljoenen mensen is extreme armoede verleden tijd. Afrika loopt voorop in de toename van het aantal kinderen dat naar school gaat. Met andere woorden, steeds meer Afrikaanse mannen, vrouwen en kinderen leiden hun leven in waardigheid en met hoop.

De vooruitgang van Afrika wordt ook weerspiegeld in organisaties zoals deze, die ons vandaag bij elkaar brengt. Toen ik Afrika beneden de Sahara voor het eerst bezocht als president zei ik dat Afrika geen sterke leiders nodig heeft, maar sterke organisaties. Zo'n organisatie kan de Afrikaanse Unie zijn. Hier vindt u elkaar in een gemeenschappelijke toewijding aan menselijke waardigheid en ontwikkeling. Hier streven uw 54 landen een gemeenschappelijk idee van een 'geïntegreerd, welvarend en vreedzaam Afrika' na.

Nu Afrika zo verandert, roep ik de wereld op om haar houding tegenover Afrika aan te passen. Zoveel Afrikanen zeiden tegen me: we willen niet alleen hulp, we willen handeldrijven en groeien. We hoeven geen weldoeners, we hebben liever partners die onze groeicapaciteit helpen ontwikkelen. We willen geen vernederende afhankelijkheid, we maken onze eigen keuzes en bepalen zelf onze toekomst.

Als president heb ik gewerkt aan betere relaties tussen Amerika met Afrika, opdat we werkelijk luisteren naar onze Afrikaanse vrienden en samenwerken als gelijkwaardige partners. En ik ben trots op de vooruitgang die we hebben geboekt. De Amerikaanse export naar deze regio is flink gegroeid, wat banen heeft opgeleverd voor Afrikanen en Amerikanen. Om deze doorbraak vast te houden, heb ik onlangs – met de tweeledige steun van een aantal eminente Congresleden, van wie hier vandaag twintig aanwezig zijn – een tienjarige verlenging ondertekend van de African Growth and Opportunity Act.* Ik wil hen allemaal bedanken. Misschien kunnen ze even snel opstaan zodat u ziet wie het zijn. Zij hebben uitstekend werk verricht.

We hebben grote programma's opgezet om de voorziening van voedsel, volksgezondheid en elektriciteit zeker te stellen en om de volgende generatie Afrikaanse leiders en ondernemers voor te bereiden – investeringen die de vooruitgang van Afrika de komende decennia zullen ondersteunen. Afgelopen jaar heb ik, zoals mevrouw de voorzitter al opmerkte, bijna vijftig Afrikaanse presidenten en premiers in Washington ontvangen om gezamenlijk een

* Verdrag tussen de Verenigde Staten en Afrikaanse landen om door middel van gunstige handelsafspraken de markteconomieën van deelnemende landen te stimuleren.

nieuwe periode van samenwerking in te luiden. Met mijn komst naar de Afrikaanse Unie vandaag wil ik onze toewijding graag benadrukken.

Ik denk dat de opkomst van Afrika niet alleen belangrijk is voor Afrika, maar voor de hele wereld. Het is onmogelijk om de uitdagingen van deze tijd – van het versterken van de wereldeconomie tot het terugbrengen van extremistisch geweld, en van het tegengaan van klimaatverandering tot het uitbannen van honger en extreme armoede – om deze uitdagingen aan te gaan zonder de instemming en medewerking van een miljard Afrikanen.

Zelfs al maakt Afrika een indrukwekkende groei door, we moeten erkennen dat veel vooruitgang nog maar een smalle basis heeft. Ondanks de nieuwe welvaart leven nog altijd honderden miljoenen Arikanen in extreme armoede. Naast hightech innovatiecentra zijn er nog altijd sloppenwijken waar mensen dicht op elkaar wonen zonder elektriciteit en stromend water. Armoede in deze mate is een aanslag op de menselijke waardigheid.

Daar komt bij dat Afrika het continent is met de jongste en snelst groeiende bevolking, die de komende decennia zal verdubbelen tot zo'n twee miljard mensen. De meesten zullen jong zijn, onder de achttien. Aan de ene kant biedt dit enorme kansen, want deze jonge Afrikanen zullen de nieuwe technologieën gebruiken en nieuwe groei en hervormingen initiëren. Economen kunnen u vertellen dat landen, regio's en werelddelen met een jonge bevolking sneller groeien dan andere. Dit is een demografisch kantelpunt en het kan een voordeel zijn, maar alleen als die jonge mensen worden opgeleid. We hoeven maar te kijken naar het Midden-Oosten en Noord-Afrika om te zien hoe grote groepen jongeren zonder werk en zonder zeggenschap kunnen zorgen voor instabiliteit en chaos.

Ik denk dat de meest dringende taak voor Afrika, vandaag en komende decennia, ligt in het creëren van kansen voor deze volgende generatie. Dat wordt een gigantische onderneming. Afrika zal miljoenen meer banen moeten hebben dan er nu zijn. De tijd dringt. Keuzes van vandaag zijn bepalend voor de komende decennia in Afrika, en de hele wereld. Als uw partner en uw vriend wil ik u graag een paar suggesties aan de hand doen om deze uitdaging aan te gaan.

De vooruitgang van Afrika zal afhankelijk zijn van het doorzetten van economische groei – niet slechts voor de enkelingen aan de top, maar voor de meerderheid. Want een belangrijke voorwaarde van menselijke waardigheid is in staat zijn een fatsoenlijk leven te leiden. Dat begint met werk. En werk wordt gecreëerd door handel en investeringen.

Veel van uw landen hebben belangrijke hervormingen doorgevoerd om investeringen aan te trekken en dat heeft ook geleid tot groei. Maar op veel plekken in Afrika is het nog altijd moeilijk om een onderneming te starten en om een bedrijf op te bouwen. Overheden die extra maatregelen nemen om zakendoen eenvoudiger te maken, zullen in de Verenigde Staten dan ook een enthousiaste partner vinden.

Dat geldt ook voor hervormingen waarmee de interne Afrikaanse markt wordt gestimuleerd. Want zoals de voorzitter en ik eerder vandaag al vaststelden, ligt de grootste afzetmarkt voor uw goederen vaak naast de deur. U hoeft de groei niet alleen buiten Afrika te zoeken, u kunt zich ook op de Afrikaanse markt richten. Met onze hulp bij het moderniseren van douane en grensovergangen richtten we ons in eerste instantie op de Oost-Afrikaanse Gemeenschap* maar nu willen we die hulp uitbreiden naar het hele continent. Het zou voor Afrikaanse landen niet moeilijker moeten zijn om handel te drijven met elkaar dan het voor u is om handel te drijven met Europa en Amerika.

Op dit moment heeft de VS de meeste handelsbetrekkingen met slechts drie landen (Zuid-Soedan, Nigeria en Angola) en de meeste betreffen energie. Ik wil graag dat Afrikanen en Amerikanen meer zaken gaan doen in meer sectoren en in meer landen. We zullen daarom meer handelsmissies ondernemen naar landen als

* Intergouvernementele organisatie van zes landen (Burundi, Kenia, Rwanda, Zuid-Soedan, Tanzania en Oeganda) die een politieke unie wil oprichten: de Oost-Afrikaanse Federatie.

Tanzania, Ethiopië en Mozambique. We willen meer Afrikanen helpen om hun handelswaar op de markt te brengen. Volgend jaar organiseren we weer een vs-Afrika handelsforum waarbij miljarden dollars in nieuwe handelsbetrekkingen en investeringen zullen worden gestoken. Op die manier zullen we meer producten van elkaar kopen en allemaal groeien.

Nu zijn de Verenigde Staten niet het enige land dat uw groei als een kans ziet. En dat is prima. Wanneer meer landen op een verantwoorde manier investeren in Afrika, creëert dat meer banen en voorspoed voor ons allemaal. Dus ik wil iedereen aanmoedigen om zaken te doen met Afrika, en Afrikaanse landen doen er goed aan om zaken te doen met elk ander land. Maar een economische relatie houdt meer in dan simpelweg in een land een infrastructuur aanleggen met buitenlandse arbeidskrachten of Afrika's delfstoffen uit de grond halen. Een economisch partnerschap moet ook goed zijn voor Afrika; het moet banen en kansen creëren voor Afrikanen.

En dat geldt ook voor het punt dat voorzitter mevrouw Zuma naar voren bracht over illegale geldstromen van multinationals. Dat is een van de redenen waarom we pleitbezorger zijn, samen met de G7, om te helpen zorgen voor een eerlijke boekhouding bij bedrijven die hier in Afrika investeren en te zorgen dat kapitaalstromen naar behoren worden verantwoord. Want dat is het soort partnerschap dat Amerika te bieden heeft.

Er is niets wat de economische mogelijkheden van Afrika meer zou ontsluiten dan een einde aan de woekerende corruptie. U heeft gelijk als u zegt dat dit niet alleen een probleem van Afrika is, het is ook een probleem van degenen die zakendoen met Afrika. Ook is het geen uniek Afrikaans probleem; overal in de wereld is corruptie, ook in de Verenigde Staten. Maar hier in Afrika worden miljarden dollars onttrokken aan de economie van landen die het zich niet kunnen veroorloven om miljarden dollars te verliezen. Dat geld kan worden gebruikt om banen te creëren en om ziekenhuizen en scholen te bouwen. Als iemand steekpenningen moet betalen om een bedrijf te kunnen beginnen of een opleiding te volgen of om van een functionaris gedaan te krijgen dat hij gewoon zijn werk doet – dan is dat niet 'de Afrikaanse manier', dan ondermijnt dat de menselijke waardigheid van degenen die je vertegenwoordigt.

Alleen Afrikanen kunnen een einde maken aan de corruptie in hun landen. Als Afrikaanse regeringen besluiten om dit aan te pakken, zult u de Verenigde Staten aan uw zijde vinden in de strijd tegen illegale geldstromen, en vóór eerlijke bedrijfsvoering, transparantie en wettelijke regelgeving. Wij hebben al wetten die aan Amerikaanse bedrijven een sterke boodschap afgeven – u mag geen zakendoen waar omkoping aan te pas is gekomen – wat niet alle landen kunnen zeggen. We dwingen die regels niet alleen af, we handhaven ze ook.

Daar wil ik aan toevoegen dat criminele netwerken niet alleen de corruptie aanwakkeren maar ook een bedreiging zijn voor de kostbare wilde dieren in Afrika, en daarmee voor het toerisme waarvan veel Afrikaanse economieën het moeten hebben. Daarom strijdt Amerika ook tegen de handel in wilde dieren. Die moet worden aangepakt.

Maar uiteindelijk zal de oude manier van doen het krachtigst bestreden worden door de nieuwe generatie Afrikaanse jongeren. De geschiedenis laat zien dat landen die het goed doen de landen zijn die investeren in de opleiding van hun inwoners. Want weet u, in dit informatietijdperk kunnen er overal banen ontstaan, en dat zullen ze vooral doen waar mensen geletterd zijn, bekwaam en online. Afrika's jonge mensen zijn klaar om de concurrentie aan te gaan. Ik heb ze ontmoet. Ze staan te popelen, ze zijn ambitieus, ze zijn bereid om hard te werken. Dus in hen moeten we investeren. Zoals Afrika investeert in scholing, zo helpen onze ondernemerschapsprogramma's innovatieve ondernemers om nieuwe bedrijven op te zetten en banen te creëren hier in Afrika. De mannen en vrouwen in ons Young African Leaders Initiative* van vandaag zul-

* YALI is een netwerk (opgezet in 2010 door Barack Obama om welvaart, democratie, vrede en veiligheid in Afrika te bevorderen) voor jonge Afrikanen die zich d.m.v. opleiding, training en uitwisseling voorbereiden op leidinggevende posities in politiek, bedrijfsleven en maatschappij.

len de leiders zijn die het bedrijfsleven, het maatschappelijke middenveld en de regeringen van de toekomst vernieuwen.

De voorspoed van Afrika is afhankelijk van de ontwikkeling die landen werkelijk uit de armoede haalt en welvaart oplevert, want overal verdienen mensen de waardigheid van een leven zonder gebreken. Een kind dat vandaag wordt geboren in Afrika is net zoveel waard als een kind dat in Azië, Europa of Amerika wordt geboren. Bij de recente ontwikkelingsconferentie hier in Addis werd dankzij Afrikaans leiderschap een nieuwe universele richtlijn ontworpen voor financiering van ontwikkeling. En onder leiding van de Afrikaanse Unie zal de stem van een verenigd Afrika meehelpen om de nieuwe mondiale ontwikkelingsdoelen vast te stellen zodat u de toekomstvisie zult nastreven die u voor Afrika ziet.

De rol van Amerika bij die ontwikkelingen – het belangrijkste doel van onze betrokkenheid bij Afrika – is erop gericht u te helpen uw eigen capaciteiten op te bouwen om die toekomstvisie te realiseren. In plaats van voedselhulp naar Afrika te sturen, hebben we meer dan twee miljoen boeren geholpen met nieuwe technieken om hun opbrengsten te verhogen, meer mensen te voeden en zo de honger te verminderen. Onze nieuwe alliantie van overheid en bedrijfsleven investeert miljarden dollars in de Afrikaanse landbouw en ik denk dat we daarmee ons doel gaan bereiken: dat vijftig miljoen Afrikanen uit de armoede komen.

We sturen niet alleen hulp om elektriciteitscentrales te bouwen, ons programma Power Africa* probeert miljarden dollars bij elkaar te krijgen die overheden en bedrijven kunnen investeren in het terugbrengen van het aantal Afrikanen dat geen elektriciteit heeft. Een klus van een zo grote omvang is niet snel geklaard. Dat gaat nog jaren duren. Maar door samen te werken denk ik dat we meer dan zestig miljoen Afrikaanse huishoudens en bedrijven van elektriciteit kunnen voorzien zodat meer Afrikanen toegang krijgen tot de wereldeconomie.

* Partnerschap (in juni 2013 opgezet door president Obama) van Afrikaanse overheden, bedrijfsleven en de Afrikaanse Ontwikkelingsbank dat een betrouwbaar, betaalbaar en duurzaam elektriciteitsnetwerk wil realiseren.

In plaats van tegen Afrika te zeggen: los die klimaatverandering zelf maar op, leveren we nieuwe instrumenten en financiering aan ruim veertig Afrikaanse landen om ze te helpen zich voor te bereiden en aan te passen. Door gebruik te maken van energie uit wind, zon, aardwarmte en de waterkracht van uw rivieren kunt u deze klimaatdreiging ombuigen naar economische kansen. Ik dring erop aan dat we de oude kloof tussen Noord en Zuid vergeten en dat we dit jaar in Parijs een internationaal, bindend klimaatakkoord overeenkomen. Zo kunnen we de armste mensen ter wereld de gevolgen besparen van een stijgende zeespiegel, van nog grotere droogte en van water- en voedseltekorten. Het gaat hier om overleven en het gaat om menselijke waardigheid.

In plaats van alleen maar medicijnen te sturen, investeren we in betere behandelmethodes en helpen we Afrika ziekten te voorkomen en te genezen. Omdat de Verenigde Staten nog altijd miljarden dollars besteden aan de bestrijding van hiv en aids, en omdat uw landen de verantwoordelijkheid op zich nemen voor gezondheidsprogramma's gaan we in de richting van een historisch resultaat: de eerste aidsvrije generatie. En als de wereld iets heeft geleerd van de ebola-uitbraak, dan is het wel dat het opzetten van goede openbare gezondheidszorgvoorzieningen die voorkomen dat ziektes zich verspreiden de beste manier is om epidemieën te voorkomen. Amerika is trots op de samenwerking met de Afrikaanse Unie en met Afrikaanse landen tijdens deze missie. Vandaag kan ik melden dat van de één miljard dollar die de Verenigde Staten wereldwijd aan dit werk wijdt, de helft wordt besteed aan inspanningen hier in Afrika.

Ik ben ervan overtuigd dat de vooruitgang van Afrika ook afhangt van democratie, want net als mensen elders in de wereld verdienen Afrikanen de menselijke waardigheid om hun eigen leven te kunnen bepalen. We weten allemaal wat de pijlers van echte democratie zijn: vrije en eerlijke verkiezingen, vrijheid van meningsuiting, persvrijheid en het recht op vergadering. Deze rechten zijn universeel. Ze zijn opgenomen in de Afrikaanse grondwetten. In het Afrikaanse Handvest voor de Rechten van Mens en Volken staat dat elk individu recht heeft op 'erkenning van de waardigheid die inherent is aan menszijn'. Van Sierra Leone, Ghana en Benin tot Botswana, Namibië en Zuid-Afrika heeft de democratie haar intrede gedaan. In Nigeria maakten meer dan 28 miljoen kiezers gebruik van hun stemrecht en werd de macht overgedragen zoals het hoort – rustig.

Maar op dit moment wordt veel Afrikanen deze rechten nog ontzegd. En ik moet zeggen, democratie is meer dan het houden van formele verkiezingen. Als journalisten gevangen worden gezet alleen maar omdat ze hun werk doen of activisten worden bedreigd omdat de overheid met harde hand optreedt tegen maatschappelijke organisaties, dan mag een land zichzelf een democratie noemen, het is dat nog niet. En ik ben ervan overtuigd dat landen de belofte van vrijheid pas waarmaken als ze de rechten van hun mensen volledig beschermen.

Dit geldt ook voor landen die grote stappen hebben gezet op weg naar democratie. Zoals ik tijdens mijn bezoek aan Kenia aangaf: de opmerkelijke vooruitgang die is geboekt met verkiezingen en een nieuwe grondwet zou niet bedreigd mogen worden door inperking van het maatschappelijk middenveld. Ook ons gastland Ethiopië heeft veel om trots op te zijn – ik ben blij verrast door het geweldige werk dat hier verzet is – en het is waar dat de verkiezingen geweldloos zijn verlopen. Maar dat is, zoals ik besprak met premier Hailemariam, nog maar het begin van democratie. Ik denk dat Ethiopië de mogelijkheden van zijn bevolking niet voldoende kan benutten zolang journalisten worden beperkt in hun werk en legitieme oppositiegroepen geen campagne mogen voeren. De premier gaf toe, en dat moet ik hem nageven, dat Ethiopië nog meer moet doen wil het een volwaardige, stabiele democratie worden.

Dit zijn gesprekken die we als vrienden met elkaar moeten voeren. Onze Amerikaanse democratie is evenmin perfect. We werken er al vele jaren aan; een van de dingen die we voortdurend doen is onderzoeken hoe we onze democratie kunnen verbeteren. En dat is onze kracht: dat we de moeite nemen om te kijken en bereid zijn om onder ogen te zien dat we meer moeten doen om de belofte van onze oprichting na te komen.

Elk land moet door dat proces heen. Geen land is perfect, maar we moeten eerlijk zijn, streven naar het verruimen van vrijheden en het verbreden van de democratie. Het resultaat is dat als burgers niet de rechten krijgen die hun toekomen, de wereld de verantwoordelijkheid draagt om zich uit te spreken. En Amerika doet dat, ook al is het soms ongemakkelijk, ook al is het soms tegen onze vrienden.

Ik weet dat er landen zijn die liever hun mond houden en misschien kunnen leiders daar beter mee omgaan. Maar jullie zitten nou eenmaal aan ons vast, en dit is hoe wij zijn. Wij geloven hierin en we zullen de dingen blijven benoemen.

Ik herhaal, we doen dit niet omdat we vinden dat onze democratie perfect is, of dat andere landen hetzelfde pad moeten volgen als wij. Vanaf onze onafhankelijkheid, meer dan tweehonderd jaar geleden, werken wij al aan het perfectioneren van onze eenheid. We zijn niet doof voor kritiek. Wanneer we onze idealen tekortdoen, proberen we onszelf te verbeteren. Maar omdat we uitkomen voor onze principes, in binnen- en buitenland, moeten we trouw blijven aan onze waarden en proberen de levens van mensen te verbeteren, ook buiten onze landsgrenzen. Dat vinden wij belangrijk – met name degenen onder ons die van Afrikaanse afkomst zijn. Want wij weten wat het betekent om in geval van onrecht de onderliggende partij te zijn. We weten hoe het is om te worden gediscrimineerd. We weten hoe het voelt om gevangen te worden gezet. Dus hoe kunnen we toekijken als dit iemand anders wordt aangedaan?

Ik zeg u eerlijk, het kan niet zo zijn dat alleen Amerika over deze onderwerpen spreekt. Onze Afrikaanse collega-landen moeten hier ook over praten. Zoals andere landen u steunden toen u zich losmaakte van het kolonialisme, zo moeten alle landen hun stem verheffen als mensen universele rechten worden ontzegd. Want als we echt geloven dat alle mensen gelijkwaardig zijn, dan hebben Afrikanen evenveel recht op universele vrijheden. Dat is een principe dat we allemaal moeten verdedigen. Want dit is niet een of ander westers idee, het is een menselijk idee.

Ik moet ook nog zeggen dat de democratische vooruitgang van Afrika in gevaar komt wanneer leiders weigeren om op te stappen als hun termijn erop zit. Laat ik het maar eerlijk tegen u zeggen: ik begrijp hier niets van. Dit is mijn tweede termijn. Ik beschouw het als een bijzonder voorrecht om president van de Verenigde Staten te mogen zijn. Een grotere eer of een fascinerender baan kan ik me niet voorstellen. Ik hou van mijn werk. Maar onze grondwet staat een derde termijn niet toe. Ik kan niet opnieuw opgaan voor het presidentschap. Al denk ik dat ik een redelijk goede president ben, en al zou ik misschien winnen als ik ervoor ging, ik kan dat niet doen.

Ik zou nog veel kunnen doen om Amerika verder te helpen, maar wet is wet. En niemand staat boven de wet. Zelfs de president niet. En eerlijk is eerlijk, ik kijk ook uit naar mijn leven na het presidentschap. Zonder uitgebreide beveiliging om me heen kan ik gewoon een wandeling maken. Ik kan bij mijn gezin zijn. Ik kan andere dingen doen om mijn land te dienen. Ik kan vaker naar Afrika gaan. Wat ik bedoel te zeggen is: ik begrijp niet waarom mensen zo lang aan willen blijven – met name als ze een hoop geld hebben.

Als een leider halverwege het spel de regels probeert te veranderen, alleen maar om langer aan de macht te blijven, dan dreigen instabiliteit en conflicten – zoals we hebben gezien in Burundi. Vaak is dit de eerste stap op een gevaarlijk pad. Soms hoor je zo'n leider zeggen, ja, zie je, ik ben de enige persoon die dit land bij elkaar kan houden. Als dat waar is, dan heeft die leider gefaald in het opbouwen van zijn land.

Kijk naar Nelson Mandela. Net als George Washington liet Madiba een blijvende erfenis na. Niet alleen door wat ze deden toen ze in functie waren, maar ook doordat ze bereid waren om op te stappen en de macht vreedzaam over te dragen. Zoals de Afrikaanse Unie staatsgrepen en onrechtmatige machtsovernames veroordeelt, zo kunnen het gezag en de machtige stem van de Unie de mensen in Afrika meer zekerheid geven dat hun leiders zich aan hun termijn en aan de grondwet houden. Niemand zou president voor het leven moeten zijn.

Uw land is beter af met nieuw bloed en nieuwe ideeën. Ik ben nog een vrij jonge man, maar ik weet dat het goed is voor mijn land als ik word opgevolgd door iemand met nieuwe energie en nieuwe inzichten. Ook uw land zou daarmee beter af zijn, in een aantal gevallen.

De vooruitgang van Afrika is ook afhankelijk van veiligheid en vrede, want het is essentieel voor de menselijke waardigheid om veilig en zonder angst te kunnen leven. In Angola, Mozambique, Liberia en Sierra Leone is er een einde aan de conflicten gekomen en wordt weer gewerkt aan de opbouw van het land. Maar van Somalië en Nigeria tot Mali en Tunesië blijven terroristen onschuldige burgers belagen. Veel van deze groepen beweren in naam van hun godsdienst te handelen, maar honderden miljoenen Afrikaanse moslims weten dat de islam voor vrede staat. Groepen als Al Qaida, IS, Al-Shabaab en Boko Haram moeten genoemd worden wat ze zijn: moordenaars.

Als er bedreigingen zijn, laten Afrika en de Afrikaanse Unie leiderschap zien. Dankzij de aanwezigheid van AU-troepen in Somalië verliest Al-Shabaab terrein en wordt de Somalische regering sterker. In Centraal-Afrika gaat de door de Afrikaanse Unie geleide missie door met het terugdringen van het Verzetsleger van de Heer. In de regio rondom het Tsjaadmeer proberen troepen uit verschillende landen met steun van de AU een einde te maken aan de zinloze wreedheden van Boko Haram. We brengen vandaag een speciale groet aan iedereen die zich inzet om onschuldigen te beschermen, met inbegrip van zoveel dappere Afrikaanse vredestroepen.

In deze tijd waarin Afrika zoveel terreur en conflicten moet bestrijden, wil ik u laten weten dat de Verenigde Staten naast u staan. Door training en ondersteuning helpen we de Afrikaanse troepen sterker te worden. De Verenigde Staten ondersteunen de inspanningen van de AU om vredeshandhaving te versterken. We werken samen met landen in de regio om opkomende crises te bestrijden samen met de Afrikaanse vredesmacht Rapid Response Partnership.

De wereld moet ook meer doen om te helpen. Komend najaar zal ik bij de Verenigde Naties een top houden met het doel nieuwe inspanningsverplichtingen aan te gaan om de internationale steun voor vredeshandhaving te versterken, ook hier in Afrika. En voortbouwend op inspanningsverplichtingen die hier in de AU zijn afgesproken, zullen we werken aan een nieuw partnerschap tussen de Verenigde Naties en de Afrikaanse Unie, om AU-vredesoperaties te kunnen voorzien van betrouwbare ondersteuning. Als Afrikaanse regeringen en internationale partners hun ondersteuning intensiveren, kunnen we beter samenwerken om veiligheid en vrede in Afrika te bevorderen.

Inspanningen om onze gemeenschappelijke veiligheid te garanderen moeten samengaan met het toezeggen van beter bestuur. Die zaken horen bij elkaar. Goed bestuur is een van de beste wapens tegen terrorisme en instabiliteit. Zo zullen we onze strijd tegen terroristische groeperingen nooit winnen als we falen in de aanpak van legitieme grieven die door terroristen uitgebuit kunnen worden; als we geen vertrouwen weten op te bouwen tussen alle gemeenschappen; en als we niet vasthouden aan de rechtsstaat. Er is een gezegde, en ik denk dat het waar is: wie vrijheid offert om veiligheid te creëren, neemt het risico beide te verliezen.

Met evenveel ernst moeten we ons ten doel stellen conflicten te beëindigen. In de Centraal-Afrikaanse Republiek hebben burgers het goede voorbeeld gegeven door de dialoog aan te gaan. Leiders kunnen hen daarin navolgen, zorgen voor verkiezingen waarbij iedereen kan stemmen en voor een vreedzame overgang. In Mali moet het alomvattende vredesakkoord worden uitgevoerd. En leiders in Soedan moeten weten dat hun land nooit echt zal gedijen zolang zij oorlog voeren tegen hun eigen volk – de wereld zal Darfur niet vergeten.

In Zuid-Soedan heeft de vreugde om de onafhankelijkheid plaatsgemaakt voor wanhoop en geweld. Ik was aanwezig bij de Verenigde Naties toen we Zuid-Soedan beschouwden als de belofte van een nieuw begin. Noch de heer Kiir, noch de heer Machar heeft tot nu toe laten zien dat hij mensen dit lijden wil besparen of op zoek is naar een politieke oplossing.

Gisteren had ik een bespreking met leiders uit deze regio. Wij zijn het erover eens dat, gezien de huidige situatie, de heren Kiir en Machar uiterlijk 17 augustus overeenstemming moeten bereiken. Als ze dat niet doen, denk ik dat de internationale gemeenschap hen kosten zal moeten berekenen voor hun onverzettelijkheid. De wereld is in afwachting van het verslag van de AU-onderzoekscommissie, want bij een duurzame vrede in het jongste land van Afrika hoort ook het nemen van verantwoordelijkheid voor wreedheden.

Uiteindelijk zal de vooruitgang van Afrika afhangen van de handhaving van mensenrechten voor alle mensen. Want als ieder van ons met respect wordt behandeld, zullen we ieder ander met hetzelfde respect behandelen. Als president vind ik het belangrijk om zo veel mogelijk van onze Young African Leaders te ontmoeten. Een van hen was een jonge man uit Senegal. Hij zei iets moois over het samenzijn met zoveel Afrikaanse broeders en zusters. Hij zei: 'Hier ontmoette ik Afrika – in wie ik altijd heb geloofd. Ze is mooi. Ze is jong. Ze barst van het talent, van de motivatie en de ambitie.' Hij heeft gelijk.

Afrika staat voor de mooie, getalenteerde dochters die net zo kundig zijn als de zoons van Afrika. Als vader vind ik dat mijn twee dochters dezelfde kansen moeten krijgen om hun dromen na te jagen als wie z'n zoons dan ook, en datzelfde geldt voor meisjes hier in Afrika. Onze dochters moeten een gelijke behandeling krijgen.

We laten ons de weg niet meer versperren door oude tradities. De geschiedenis heeft aangetoond dat we in staat zijn onze morele verbeelding te verbreden. Wij zijn erachter gekomen dat sommige tradities goed voor ons zijn, ons een basis geven, maar dat andere tradities onze vooruitgang in de wereld van nu tegenhouden. Als Afrikaanse meisjes worden onderworpen aan de verminking van hun lichaam, of op negen-, tien- of elfjarige leeftijd gedwongen worden te trouwen, dan is dat een stap terug. Dit zijn geen goede tradities. Daar moet een einde aan komen.

Als meer dan tachtig procent van de nieuwe hiv-gevallen in de zwaarst getroffen landen tienermeisjes betreft, dan is dat een tragedie en het is een stap terug. Daarom is Amerika een partnerschap aangegaan met tien Afrikaanse landen – Kenia, Lesotho, Malawi, Mozambique, Zuid-Afrika, Swaziland, Tanzania, Oeganda, Zambia en Zimbabwe – om tienermeisjes te beschermen en aidsvrij te houden. Als meisjes niet naar school gaan en opgroeien zonder te leren lezen en schrijven, dan onthouden we de wereld in de toekomst vrouwelijke ingenieurs, vrouwelijke artsen, vrouwelijke ondernemers en vrouwelijke presidenten, en dat is voor ons allemaal een stap terug. Het is een slechte traditie om onze dochters niet dezelfde opvoeding te geven als onze zoons.

In Kenia zei ik dat niemand een voetbalteam zou oprichten om vervolgens maar de helft van het team de wedstrijd te laten spelen. Je zou verliezen. Hetzelfde geldt als we willen dat iedereen een opleiding krijgt. Als meisjes niet naar school gaan, missen we de helft van het team: onze jonge vrouwen. Daarom leidt mijn vrouw Michelle een wereldwijde campagne, met inbegrip van nieuwe pogingen in Tanzania en Malawi, die eenvoudig luidt: Let Girls Learn – laat meisjes leren, zodat ze gezond en sterk opgroeien – en die deel uitmaakt van de Amerikaanse ondersteuning van de scholing en gezondheid van onze dochters. Dat is goed voor gezinnen. Zij zullen slimme, gezonde kinderen grootbrengen en dat is voor elk van jullie landen goed.

Afrika zal worden gevormd door de mooie, sterke vrouwen die deze meisjes gaan worden. De beste indicator voor het succes van een land is hoe het zijn vrouwen behandelt. Het maakt gezinnen sterker, gemeenschappen welvarender en kinderen doen het beter op school als vrouwen opgeleid zijn en toegang hebben tot gezondheidszorg. Kijk naar de geweldige Afrikaanse vrouwen hier in deze zaal. Als u groei en succes wilt voor uw land, moet u zorgen voor sterke vrouwen. En als u vrouwen een sterkere basis wilt geven, zult u in Amerika uw partner vinden.

Laten we samenwerken om seksueel geweld en huiselijk geweld te stoppen. Laten we duidelijk maken dat we verkrachting als oorlogswapen niet toestaan; verkrachting is een misdaad. Degenen die deze misdaad begaan moeten worden gestraft. Laten we kansen creëren voor de volgende generatie vrouwelijke leiders. Zij zullen bijdragen aan de strijd tegen onrecht, aan het stichten van vrede, het starten van nieuwe bedrijven en het creëren van banen. Misschien zullen sommigen nog mannen aannemen ook. Het is goed voor ons allemaal als vrouwen gelijke toekomstkansen krijgen.

Afrika is als een prachtig tapijt van culturen, etnische groepen, rassen en religies. Gisteravond zagen we een geweldige groep straatkinderen die een dansgezelschap hadden gevormd waarmee ze voor de premier en mij optraden. Er waren ik weet niet hoeveel etnische groepen bij en er werden wel tachtig verschillende talen gesproken. Ze voerden wel dertig verschillende dansen op. De premier probeerde mee te doen met – oké, ik denk dat deze... – de bewegingen gingen heel snel. Die enorme diversiteit hier in Ethiopië is representatief voor de diversiteit van Afrika. En dat is uw kracht.

Welnu. Gisteren kreeg ik het voorrecht om Lucy te zien. Lucy – misschien kent u haar – is onze voorouder van meer dan drie miljoen jaar geleden. Volgens de stamboom van de mensheid, die vele vertakkingen kent, komen we allemaal voort uit dezelfde wortel. We vormen met ons allen één familie; we zijn van een en dezelfde stam. Zoveel leed in onze wereld komt voort uit het feit dat we dit steeds vergeten en dat we onszelf niet in elkaar herkennen.

We denken dat een iets andere huid, iets ander haar, een anders uitgedrukt geloof of een andere taal ons op de een of andere manier het recht geeft om een ander met minder respect te behandelen. Dat is de bron van veel van onze problemen. En we denken dat we op de een of andere manier zelf beter worden als we andere mensen naar beneden halen. Dat is de bron van veel van onze problemen. Als we 'anders' gaan beschouwen als hoe dan ook 'minder' dan onszelf, als we ons laten leiden door het denken in hokjes van geloof, sekte, afkomst of etniciteit, dan worden in de hoofden van degenen die zo denken de vreselijkste misstanden gerechtvaardigd. Het leidt ertoe dat zij degenen zijn die hun menselijke waardigheid verliezen.

Nelson Mandela heeft ons geleerd: 'Vrij zijn is niet alleen je ketenen afwerpen, maar zo te leven dat je de vrijheid van anderen respecteert en verbetert'.

Wij zijn allemaal gelijk. Ieder van ons is de moeite waard. Ieder van ons doet ertoe. En als we de vrijheid van anderen respecteren, ongeacht de kleur van hun huid, hoe ze bidden, wie ze zijn of van wie ze houden, dan zijn we nog vrijer. Uw menselijke waardigheid is afhankelijk van die van mij, en mijn menselijke waardigheid is afhankelijk van die van u. Stel dat iedereen in die geest dacht. Stel dat overheden vanuit die gedachte regeerden. Stel u eens voor hoe de wereld er dan uit zou zien, wat voor toekomst we door zouden geven aan deze jonge mensen.

Tja, het oude denken kan koppig zijn in onze wereld. Dat is een van de redenen waarom we presidentstermijnen nodig hebben; oude mensen denken ouderwets. Ziet u mijn grijze haren? Ik word oud. Ouderwetse gewoonten houden soms koppig stand. Maar ik geloof dat het menselijke gevoel sterker is. Ik geloof dat gevoelens kunnen veranderen. Ik geloof dat harten zich kunnen openen. Zo komen veranderingen tot stand. Zo komt de samenleving vooruit. Het is niet altijd een rechte lijn, het gaat stukje bij beetje, nu eens vooruit, dan weer een stapje terug. Maar we gaan; we bewegen in de richting van onze idealen van rechtvaardigheid en gelijkheid.

Zo verkregen uw landen hun onafhankelijkheid: niet alleen met wapens, maar ook met principes en idealen. Zo verkregen Afrikaanse Amerikanen onze burgerrechten. Zo maakten Zuid-Afrikanen, zwart en wit, een einde aan de apartheid. En daarom kan ik hier vandaag voor u staan als de eerste Afrikaans-Amerikaanse president van de Verenigde Staten.

Nieuw denken. Groei bewerkstelligen die kansen creëert. Ontwikkelingen stimuleren die mensen uit de armoede helpen. Democratie ondersteunen waarin burgers zich gehoord voelen. Vrede stichten die veiligheid en rechtvaardigheid waarborgt. De mensenrechten respecteren van alle mensen. Dit zijn de pijlers van vooruitgang; niet alleen in Afrika, maar in de hele wereld. En dit is het werk dat we samen kunnen doen.

Ik heb goede hoop. Als ik mijn spullen pak om terug naar huis te gaan, zal ik denken aan die jongeman uit Senegal, die zei: 'Hier ontmoette ik Afrika – in wie ik altijd heb geloofd. Ze is mooi. Ze is jong. Ze barst van het talent, van de motivatie en de ambitie.' Waar ik simpelweg aan wil toevoegen: als u het Afrika bouwt waarin u gelooft, zult u geen betere partner, geen betere vriend kennen dan de Verenigde Staten van Amerika.

God zegene Afrika. God zegene de Verenigde Staten van Amerika. Heel erg bedankt, iedereen. Dankuwel.

‘Zelfmoord. Huiselijk geweld. Bendeoorlogen. Ongelukken’

Toespraak over wapenbezit
Witte Huis, Washington D.C.
5 januari 2106

Dank u. Dank u. Dank u allemaal. Gaat u zitten. Dank u. Dank u zeer.

Mark, bedankt voor je introductie.* Ik herinner me nog de eerste keer dat we elkaar ontmoetten, de tijd die we samen doorbrachten en het gesprek dat we hadden over Daniel.* En dat heeft mij die dag veranderd. En mijn hoop was, eerlijk gezegd, dat het ons land zou veranderen.

Het is deze week vijf jaar geleden dat een Congreslid en achttien anderen beschoten werden in een supermarkt in Tucson, Arizona. Het was niet de eerste keer dat ik het land moest toespreken vanwege een grote schietpartij en het zou ook niet de laatste zijn. Fort Hood. Binghamton. Aurora. Oak Creek. Newtown. The Navy Yard. Santa Barbara. Charleston. San Bernardino. Te veel.

Dankzij een fantastisch medisch team en de liefde van haar echtgenoot Mark, wist mijn dierbare vriendin en collega Gabby

* Mark Kelly, Amerikaans astronaut en echtgenoot van Gabrielle Giffords.

* Vermoedelijk Daniel Munoz, een vierjarig jongetje dat in oktober 2013 omkwam bij een vuurgevecht tussen twee criminele bendes.

Giffords* in leven te blijven. Vandaag is ze hier bij ons, samen met haar geweldige moeder. Dankzij een fantastisch medisch team, haar geweldige echtgenoot – die overigens de laatste keer dat ik Mark ontmoette – dit is even terzijde – u weet waarschijnlijk dat Marks tweelingbroer in de ruimte zit.* Hij kwam naar mijn kantoor en ik vroeg hem hoe vaak hij hem sprak. En hij zei, nou, ik spreek hem doorgaans elke dag, maar het telefoontje kwam vlak voor de bijeenkomst, dus ik geloof niet dat ik toestemming had om zijn telefoontje te beantwoorden dat gaf me geen goed gevoel. Een lange-afstandsgesprek! Dus ik zei tegen hem dat als zijn broer Scott vandaag belt, hij op moet nemen. Zet je telefoon aan.

Ik zat daar bij Gabby toen zij nog in het ziekenhuis lag, en op dat moment was het allerminst zeker dat ze in leven zou blijven. Dat bezoek was kort voor een bijzonder moment – nog geen uur later opende Gabby voor het eerst haar ogen. En ik herinner me hoe ik hierover sprak met haar moeder. Maar ik ken ook de pijn die zij en haar familie de afgelopen vijf jaar hebben doorstaan, het revalidatieproces, het vele werk en alle inspanningen om te herstellen van een groot aantal ernstige verwondingen.

En dan denk ik aan al die Amerikanen die minder gelukkig waren. Elk jaar beëindigen vuurwapens voortijdig het leven van 30.000 Amerikanen. 30.000! Zelfmoord. Huiselijk geweld. Bendeoorlogen. Ongelukken. Honderdduizenden Amerikanen hebben hun broers en zussen verloren of hun eigen kinderen begraven. Velen hebben moeten leren leven met een handicap of hebben leren leven zonder de liefde van hun leven.

Een aantal van deze mensen is vandaag hier. Zij kunnen u nogal wat verhalen vertellen. In deze zaal, op deze plek, zijn veel verhalen. Er is veel hartzeer. Er is veel veerkracht, er is veel power, maar

* Gabby Giffords is een Amerikaanse politica, Democratisch lid van het Huis van Afgevaardigden voor de staat Arizona. In 2012 kwam daaraan een eind, nadat ze levensgevaarlijk gewond raakte bij een schietpartij die vooral op haar gemunt was.

* Mark Kelly's tweelingsbroer Scott Kelly, is eveneens astronaut.

er is ook veel pijn. En dit is nog maar een kleine steekproef.

De Verenigde Staten van Amerika zijn niet het enige land op aarde met gewelddadige of gevaarlijke mensen. Wij neigen niet van nature vaker tot geweld. Maar we zijn wel het enige ontwikkelde land op aarde waar zulk massageweld in zulke frequenties tot uitbarsting komt. In andere ontwikkelde landen gebeurt dat niet. Zelfs niet bij benadering. En zoals ik al eerder zei, ergens zijn we daar gevoelloos voor geworden en zijn we gaan denken dat zoiets normaal is.

En in plaats van na te denken over een oplossing van het probleem, maakten we er een van onze meest gepolariseerde, bevooroordeelde disputen van – ondanks het feit dat we het er in Amerika over eens zijn wat ons te doen staat. Mede daarom beleg ik aanstaande donderdag in Virginia een stadhuisbijeenkomst over vuurwapengeweld. Omdat ik verstandige mensen aan beide kanten van deze zaak bijeen wil halen voor een open discussie.

Ik ben niet meer verkiesbaar. Ik ben niet uit op het scoren van punten. Ik denk dat we van mening kunnen verschillen zonder de motieven van anderen in twijfel te trekken of ruzie te maken. We hoeven niet langs elkaar heen te praten. Maar we moeten in deze zaak wel een gevoel van urgentie delen. We moeten in de woorden van dr. Martin Luther King gevoel hebben voor de 'vurige urgentie van dit ogenblik'. Omdat mensen doodgaan. En omdat de voortdurende excuses om niets te doen niet langer werken, niet langer volstaan.

Daarom zijn we vandaag hier. Niet om te discussiëren over de laatste grote schietpartij, maar om iets te doen, om te proberen de volgende te voorkomen. Om te laten zien dat de grote meerderheid van Amerikanen, ook al klinken hun stemmen niet altijd het luidst of extreemst, zich genoeg aantrekt van een jongetje als Daniel om het eens te worden en verstandige stappen te ondernemen en zo levens te redden en onze kinderen beter te beschermen.

Nu is het zo – ik wil hier meteen heel duidelijk in zijn – en ik heb het meer dan eens gezegd, het begint dus routine te worden, een ritueel rond deze hele zaak waaraan ik niet ontkom – ik geloof in het tweede amendement.* Het garandeert het recht om wapens te dragen. Het staat er zwart op wit. Hoe vaak mensen ook pogingen hebben gedaan om mijn woorden te verdraaien – ik heb staatsrecht gedoceerd, ik weet er wel iets van – ik snap het. Maar ik geloof dat we vuurwapengeweld ook terug kunnen dringen zonder inbreuk te maken op het tweede amendement.

Denk er dus over na. Allemaal geloven we in het eerste amendement, de vrijheid van meningsuiting, maar we accepteren ook dat we in een theater niet hard 'brand' kunnen roepen. We begrijpen dat er beperkingen zijn aan onze vrijheid ter wille van de veiligheid van onschuldigen. We koesteren ons recht op privacy, maar we begrijpen dat we langs een metaaldetector moeten voor we aan boord van een vliegtuig mogen. Niet omdat mensen dat zo leuk vinden, maar we begrijpen dat het deel uitmaakt van de prijs om te leven in een beschaafde samenleving.

En wat in dit debat vaak over het hoofd wordt gezien, is dat de meeste wapenbezitters dit eigenlijk ook vinden. De meeste wapenbezitters vinden ook dat we het tweede amendement kunnen respecteren en tevens kunnen voorkomen dat een onverantwoordelijke, criminele vete uitloopt op massaal onrecht.

Tegenwoordig moeten wapenwinkels een antecedentenonderzoek instellen. Als een vader zijn dochter wil leren jagen, kan hij een wapenwinkel binnenstappen, een antecedentenonderzoek krijgen en op een veilige en verantwoorde wijze zijn wapen kopen. Dat zien we niet als een inbreuk op het tweede amendement. Haaks op wat sommige voorstanders van vuurwapenrechten suggereerden, was het niet de eerste stap op een glibberige helling naar grootschalige inbeslagneming. Haaks op wat sommige presidentskandidaten kennelijk voor deze bijeenkomst beweerden, is het geen complot om iedereen zijn wapens af te pakken. Je krijgt een antecedentenonderzoek en je koopt een vuurwapen.

* Het tweede amendement van de Grondwet van de Verenigde Staten is een onderdeel van de Bill of Rights, dat op 15 december 1791 werd toegevoegd aan de grondwet. Het artikel geeft individuen het recht op het bezitten en dragen van wapens.

Het probleem is dat sommige wapenverkopers er andere regels op na houden. Een gewelddadige crimineel kan via internet zonder antecedentenonderzoek exact hetzelfde wapen kopen, niemand die hem een strobreed in de weg legt. Uit recent onderzoek bleek dat een op de dertig mensen die via een bepaalde website wapens wilden kopen, een crimineel verleden had – een op de dertig had een crimineel verleden! We hebben het dan over mensen die veroordeeld zijn voor ernstige misdaden – mishandeling, huiselijk geweld, beroving, illegaal wapenbezit. Mensen met een lange criminele geschiedenis, die al te gemakkelijk dodelijke wapens kopen. En dit was slechts één website, in een tijdsbestek van slechts enkele maanden.

We hebben dus een systeem gecreëerd waarin gevaarlijke mensen volgens andere regels mogen spelen dan de betrouwbare wapenbezitter die zijn of haar wapen via de juiste route aanschaft en zich aan een antecedentenonderzoek onderwerpt. Dat slaat nergens op. Iedereen zou zich aan dezelfde regels moeten houden. De meeste Amerikanen en de meeste wapenbezitters vinden dat ook. En dat is wat we drie jaar geleden probeerden te veranderen, nadat zesentwintig Amerikanen – onder wie twintig kinderen – vermoord waren in de basisschool van Sandy Hook.

Twee senatoren – Joe Manchin, een Democraat uit West-Virginia, en Pat Toomey, een Republikein uit Pennsylvania, beiden wapenbezitter, beiden krachtig verdediger van ons recht om wapens te dragen, beiden in bezit van een 'A'-graad van de *National Rifle Association* – zulke mannen kom je maar zelden tegen – die mannen werkten te goeder trouw samen, in goed overleg met mensen als onze vicepresident, die op dit gebied al heel lang zijn sporen heeft verdiend. Zij schreven een verstandig compromis-wetsvoorstel waarbij vrijwel iedereen die een vuurwapen koopt, een antecedentenonderzoek moet ondergaan. Dat was het. Eenvoudig een zaak van gezond verstand. Negentig procent van de Amerikanen steunde deze gedachte. Negentig procent van de Democraten in de Senaat stemde voor deze gedachte. Maar het was niet voldoende, want negentig procent van de Republikeinen in de Senaat stemde tegen deze gedachte.

Hoe kan het dat dit zo'n zaak van partijpolitiek werd? Republikeins president George W. Bush zei ooit: 'Ik geloof in antecedentenonderzoek op wapenshows of waar ook om er zeker van te zijn dat wapens niet in handen komen van mensen die geen wapens zouden moeten hebben.' Senator John McCain kwam met een door beide partijen gesteunde maatregel om de ontsnappingsroute via de wapenshow aan te pakken. Hij zei: 'Dit amendement is nodig omdat criminelen en terroristen deze overduidelijke maas in onze vuurwapenveiligheidswetten hebben gebruikt en gebruiken.' Zelfs de *National Rifle Association* gaf gewoonlijk steun aan uitbreiding van het antecedentenonderzoek. De meerderheid van haar leden doet dat overigens nog. De meerderheid van de Republikeinse kiezers doet dat nog.

Hoe is het zo ver gekomen? Hoe zijn we ertoe gekomen dat mensen denken dat verplicht antecedentenonderzoek neerkomt op het afpakken van hun wapens?

Elke keer als deze kwestie speelt, horen we als uitvlucht dat een verstandige hervorming zoals een antecedentenonderzoek het laatste bloedbad niet zou hebben voorkomen, of het voorlaatste, of het daaraan voorafgaande, dus waarom zoveel moeite doen. Ik verwerp deze manier van denken. We weten dat we niet iedere daad van geweld, niet iedere daad van het kwaad in de wereld kunnen voorkomen. Maar misschien zouden we één daad van het kwaad, één daad van geweld kunnen proberen te voorkomen.

Sommigen onder u herinneren zich wellicht dat op het moment van het bloedbad in Sandy Hook een verwarde man in China met een mes een groepje kinderen probeerde te doden. Met een mes. Maar de meesten van hen brachten het er levend van af, omdat hij niet kon beschikken over een machtig wapen. We kunnen misschien niet allen redden, maar we kunnen wel een aantal redden. Zoals we ook niet alle verkeersongelukken kunnen voorkomen, maar wel maatregelen nemen om het aantal verkeersongelukken terug te dringen.

Als verplicht antecedentenonderzoek meer levens zou kunnen redden zou het, naar de woorden van Ronald Reagan, 'ruimschoots de moeite waard zijn om dit op te nemen in de wetten van het land'. Met de wet die drie jaar geleden bij het Congres werd ingediend, kwam de proef op de som. Helaas doorstonden te veel senatoren deze proef niet.

Eigenlijk weten we dat antecedentenonderzoek verschil maakt. Nadat Connecticut bij wet een antecedentenonderzoek en een cursus voor het veilig omgaan met vuurwapens verplicht had gesteld, daalde het aantal vuurwapendoden er met veertig procent – veertig procent! Terwijl in Missouri, waar de wettelijke verplichting tot een uitgebreid antecedentenonderzoek en een aankoopvergunning werd verworpen, het aantal vuurwapendoden sindsdien is opgelopen en inmiddels bijna vijftig procent boven het nationale gemiddelde ligt. Uit een studie bleek, niet verrassend, dat criminelen in Missouri nu relatief eenvoudig aan wapens kunnen komen.

En de feiten vertellen ons dat fatsoenlijke Amerikanen weinig moeite hoeven doen om zich ieder gewenst vuurwapen aan te schaffen in staten die een antecedentenonderzoek verplicht hebben gesteld. Hun wapens zijn hen niet afgepakt. Hun rechten zijn niet geschonden.

En dat zijn dan alleen nog maar de feiten die we kennen. Meer onderzoek zou tot verdere verbetering van vuurwapenveiligheid kunnen leiden. Zoals we ook met meer onderzoek het aantal dodelijke verkeersslachtoffers de afgelopen dertig jaar enorm hebben weten terug te brengen. We doen onderzoek wanneer auto's, voedsel, medicijnen, zelfs speelgoed mensen schaden, zodat we ze veiliger kunnen maken. En weet u – onderzoek, wetenschap – dat zijn goede zaken. Ze werken. Jazeker.*

Maar het geeft te denken dat wanneer het om een inherent dodelijk wapen gaat – niemand beweert dat vuurwapens in potentie dodelijk zijn – wapens waardoor elk jaar tienduizenden Amerikanen het leven verliezen, dat het Congres onderzoek naar wapengeweld voor volksgezondheidsexperts juist moeilijker maakte; het

* Verwijzing naar de Republikeinse presidentskandidaat Donald Trump die o.m. duidelijk afstand nam van klimaatwetenschappers.

moeilijker maakte om data en feiten te verzamelen en strategieën te ontwikkelen om wapengeweld terug te brengen. Zelfs na San Bernardino werd het terreurverdachten die een vliegtuig niet in mogen, niet moeilijker gemaakt om semiautomatische wapens te kopen. Dat is niet goed. Dat kan niet goed zijn.

De wapenlobby mag op dit moment het Congres dan wel gijzelen, Amerika gijzelen kunnen ze niet.We hoeven dit bloedbad niet te accepteren als prijs voor onze vrijheid.

Ik wil duidelijk zijn. Het Congres moet nog altijd handelen. De mensen in deze zaal zullen niet rusten voor het Congres handelt. Omdat we, wanneer het Congres instemt met verstandige maatregelen ter vergroting van de vuurwapenveiligheid, het wapengeweld nog heel veel verder kunnen terugdringen. Maar ook wij kunnen niet wachten. Tot we een Congres hebben dat handelt naar de ideeën van de meeste Amerikanen, kunnen we binnen mijn wettelijke bevoegdheden acties ondernemen om vuurwapengeweld terug te dringen en meer levens te redden – acties die zowel onze rechten beschermen als onze kinderen.

Na Sandy Hook hebben Joe Biden en ik met onze beide teams de handen ineengeslagen en zijn we met een hele reeks uitvoerende maatregelen gekomen om zo de bestaande regels en systemen aan te scherpen. Maar vandaag gaan we een stap verder. Laat me u dus schetsen wat we gaan doen.

Ten eerste, iedereen die vuurwapens verkoopt moet een vergunning hebben en een antecedentenonderzoek ondergaan, op straffe van gerechtelijke vervolging. Ongeacht of je dat doet via internet of op een wapenshow. Het gaat niet om waar je het doet, maar om wat je doet.

We breiden het antecedentenonderzoek ook uit tot gewelddadige criminelen die de meest gevaarlijke vuurwapens willen kopen door zich te verschuilen achter trusts, corporaties en allerlei tussenpersonen.

We nemen ook maatregelen om het systeem van antecedentenonderzoek efficiënter te maken. Onder leiding van Jim Comey bij de FBI en onze plaatsvervangend directeur Tom Brandon bij de

ATF,* gaan we extra personeel aannemen om aanvragen sneller af te kunnen wikkelen en gaan we een verouderd systeem van antecedentenonderzoek aanpassen aan de eisen van de 21ste eeuw.

Deze maatregelen zullen daadwerkelijk leiden tot een soepeler proces voor wapenbezitters die de wet respecteren, tot een soepeler proces voor wapenhandelaren die zich verantwoordelijk gedragen, tot een steviger proces om mensen – om het publiek te beschermen tegen mensen die gevaarlijk zijn. Zo, dat is maatregel nummer 1.

Nummer 2, we gaan ons uiterste best doen voor een intelligente, effectieve handhaving van de al bestaande vuurwapenveiligheidswetten. Concreet betekent dit dat we bij de ATF tweehonderd extra agenten en inspecteurs gaan inzetten. We gaan vuurwapenhandelaren verplichten om op gezette tijden opgave te doen van zoekgeraakte of gestolen wapens. We werken samen met advocaten om slachtoffers van huiselijk geweld te beschermen tegen wapengeweld, waar te vaak mensen niet de bescherming krijgen die ze nodig hebben.

Nummer 3, we gaan meer doen om ervoor te zorgen dat mensen met een psychische aandoening de hulp krijgen die ze nodig hebben. Bij grote schietpartijen die veel publiciteit genereren wordt nogal eens verwezen naar de kleine groep mentaal instabiele personen die anderen schade berokkent. Maar de waarheid is dat bijna twee op de drie vuurwapendoden omgekomen is door zelfmoord. Veel van ons werk heeft dus tot doel te voorkomen dat mensen zichzelf schade toebrengen.

Daarom hebben we ervoor gezorgd dat de *Affordable Care Act* – ook wel bekend als Obamacare – dat in deze wet de financiële dekking voor de behandeling van geestesziektes gelijk is aan die voor de behandeling van een willekeurig andere ziekte. En daarom gaan we 500 miljoen dollar investeren om de toegang tot behandeling uit te breiden over het hele land.

* The Bureau of Alcohol, Tobacco, Firearms and Explosives (ATF) is een bij federale wet opgerichte organisatie die functioneert binnen het ministerie van Justitie.

Daarom ook gaan we ervoor zorgen dat federale gegevens over een psychiatrisch verleden gekoppeld kunnen worden aan het systeem van antecedentenonderzoek en gaan we belemmeringen wegnemen voor staten om relevante informatie over te dragen. Als we ervoor kunnen blijven zorgen dat psychische ziekten minder worden gestigmatiseerd, dat mensen de juiste zorg krijgen, en we de mazen in ons systeem van antecedentenonderzoek dichten, dan kunnen we meer families de pijn besparen van het verlies van een geliefde als gevolg van zelfmoord.

En tot diegenen in het Congres die er vaak als de kippen bij zijn om grote schietpartijen in de schoenen te schuiven van geesteszieken en zo proberen actie tegen vuurwapens te voorkomen, tot hen zeg ik, hier is uw kans om deze pogingen te steunen. Geen woorden, maar daden.

Nummer 4, we gaan vuurwapenveiligheid-technologie bevorderen. Vandaag de dag zijn veel gewonden en doden door vuurwapens het gevolg van legale wapens die gestolen werden, verkeerd gebruikt of per ongeluk afgingen. Alleen al in 2013 verloren meer dan vijfhonderd mensen hun leven door ongelukken met vuurwapens – onder wie dertig kinderen van nog geen vijf jaar oud. In de grootste, technologisch meest geavanceerde natie op aarde, is dat niet nodig. We moeten nieuwe technologieën ontwikkelen die vuurwapens veiliger maken. Als we bij onze telefoons kunnen regelen dat je ze niet kunt ontsluiten zonder de vereiste vingerafdruk, waarom kunnen we dat dan niet bij onze vuurwapens? Als er apps bestaan die ons helpen om een zoekgeraakte tablet op te sporen – wat me naarmate ik ouder word vaker overkomt – als we dat kunnen bij onze iPads, is er geen reden waarom we dat niet zouden kunnen bij een wapen dat gestolen is. Als een kind een buisje aspirine niet open kan maken, zouden we er ook voor moeten zorgen dat het de trekker van een vuurwapen niet over kan halen. Ja toch?

We gaan dus onderzoek bevorderen. We gaan samenwerken met de private sector om de vuurwapentechnologie te moderniseren.

En er zijn al vuurwapenwinkeliers die weigeren een wapenaankoop af te ronden zonder volledig antecedentenonderzoek of afzien van het aanbieden van halfautomatische wapens of high-capacity magazijnen. En ik hoop dat zij gezelschap krijgen van meer winkeliers en fabrikanten – omdat zij net zozeer als ieder ander zich iets gelegen moeten laten liggen aan een product dat tegenwoordig vrijwel evenveel Amerikanen doodt als auto's.

Ik maak dit punt omdat geen van ons dit in zijn eentje kan. Ik meen dat Mark dit punt al eerder maakte. We zouden allemaal samen moeten kunnen werken in het vinden van een balans waarbij al onze overige rechten ook van belang zijn – rechten uit hoofde van het tweede amendement zijn belangrijk, maar er zijn andere rechten die ons evenzeer ter harte gaan. En die moeten we in balans kunnen brengen. Ons recht om vrij en veilig onze kerkdiensten te houden – dat recht werd christenen in Charleston, South Carolina, ontzegd. En het werd joden in Kansas City ontzegd. En het werd moslims in Chapel Hill ontzegd en Sikhs in Oak Creek. Ook zij hadden rechten.

Ons recht om vreedzaam samen te komen – dat recht werd bioscoopbezoekers in Aurora en Lafayette ontzegd. Ons onvervreemdbare recht op leven, vrijheid en het nastreven van geluk – dat recht werd studenten in Blacksburg en Santa Barabara ontnomen, en middelbare scholieren in Columbine, en zes- en zevenjarigen in Newton. Zes- en zevenjarigen! En al hun families die nooit hadden kunnen vermoeden dat het kind van wie ze hielden uit hun leven zou worden weggerukt door een kogel uit een wapen.

Elke keer wanneer ik aan die kinderen denk, word ik woedend. Overigens, in de straten van Chicago is dit aan de orde van de dag.

We moeten dus allemaal een Congres eisen dat in verzet durft te komen tegen de leugens van de wapenlobby. Allemaal moeten we in verzet komen om onze burgers te beschermen. Allemaal moeten we van onze gouverneurs, onze wetgevende machten en het bedrijfsleven eisen dat zij hun aandeel leveren om onze samenleving veiliger te maken. We moeten ervoor zorgen dat de grote meerderheid van verantwoordelijke wapenbezitters – die net als wij elke keer dat dit gebeurt, treuren en net als jullie voelen dat hun opvattingen niet goed vertegenwoordigd worden – dat die wapenbezitters samen met ons iets beters eisen.

En we moeten kiezers die veiliger wapenwetten willen en teleurgesteld zijn in leiders die daaraan niet tegemoetkomen – die kiezers moeten we eraan helpen herinneren dat er weer verkiezingen aankomen.

Het is immers gewoon een kwestie van simpel rekenen. De wapenlobby is goed georganiseerd en timmert aan de weg om ervoor te zorgen dat iedereen wapens kan krijgen, wanneer hij maar wil. Wel, weet u wat, alle anderen, wij, wij moeten net zo gedreven zijn. Wij moeten even goed georganiseerd zijn om onze kinderen te verdedigen. Zo ingewikkeld is dit niet. De reden waarom het Congres wetten blokkeert is dat ze verkiezingen willen winnen. En wanneer u het hen moeilijk maakt een verkiezing te winnen als ze zulke wetgeving blokkeren, dan veranderen ze van koers, dat geef ik u op een briefje.

Ja, het zal moeilijk zijn en het zal niet zomaar ineens gebeuren. Het zal niet tijdens dit Congres gebeuren. Het zal niet tijdens mijn presidentschap gebeuren. Maar heel veel dingen gebeuren niet zomaar ineens. Het vrouwenstemrecht gebeurde niet zomaar ineens. De bevrijding van zwarte Amerikanen gebeurde niet zomaar ineens. LGBT-rechten – het betekende tientallen jaren hard werken. Dat het moeilijk is, is dus geen excuus om het niet te proberen.

En als u bij uzelf twijfelt of u wel die 'vurige urgentie van dit ogenblik' moet voelen, denk dan eens aan wat er drie weken geleden gebeurde. Zaevion Dobson was een tweedejaarsstudent aan *Fulton High School* in Knoxville, Tennessee. Hij speelde honkbal en was populair bij zijn klasgenoten en leraren. Zijn eigen burgemeester noemde hem een van de succesverhalen van haar stad. In de week voor kerst ging hij bij een vriend thuis videospelletjes spelen. Hij was niet op het verkeerde moment op de verkeerde plaats. Hij had niet een verkeerde beslissing genomen. Hij was exact waar elk ander kind zou zijn. Uw kind. Mijn kinderen. En toen begonnen gangsters te schieten. En Zaevion – leerling van een middelbare school, zijn leven was nog nauwelijks begonnen – Zaevion dook boven op drie meisjes om hen te beschermen tegen de kogels. Hij werd in het hoofd getroffen. De meisjes werden gespaard. Hij gaf zijn leven om dat van hen te redden – een heldendaad veel groter dan wat we ooit van een vijftienjarige zouden mogen verwachten. 'Er is geen grotere liefde dan je leven te geven voor je vrienden.'*

Ons wordt niet gevraagd te doen wat Zaevion deed. Ons wordt niet gevraagd zulke brede schouders te hebben; een hart zo flink; een reactievermogen zo groot. Ik vraag mensen niet om eenzelfde hoeveelheid moed, zelfopoffering of liefde. Maar als we van onze kinderen houden en ons bekommeren om hun toekomst, dan kunnen we de moed opbrengen om te gaan stemmen. We kunnen de moed vinden om actief te worden en onszelf te organiseren. We kunnen de moed vinden om ons boven het gekrakeel uit te verheffen en te doen wat een verstandig land zou doen.

Dat is wat we vandaag gaan doen. En morgen moeten we meer doen. En overmorgen nog meer. Als we dat doen, zullen we een land nalaten dat sterker is dan het land dat we erfden, het offer van een jonge man als Zaevion waardig.

Dank u zeer, iedereen. God zegene u. Dank u. God zegene Amerika.

* Johannes 15:13.

‘Is dit diner te plat voor The Donald?’

Toespraak tijdens het White House Correspondents’ Dinner
30 april 2016

(Intromuziek: *When I’m Gone* van Anna Kendrick.)

DE PRESIDENT: Je mag het niet zeggen, maar je weet dat het zo is.

Goedenavond, iedereen. Het is een eer om hier te zijn op mijn laatste – en misschien hét laatste – White House Correspondents’ Dinner.

U ziet er allemaal geweldig uit. Nooit zag het einde van de republiek er beter uit.

Ik moet u mijn excuses aanbieden – ik weet dat ik vanavond wat aan de late kant was. Ik loop op CPT wat staat voor ‘grappen die witte mensen niet zouden moeten maken’.* Het is maar dat je het weet, Jeff.

Hoe dan ook, ik ben er. Mijn achtste en laatste optreden bij dit

* President Barack Obama doelt op een foute grap van New Yorks burgemeester Bill de Blasio tegen Democratisch presidentskandidaat Hillary Clinton: ‘Sorry Hillary, ik liep op CP-time,’ zei De Blasio tegen Clinton toen zij hem bekritiseerde voor zijn late steun voor haar kandidatuur. CPT betekent ‘colored people time’ en is een verwijzing naar het stereotype dat Afro-Amerikanen nooit op tijd zijn.

unieke gebeuren. Ik ben er opgewonden van. Als dit materiaal goed werkt, ga ik het volgend jaar gebruiken bij Goldman Sachs. Flink wat Tubmans verdienen.* Prima zaak.

Mijn mooie, slimme echtgenote Michelle is vanavond hier. Ze lijkt heel gelukkig hier. Dat heet oefening – zoals je ook kunt leren je drie minuten lang op te drukken. Zij doet alsof dat simpel is.

Volgend jaar rond deze tijd zal hier op deze plek een ander staan en u moet zelf maar raden wie zij is.* Maar nu ik hier sta, moet u het mij niet kwalijk nemen dat ik wat bespiegelend word, ietwat sentimenteel. Acht jaar geleden zei ik dat het tijd was voor een nieuwe toon in onze politiek. Achteraf bezien had ik duidelijk specifieker moeten zijn.*

Acht jaar geleden was ik een jonge man, vol idealen en kracht, en moet je me nu zien. Ik ben grijs en grauw en tel de dagen tot mijn doodvonnis. Ooit vroeg Hillary of ze me 's nachts om 3 uur kon bellen – en nu ben ik sowieso wakker, omdat ik in de badkamer moet zijn. Ik ben op.

Onlangs zei iemand tegen me, Mr. President, u bent zo van gisteren; Justin Trudeau heeft u helemaal verdrongen – hij is zo knap, hij is zo charmant, híj is de toekomst. En ik zei, Justin, hou daar even mee op. Ik was gepikeerd.

Ondertussen is Michelle geen dag ouder geworden. Hoe oud ze op een foto is, zie je alleen wanneer je naar mij kijkt. Kijkt u maar.

Hier zijn we in 2008. (Hij laat een foto zien.)

En hier een paar jaar later. (Een andere foto.)

En deze is van twee weken geleden. (Een foto van Michelle naast een geraamte.)

Ja, de tijd gaat snel. Over nog maar precies zes maanden zal ik officieel demissionair zijn. Dan zal het Congres mijn gezag botweg niet langer erkennen. En Republikeinse leiders zullen mijn tele-

* Naar Harriet Tubman, een zwarte vrouw die zich inzette voor afschaffing van de slavernij. Sinds kort staat haar gezicht op biljetten van $20,-.

* Verwijzing naar de enige vrouwelijke presidentskandidaat Hillary Clinton.

* Hier wordt veel om gelachen. Verwijst natuurlijk naar de 'toon' van Trump.

foontjes niet opnemen. En dit gebeurt nu al om me er vast aan te laten wennen, het gebeurt al – het zijn dwarrelballen. Lastig te bespelen.

In feite krijg ik al maanden van de Republikeinen in het Congres te horen dat ik in mijn laatste jaar bepaalde dingen niet mag doen. Helaas hoort dit diner daar niet bij. Maar de rest, dat is een ander verhaal. En u weet hoe ze zijn, die Republikeinen. Neem nou de Republikeinse senatoren Tim Scott en Cory Gardner, zij zijn hier. Wat me eraan helpt herinneren, beveiliging, barricadeer de deuren! Rechter Merrick Garland,* kom op, we gaan het regelen, hier, nu. Het lijkt *The Red Wedding* wel.*

Maar niet alleen het Congres. Ook sommige buitenlandse leiders kijken vooruit en anticiperen op mijn vertrek. Afgelopen week verscheen prins George* op onze afspraak in ochtendjas. Het was een klap in mijn gezicht. Een duidelijke schending van het protocol. En dat terwijl ik in Engeland met Hare Majesteit de koningin de lunch gebruikte, een toneelstuk van Shakespeare bijwoonde, de banden met David Cameron aanhaalde – mocht iemand zich nog afvragen of ik wel zwart genoeg ben, dat is nu wel duidelijk, denk ik.

Om eerlijk zijn, zo'n overgangsperiode valt niet mee. Het is moeilijk. Belangrijk personeel begint het Witte Huis te verlaten. Zelfs verslaggevers laten me in de steek. Savannah Guthrie verliet de persdienst van het Witte Huis om presentatrice te worden van *Today*. Norah O'Donnell ruilde de briefing room in voor *This Mor-*

* Op 16 maart 2016 droeg president Obama Garland voor als rechter bij het Hooggerechtshof ter vervulling van de vacature die ontstaan was door het overlijden van Antonin Scalia. De Senaat weigerde een hoorzitting te organiseren of te stemmen over de voordracht.

* The Red Wedding verwijst naar het verhaal waarbij tijdens een huwelijksfeest de koning, zijn moeder en 3500 soldaten worden afgeslacht, nadat de deuren van de zaal gebarricadeerd zijn. Met deze grap suggereerde Obama dat hij de Republikeinen in de zaal niet zou laten gaan, voor ze gedaan hadden wat hij wilde (nl. instemmen met de benoeming van Garland).

* Het driejarig zoontje van de Britse troonopvolger William.

ning bij CBS. Jake Tapper verruilde de journalistiek voor CNN.

Maar het vooruitzicht dat ik het Witte Huis ga verlaten, heeft zijn voors en zijn tegens. Misschien weet u dat er vorige week iemand over het hek van het Witte Huis is geklommen, maar alle eer voor de veiligheidsdienst – ze vonden Michelle en brachten haar terug, ze zit weer veilig thuis. Nog maar negen maanden blijven zitten, schat.

En toch, ondanks dit alles, ondanks dit personeelsverloop, in mijn laatste jaar gaan mijn populariteitscijfers hoe dan ook alsmaar omhoog. De laatste keer dat ik zulke hoogtes bereikte,* was toen ik nog student was.

En nu komt de aap uit de mouw: ik deed de dingen niet anders dan voorheen. Het is dus raar. Zelfs mijn medewerkers hebben geen verklaring voor de stijgende populariteitscijfers – wat er anders is, niemand die het weet. (Foto van de Republikeinse presidentskandidaten Ted Cruz en Donald Trump) Onbegrijpelijk.

In elk geval heb ik dit laatste jaar extra waardering voor diegenen die mij op deze verbazingwekkende tocht vergezelden, zoals een van onze beste overheidsdienaren, Joe Biden. God zegene hem. Hou van die man. Ik hou echt van Joe Biden. En ik wil hem bedanken voor zijn vriendschap, voor zijn deskundige adviezen, voor het feit dat hij altijd recht door zee is en een ander niet in het gezicht schiet.* Joe, bedankt.

En ik zou zeker tekortschieten wanneer ik niet – een applaus voor onze gast Larry Wilmore.* Ook wel bekend als een van die

* Obama gebruikt het woordje high, dat in dit geval stoned betekent. De relatie met een hoog pop. cijfer kan in het Nederlands niet eenvoudig met één woord worden gelegd.

* Verwijzing naar de voormalige vicepresident Dick Cheney, die zijn vriend 'per ongeluk' in het gezicht schoot.

* Larry Wilmore is een Amerikaanse komiek, schrijver, producer, schrijver, politiek commentator, acteur. Hij trad onder meer van 2006 tot 2014 op als de 'Senior Black Correspondent' in *The Daily Show*. Wilmore is zwart.

twee zwarte kerels, maar niet Jon Stewart.* Jij bent toch de man uit Zuid-Afrika? Ik hou van Larry. En zijn ouders zijn hier, vanuit Evanston, en dat is een fantastische stad.

Ik zou tevens mijn erkentelijkheid willen betuigen aan enkele verslaggevers die prijzen hebben gewonnen en vandaag hier bij ons zijn. Rachel McAdams. Mark Ruffalo, Liev Schreiber. Dank voor alles wat jullie deden. Ik maak maar een geintje. Zoals u weet is *Spotlight** een film over onderzoeksjournalisten met voldoende geld en handelingsvrijheid om de waarheid te achterhalen en de machtigen aan te klagen. Beste fantasiefilm sinds *Star Wars*. Maar dat was misschien een rotopmerking.

Ik begrijp dat nieuws maken tegenwoordig moeilijk is, het vak is voortdurend in beweging. Elk jaar maakt iemand op dit diner bijvoorbeeld wel een grap over *buzzfeed*, bijvoorbeeld dat het medialandschap erdoor verandert. En elk jaar lacht *The Washington Post* iets minder hard. Het begint stil te worden daar. Vooral aan de tafel van *The Washington Post*.

Reince Priebus, de voorzitter van de GOP (Grand Old Party = de Republikeinse Partij), is hier eveneens. Fijn om te zien dat u meent een avondje vrij wel verdiend te hebben. Gelukgewenst met al uw successen. De Republikeinse Partij, de nominatieprocedure – het verloopt allemaal geweldig.* Ga zo door.

* Jon Stewart is een Amerikaanse komiek, schrijver, producer, schrijver, politiek commentator, acteur. Hij was van 1999 tot 2015 presentator van *The Daily Show*, een satirisch nieuwsprogramma. Stewart is wit.

* *Spotlight* is een Amerikaans-Canadese film uit 2015 van regisseur Tom McCarthy. De film is gebaseerd op het onderzoek van *The Boston Globe*, dat in 2002 een grootschalig kindermisbruikschandaal binnen de Katholieke Kerk aan het licht bracht. De hoofdrollen worden vertolkt door Mark Ruffalo, Rachel McAdams, Michael Keaton en Liev Schreiber. Zij zijn dus acteurs, niet de verslaggevers die de zaak onthulden.

* Op dat moment zat de Republikeinse Partij behoorlijk in haar maag met het succes van 'buitenstaander' Donald Trump bij de Republikeinse voorverkiezingen.

Kendall Jenner is er ook.* Ik had de kans haar achter de schermen te ontmoeten – ze lijkt me een heel aardige jonge vrouw. Ik weet niet helemaal zeker wat ze doet, maar men heeft me verteld dat mijn Twittermeldingen zo ongeveer ontploffen.

Helen Mirren is hier vanavond.* Ik heb gewoon even geen grap paraat. Ik vind haar alleen maar geweldig. Zij is geweldig.

Aan dezelfde tafel zie ik Mike Bloomberg.* Bij de Republikeinse voorverkiezingen gaat een ruziezoekende, controversiële miljardair uit New York aan kop, en Mike, jij bent het niet. Dat moet wel steken. Maar het is niet helemaal eerlijk om jou te vergelijken met The Donald. Tenslotte was Mike burgemeester van een wereldstad. Politiek kent hij als zijn broekzak. En hij is écht het geldbedrag waard dat hij zegt te zijn.

Wat een verkiezingstijd. Zo hebben we hier vanavond het stralende nieuwe gezicht van de Democratische Partij – mr. Bernie Sanders! Daar is hij – Bernie! Bernie, je ziet eruit als om door een ringetje te halen. Of om het in voor jouw begrijpelijke termen te formuleren, je ziet eruit als 37.000 giften van elk 27 dollar.

Veel mensen verbazen zich over het fenomeen Bernie en vooral dat hij zo'n aantrekkingskracht heeft op jonge mensen. Ik niet, ik snap het. Niet zo lang geleden kwam een jonge vrouw naar me toe, ze vertelde me dat ze haar buik vol had van politici die haar dromen in de weg stonden. Alsof we Malia* dit jaar naar Burning Man* zouden moeten laten gaan. Dat gaat niet gebeuren. Bernie zou haar misschien laten gaan. Wij niet!

* Kendall Jenner is een Amerikaanse televisiepersoonlijkheid, actrice en model. Ze is het meest bekend van de realityshow *Keeping Up with the Kardashians*.

* Helen Mirren is een Britse actrice van deels Russische afkomst. Vooral bekend vanwege haar rol als koningin Elisabeth in *The Queen*.

* Mike Bloomberg is een Amerikaans ondernemer. Van 2002 tot 2013 was hij de burgemeester van New York. Republikein.

* Oudste dochter van Obama.

* Burning Man is een festival dat jaarlijks wordt gehouden in de Black Rock Desert in Nevada, Burning Man is vernoemd naar het feit dat het evenement altijd wordt afgesloten met het verbranden van een Wicker Man (pop gemaakt van rijshout).

Toch stoort het me, Bernie, dat je afstand van mij neemt. Dat doe je niet bij een vriend. Bernie's slogan heeft zijn campagne vuur doen vatten bij jonge mensen. *Feel the Bern.** *Feel the Bern* – een prima slogan. Hillary's slogan had zo'n effect niet. Kijkt u maar. (Tekening van een vierkante steen die moeizaam tegen een berg op wordt gerold, *Trudge up the hill.*)

Ik zei al eens hoezeer ik Hillary's onverzettelijkheid bewonder. Haar intelligentie, haar politieke kwaliteiten, haar ervaring. Toch zult u moeten toegeven dat Hillary's pogingen om jonge kiezers aan te spreken wel wat weg hebben van een familielid dat zich zoeven bij Facebook geregistreerd heeft. 'Hallo Amerika, kregen jullie mijn statement? Kwam hij bij jullie op het prikbord?' 'Ik weet niet zeker of ik het wel goed doe. Liefs, tante Hillary.' Erg overtuigen doet het niet.

Ondertussen gaan aan Republikeinse zijde de zaken er wat minder – hoe zal ik dat zeggen – wat 'minder gecontroleerd' aan toe. Zie bijvoorbeeld de verwarring die ontstond over de uitnodigingen voor het diner van vanavond. De gasten werd gevraagd of ze vlees of vis wilden, maar in plaats daarvan kozen nogal wat van hen voor Paul Ryan. Maar dat is geen optie, mensen. Vlees of vis. Misschien houdt u niet van vlees of vis, maar u moet wel kiezen.

Ondertussen zijn er kandidaten die te laag scoren om voor een aparte grap in aanmerking te komen. (Foto van de etende Republikeinse kandidaat John Kasich) De regels waren al heel lang duidelijk.

En dan hebben we Ted Cruz. Ted had een lastige week. Hij ging naar Indiana – Hoosier* Country – stond op een basketbalveld en noemde de basket een 'basketball-ring'. Wat heeft hij nog meer in zijn lexicon? Honkbalstokken? Rugby-hoofddeksels? En dan zeggen ze van mij dat ik niet hier geboren ben.

Laat ik afsluiten met een wat serieuzere mededeling. Ik wil de persdienst in Washington bedanken, ik wil Carol bedanken voor

* Klinkt als 'feel the burn' = voel de gloed.

* Hoosier Country 105 is een radiostation dat vooral countrymuziek uitzendt.

alles wat ze doet. Een vrije pers is essentieel voor onze democratie en – nee, ik maak maar een geintje! U weet dat ik het nog over Trump moet hebben! Kom op! We stoppen er nú toch niet mee. Kom op zeg!

Ofschoon ik me er wel enigszins aan stoor dat hij er vanavond niet bij is. We hadden zoveel lol de laatste keer. En het is ook verrassend. Je hebt een zaal vol journalisten, beroemdheden, camera's, en hij zegt nee! Is dit diner te plat voor The Donald? Wat zou hij op dit moment dan wel aan het doen zijn? Zit hij thuis een Trump-steak te eten – beledigingen over Angela Merkel te twitteren? Wat doet hij?

Het Republikeinse establishment kan er maar niet bij dat hij de meeste kans heeft om hun presidentskandidaat te worden – ongelooflijk, schokkend. Zij menen dat Donalds gebrek aan ervaring in de buitenlandse politiek hem niet geschikt maakt als president. Maar om eerlijk te zijn, jarenlang deed hij niets anders dan vanuit de hele wereld leiders ontmoeten: miss Zweden, miss Argentinië, miss Azerbeidzjan.

En er is één terrein waar Donalds ervaring van onschatbare waarde zou kunnen zijn – sluiting van Guantanamo. Want Trump weet als geen ander hoe hij een aan een baai gelegen onroerend-goedproject om zeep kan helpen.

Oké, hier moeten we het maar bij laten. Ik heb natuurlijk nog wel meer, nee, nee, ik wil niet al te veel tijd besteden aan The Donald. In navolging van uw goede voorbeeld, wil ik me wat inhouden. Omdat ik denk dat we het er allemaal over eens zijn dat hij vanaf het allereerste begin de aandacht heeft gekregen die recht deed aan hoe serieus we zijn kandidatuur moeten nemen.

Ik hoop dat u allemaal trots bent op uzelf. De man wilde wat propaganda maken voor zijn hotels en nu bidden we dat Cleveland* dat dan maar in juli voor hem doet.

* De Conventie waarop de Republikeinen definitief hun kandidaat aanwijzen vond in Cleveland plaats.

Mm-mm-mm. Hmm.

Wat Michelle en mij betreft, we hebben besloten nog een paar jaar in Washington te blijven. Dank u. Zo kan onze jongste dochter haar middelbare school afmaken en Michelle in de buurt van haar tuintje met wortelen blijven. Ze maakt al plannen om ze elke dag te zien. Kijkt u maar. (Tekening van Michelle die zich met een snoekduik op de bakken met groente stort.)

Maar ons besluit plaatste ons wel voor een klein dilemma omdat presidenten traditiegetrouw na hun ambtstermijn hier niet blijven plakken. En daar heb ik heel wat op zitten broeden. Kijkt u maar.

(Er volgt een video waarin Obama van vicepresident Biden het advies krijgt om het stuur weer in handen te nemen. Obama solliciteert vervolgens op een baan als chauffeur, maar dat wordt niets. Vervolgens maakt hij via de telefoon van zijn vrouw reclame voor Obamacare, wat tot veel ophef in de media leidt. Uiteindelijk krijgt hij het advies om gewoon zichzelf te zijn. Obama reageert opgelucht dat hij weer gewoon jeans kan dragen.)

Ik ben nog steeds in afwachting van een reactie van u allemaal op mijn uitnodiging voor contact op LinkedIn. Maar ik weet dat u werk te doen heeft, en dat is hetgeen ons vanavond hier bijeenbrengt.

Ik weet dat we soms van mening verschilden, het is inherent aan onze institutionele rollen – het geldt voor elke president en diens perskorps. Maar altijd deelden wij hetzelfde doel – om ons publieke discours te laten wortelen in waarheid; om de deuren van deze democratie te openen; om alles te doen wat in ons vermogen ligt teneinde ons land en onze wereld vrijer en rechtvaardiger te maken. Ik heb altijd grote waardering gehad voor de rol die u allen als gelijkwaardige partners speelt bij het bereiken van deze doelen.

Vanwege onze vrije pers betuigen we opnieuw onze erkentelijkheid aan de echte journalisten die een gruwelijk schandaal aan het licht brachten en daarmee iets van gerechtigheid voor duizenden slachtoffers over de gehele wereld. Vanavond zijn ze hier – Sacha

Pfeiffer,* Mike Rezendes, Walter Robinson, Matt Carroll en Ben Bradlee jr. Geef hun alstublieft een geweldig applaus.

Vanwege onze vrije pers eren we opnieuw Jason Rezaian. Zoals Carol opmerkte, spraken we vorig jaar om deze tijd over Jasons moed toen hij in volledig isolement opgesloten zat in een Iraanse gevangenis. Dit jaar zien we deze moed in vlees en bloed. Hij is een levende getuigenis van juist dit begrip vrije pers en hij herinnert ons aan het groeiende gevaar, de politieke intimidatie en de fysieke bedreiging waarmee buitenlandse verslaggevers worden geconfronteerd. En zolang ik dit ambt bekleed, sta ik ervoor in dat mijn regering zal blijven vechten voor de vrijlating van Amerikaanse journalisten die tegen hun wil gevangen worden gehouden – en we zullen niet rusten tot zij dezelfde vrijheid hebben als Jason.

In binnen- en buitenland zijn journalisten zoals u onafgebroken in touw om burgers te informeren, leiders ter verantwoording te roepen en een regering in naam van het volk mogelijk te maken. Dat is een enorme verantwoordelijkheid. En ik realiseer me dat het een enorme uitdaging is in een tijd waarin het economische belang van de pers snelheid prefereert boven grondigheid; en waarin lezers en kijkers vooral afkomen op polemiek en conflict.

Het goede nieuws is dat zeer velen van u zich tegen deze trends keren. Als burger van deze democratie ben ik u hier dankbaar voor. Want dit is ook een tijd waarin over de gehele wereld de aanval is geopend op een aantal fundamentele idealen van de liberale democratie en waarin wordt gepoogd de noties van objectiviteit, van een vrije pers, van feiten en bewijzen, te ondergraven. Of soms volledig te negeren.

In zo'n klimaat is het niet voldoende om mensen alleen een megafoon te geven. En daarom zijn uw kracht en uw verantwoordelijkheid om diep te graven, vragen te stellen, verdraaiingen en onwaarheden te weerleggen, belangrijker dan ooit. Opkomen voor de

* Sacha Pfeiffer, Mike Rezendes, Walter Robinson, Matt Caroll en Ben Bradlee Jr. zijn de verslaggevers van *The Boston Globe* die het kindermisbruikschandaal binnen de katholieke kerk aan het licht brachten.

waarheid betekent niet dat u uw objectiviteit afschudt. Objectiviteit is immers de essentie van goede journalistiek. Het onderstreept dat de enige manier waarop we aan consensus kunnen bouwen, de enige manier waarop we als land vooruitgang kunnen boeken, de enige manier waarop we kunnen helpen de wereld beter te laten worden – dat deze enige manier is dat we het eens worden over een basis aan feiten wanneer het om de uitdagingen gaat waarmee wij allen worden geconfronteerd.

Deze avond is dus een eerbewijs aan al diegenen onder u die hun leven in dienst stellen van deze idee, die elke dag zich weer inspannen om licht te laten schijnen op de waarheid. En dus wil ik mijn laatste White House Correspondents' Dinner afsluiten met u daarvoor dank te zeggen. Ik ben erg trots op wat u heeft gedaan. Het was een eer en een voorrecht om zij aan zij met u te hebben gewerkt aan de versterking van onze democratie.

En daarmee heb ik nog maar twee woorden te zeggen – Obama stopt. (Hij laat de microfoon vallen) Dank u.

‘Verdoe je tijd niet met wachten’

Toespraak op de promotie- en afstudeerdag van
Rutgers-universiteit
Brunswick, New Jersey
15 mei 2016

Curatorium, voorzitter Brown, plaatsvervangend gouverneur Guadagno, burgemeester Cahill, burgemeester Wahler, leden van het Congres, bestuurders van Rutgers, faculteit, staf, vrienden en familie – dank u voor de eer om bij u te mogen zijn ter gelegenheid van de 250ste verjaardag van deze buitengewone instelling. Maar bovenal, mijn gelukwensen voor de alumni van 2016!

Ik ben hier om een simpele reden – het voor eens en altijd regelen van die kwestie leverworst of Taylorham.* Ik maak jullie maar wat wijs. Er zijn weinig dingen die ik in mijn laatste jaar niet op zou durven pakken, maar alles beter dan in zo’n dispuut verzeild te raken.

* Taylorham is een product van varkensvlees. Het dankt zijn naam aan John Taylor, die het product in 1856 ontwikkelde en verkocht onder de naam Taylorham. Taylor was afkomstig uit New Jersey (ook de thuisstaat van Rutgers-universiteit) en het product is hier en in een aantal andere oostelijke staten algemeen verkrijgbaar. Concurrerende producenten van vleeswaren hebben bezwaar aangetekend tegen het label Taylor Ham. Sindsdien moet Taylor zijn product als leverworst op de markt brengen.

De waarheid, Rutgers, is dat ik hier ben omdat jullie dat hebben gevraagd. Nu zijn er veel universiteiten die mij uitnodigen voor hun jaarlijkse afstudeerdag. Maar jullie zijn de eerste die er een driejarige campagne van hebben gemaakt. E-mails, brieven, tweets, YouTube-video's. Ik kreeg zelfs drie brieven van de oma van de voorzitter van jullie studentengemeenschap. En ik moet zeggen, dat gaf de doorslag. Dat was slim, want ik heb een zwak voor oma's.

Dus ben ik hier, regelrecht van afslag 9, op de plek van een van de negen van oorsprong koloniale universiteiten. Winnaar van de allereerste interuniversitaire honkbalcompetitie. Een van de laatst toegetreden leden tot de *Big Ten*. Het thuis van naar ik begrepen heb, de *Greasy Truck** voor een *Fat Sandwich*. Mozzarella-kroketjes en kipnuggets tussen jullie cheesesteaks. Uiteraard zou Michelle dat prima vinden.

Maar ondanks deze daden van doodsverachting hebben jullie het toch weten te overleven. Jullie overleefden ook het dagelijkse ellebogenwerk om de bus binnen te komen, van Livingston-campus naar Busch, naar Cook, naar Douglass, en weer terug. Ik verdenk een aantal van jullie ervan dat ze deze middag moeten proberen te overleven, omdat het gisteravond laat werd in Old Queens. Jullie kennen jezelf.

Maar hoe dan ook, jullie zijn hier, jullie zijn geslaagd. Geslaagd! Vanaf vandaag maken jullie deel uit van die lange rij *Scarlet Knights* wier energie en intellect deze universiteit naar een hoogte tilden die de stichters nooit hadden kunnen bevroeden. Tweehonderdvijftig jaar geleden, toen Amerika alleen nog maar een idee was, verleende de gouverneur des konings – een zoon van Benjamin Franklin – per charter zijn goedkeuring aan de stichting van *Queens College*. Een paar jaar later ging in een omgebouwde her-

* Grease (=vette) trucks zijn snackwagens vanwaaruit op de campus van Rutgers snacks worden verkocht. Ze staan onder meer bekend om hun 'Fat Sandwiches', een broodje gevuld met ingrediënten als burgers, kaassoufflés, frieten, gyros etc.

berg met een handjevol studenten het eerste studiejaar van start. En van dit allereerste begin in een kroeg is Rutgers uitgegroeid tot een van de allerbeste onderzoeksinstellingen in Amerika.

Dit is de plek waar jullie in 3D prothesehanden voor kinderen printen en windinstallaties voor daken ontwikkelen, waardoor hele kantoorgebouwen voorzien kunnen worden van schone, hernieuwbare energie. Elke dag komen tienduizenden studenten naar hier, naar deze intellectuele smeltkroes, waar ideeën en culturen samenvloeien in wat weleens Amerika's meest diverse studentengemeenschap zou kunnen zijn. Hier in New Brunswick kun je over filosofie bomen met een jaargenoot uit Zuid-Azië, vervolgens in de bus een discussie beginnen met een eerste generatie latina-studente uit Jersey City, om daarna in je groepsproject psychologie een veteraan tegen te komen, die op basis van de Post-9/11 GI Bill een studie volgt.*

Heel Amerika komt naar hier. En in heel veel opzichten weerspiegelt de geschiedenis van Rutgers de ontwikkeling van Amerika – de weg waarlangs we groter, sterker, rijker en dynamischer werden en uitgroeiden tot een land waar voor iedereen plaats is.

Maar Amerika's vooruitgang verliep nooit soepel of gelijkmatig. Vooruitgang verloopt niet in een rechte lijn. Hij zigzagt bij vlagen. Vooruitgang in Amerika was moeizaam en omstreden, en soms bloedig. Hij blijft ongelijkmatig en soms lijkt het alsof we bij elke twee stappen vooruit er één achteruit doen.

Nou zal dit sommigen van jullie bekend in de oren klinken vanwege jullie eigen studiecarrière. In elk geval geldt dat voor mij. Wat veel voor heeft omdat, gemeten naar de geschiedenis van de mensheid, Amerika een heel jonge natie is – jonger zelfs dan deze universiteit.

Vooruitgang gaat met horten en stoten. Dat was altijd zo. Maar dankzij dromers, vernieuwers, vechters en activisten is dit land sy-

* Op grond van deze wet krijgen mensen die na 11 september 2001 actieve dienst hebben gedaan bepaalde onderwijsvoordelen, zoals tegemoetkoming in studiekosten of bijscholingsprogramma's.

noniem aan vooruitgang. Ik citeer graag de woorden van Martin Luther King: 'De boog van het morele heelal is lang, maar hij neigt naar gerechtigheid.' Hij neigt naar gerechtigheid. Daarin geloof ik. Maar ik geloof ook dat de boog van onze natie, de boog van de wereld, niet uit zichzelf naar gerechtigheid, vrijheid, gelijkheid of voorspoed neigt. Dat hangt af van ons, van de keuzes die wij maken, vooral op bepaalde buigpunten in de geschiedenis; vooral in tijden van grote veranderingen waarin alles voor het grijpen lijkt te liggen.

En, alumni van 2016, jullie studeren af op zo'n buigpunt. Sinds het begin van het nieuwe millennium waren jullie al getuige van gruwelijke aanvallen door terroristen, van oorlog en van een grote recessie. Jullie zagen economische, technologische en culturele ontwikkelingen die grote veranderingen meebrengen voor de wijze waarop we werken, communiceren, leven en gezinnen vormen. Het tempo van verandering neemt niet af; het neemt toe. En deze veranderingen bieden niet alleen grote kansen, maar ook grote gevaren.

Gelukkig heeft jullie generatie alles wat nodig is om dit land naar een betere toekomst te leiden. Ik ben ervan overtuigd dat jullie de goede keuzes kunnen maken – weg van vrees, verdeeldheid en verlamming, naar samenwerking, vernieuwing en hoop. Nu ontleen ik mijn overtuiging deels aan het feit dat jullie, gemiddeld genomen, slimmer zijn en beter opgeleid dan mijn generatie – hoewel wij waarschijnlijk een beter handschrift hadden en zeker beter konden spellen. In mijn tijd had je geen spellingscorrectie. Niet alleen zijn jullie beter opgeleid, jullie komen ook sterker in aanraking met de wereld, in aanraking met andere culturen. Jullie zijn diverser. Jullie zijn milieubewuster. Jullie koesteren een gezonde scepsis tegenover volkswijsheden.

Jullie hebben dus het gereedschap om ons te leiden. En juist omdat ik in jullie zoveel vertrouwen heb, ga ik niet de rest van mijn tijd besteden aan een gedetailleerd verhaal hoe jullie de wereld beter kunnen maken. Dat zoeken jullie zelf wel uit. Jullie zullen kijken met een frissere blik, niet gehinderd door de vooroordelen, de blinde vlekken, de inertie en het chagrijn van jullie ouders, grootouders en ouwe kerels zoals ik. Maar ik heb wel wat suggesties die jullie wellicht nuttig zullen vinden nu jullie uitvliegen om de wereld te veroveren.

Punt nummer 1: wanneer jullie iemand horen terugverlangen naar 'de goede oude tijd', neem dit dan met een korreltje zout. Neem dit met een korreltje zout! We wonen in een groot land en we zijn met recht trots op onze geschiedenis. Wij profiteren van het werk, de durf en de moed van de generaties voor ons. Maar ik denk dat het de mens eigen is om, met name in tijden van verandering en onzekerheid, terug te willen kijken; en naar een denkbeeldig verleden te verlangen waarin alles werkte, de economie op volle toeren draaide, alle politici verstandig waren, elk kind zich wist te gedragen en Amerika zo'n beetje de wereld naar zijn hand zette.

Maar weet je, zo was het niet. 'De goede oude tijd' was niet zo geweldig. Zeker, er waren in onze geschiedenis tijden waarin de economie veel harder groeide of regeren soepeler verliep. Er waren momenten, zoals vlak na de Tweede Wereldoorlog of aan het einde van de Koude Oorlog, dat de wereld zich gemakkelijker voegde naar onze wil. Maar ze zijn zeldzaam, die momenten, die periodes. De werkelijkheid is dat in vrijwel elk opzicht Amerika nu beter af is en dat de wereld nu beter af is dan vijftig jaar geleden, of dertig jaar geleden of zelfs maar acht jaar geleden.

En dan hoef ik het niet eens te hebben over 150 jaar geleden – de periode voor de Burgeroorlog – daar valt heel wat over te vertellen. Of over het leven in de jaren vijftig, toen vrouwen en kleurlingen uit grote delen van het Amerikaanse leven werden geweerd. Sinds ik afstudeerde, in 1983 – wat niet zo heel lang geleden is – ik zeg het toch, sinds ik afstudeerde zijn de criminaliteitscijfers, het aantal tienerzwangerschappen, het percentage Amerikanen dat in armoede leeft – ze zijn allemaal gedaald. Het aandeel Amerikanen dat hoger onderwijs heeft genoten, is gestegen. Onze levensverwachting ook. Zwarten en latino's maakten carrière in het bedrijfsleven en in de politiek. Meer vrouwen zijn economisch actief. Ze verdienen meer geld – al is het al een hele tijd geleden dat we bij wet voorschreven dat vrouwen en mannen voor hetzelfde werk gelijk betaald moeten worden.

Ondertussen zijn we er de afgelopen acht jaar, waarin de meesten van jullie aan hun studie begonnen, eveneens op vooruitgegaan. Jij en je medegediplomeerden betreden de arbeidsmarkt met betere vooruitzichten dan op enig ander moment sinds 2007. Het aantal Amerikanen dat de financiële zekerheid van een ziektekostenverzekering kent, is met twintig miljoen gegroeid. We zijn minder afhankelijk van olie uit het buitenland. We hebben de productie van schone energie verdubbeld. We hebben de hoge schooluitval teruggebracht. We hebben het overheidstekort met twee derde teruggebracht. Het homohuwelijk is wettelijk verankerd.

En zoals Amerika beter af is, zo is ook de wereld beter af dan toen ik afstudeerde. Sinds ik afstudeerde is het IJzeren Gordijn gevallen en kwam er een einde aan apartheid. Er is meer democratie. Bepaalde ziektes zoals polio hebben we vrijwel overwonnen. Het aandeel extreme armoede hebben we drastisch teruggebracht. De kindersterfte hebben we teruggebracht, met enorme aantallen.

Nu zeg ik al die dingen niet om jullie zelfgenoegzaam te maken. We hebben nog heel wat problemen op te lossen. Ik zeg het om te betogen dat in onze geschiedenis verandering altijd een constante is geweest. En de reden dat Amerika beter af is, is omdat we niet achteromkeken en niet bang waren voor de toekomst. We omhelsden de toekomst en maakten haar van ons. En dat is ook precies de reden waarom het altijd jonge mensen waren zoals jullie, die grote veranderingen tot stand brachten – omdat jullie niet bang zijn voor de toekomst.

Dat brengt me bij mijn tweede punt: de wereld is onderling meer verbonden dan ooit en elke dag raakt ze verder verbonden. Het bouwen van muren maakt dat niet anders.*

Kijk, als president is mijn eerste verantwoordelijkheid altijd de veiligheid en voorspoed van de Verenigde Staten. En als burgers

* Verwijzing naar de Republikeinse presidentskandidaat Donald Trump die voorstelde om een muur te bouwen langs de grens met Mexico.

zetten we allemaal terecht ons land op de eerste plaats. Maar als de afgelopen twintig jaar ons iets geleerd hebben, dan wel dit: de grootste uitdagingen waarvoor we staan, kunnen niet worden opgelost in afzondering. Als buitenlandse staten uiteen gaan vallen, worden ze een broedplaats voor terroristen en kunnen ideologieën van nihilisme en wanhoop uiteindelijk ook onze kusten bereiken. Als ontwikkelingslanden geen goede gezondheidssystemen hebben, kunnen epidemieën zoals zika of ebola zich verspreiden en ook een gevaar gaan vormen voor Amerikanen. Een muur houdt dat niet tegen.

Als mazen in de wet het grote ondernemingen en welgestelde particulieren mogelijk maken om hun billijke aandeel aan belasting niet te hoeven betalen, moeten we samen met andere landen werken aan een wereldwijd financieel systeem dat toeziet op naleving van de financiële wetgeving. Het punt is dat we anderen moeten helpen wanneer we onszelf willen helpen, en geen bruggen moeten ophalen in een poging de wereld buiten de deur te houden.

Betrokkenheid betekent niet enkel het inzetten van ons leger. Er zijn momenten dat militaire actie noodzakelijk is ter bescherming van onszelf en onze bondgenoten. We hebben groot respect voor de mannen en vrouwen die met elkaar de beste krijgsmacht vormen die de wereld ooit gezien heeft. En we zijn hen dankbaar. Maar ik maak me zorgen als we zouden denken dat de last van onze bemoeienis met de wereld beperkt kan blijven tot die 1 procent die in ons leger dient en dat de rest van ons achterover kan leunen en niets hoeft te doen. Zij kunnen de last niet alleen dragen. Betrokkenheid betekent dat we alle werktuigen van onze nationale kracht inzetten, en de wereld bijeenbrengen om het op te nemen tegen de uitdagingen waarmee wij allemaal worden geconfronteerd.

Neem nou bijvoorbeeld zoiets als handel. We leven in een tijdperk van wereldomspannende bevoorradingsketens, van vrachtschepen die oceanen doorkruisen, en van online handelsverkeer dat grenzen achterhaald kan maken. Heel veel mensen hebben gerechtvaardigde zorgen over de wijze waarop globalisering zich heeft ontwikkeld – het is een van die veranderingen die hebben plaatsgevonden – banen zijn verdwenen naar het buitenland en handelsovereenkomsten zijn soms nadelig voor mensen en bedrijven. Maar het antwoord daarop is niet het stopzetten van de handel met andere landen. In onze wereldwijde economie is dat niet eens mogelijk. Het antwoord daarop is handeldrijven op de goede manier, door te onderhandelen met andere landen zodat zij hun arbeidsmaatstaven en hun milieunormen verhogen; en ervoor zorgen dat zij op Amerikaanse goederen geen onbillijke importtarieven heffen of Amerikaans intellectueel eigendom stelen. Op die manier kunnen we ervoor zorgen dat internationale regels niet op gespannen voet staan met onze waarden – waaronder mensenrechten. En uiteindelijk is het de manier waarop we de lonen in Amerika zelf helpen verbeteren. Het is de manier waarop we onze arbeiders helpen concurreren op een eerlijk speelveld.

Het bouwen van muren doet dat niet. Het doet onze economie niet groeien en het verhoogt onze veiligheid evenmin. Het apart zetten en verdacht maken van moslims, suggereren dat zij anders behandeld moeten worden wanneer zij dit land binnenkomen, betekent niet alleen verraad aan onze waarden betekent niet alleen verraad aan wie we zijn, het zou juist onze belangrijkste partners in de strijd tegen geweldddadig extremisme van ons vervreemden, in binnen- én in buitenland. Suggereren dat we langs onze grenzen een eindeloze muur kunnen bouwen en immigranten voor al onze problemen verantwoordelijk stellen – dat gaat niet alleen lijnrecht in tegen onze geschiedenis als smeltkroes van heel de wereld; dat is in tegenspraak met het overduidelijke gegeven dat onze groei, onze innovatie en onze dynamiek altijd hebben geprofiteerd van ons vermogen om uit elke hoek van de wereld mensen aan te trekken die vooruit willen. Het is de manier waarop we Amerika zijn geworden. Waarom zouden we daar dan nu mee willen stoppen?

STEM UIT HET PUBLIEK: Nog vier jaar!

Dat gaat niet.

Dat brengt me bij mijn derde punt: feiten, bewijzen, verstand, logica, een open oog hebben voor de wetenschap – dat zijn goede zaken. Dat zijn kwaliteiten die je graag ziet bij mensen die politiek maken. Dat zijn kwaliteiten die je als burger in jezelf wilt blijven ontwikkelen. Dat lijkt een open deur. Daarom eren we hier Bill Moyers en dr. Burnell.

Van oudsher wisten we zulke zaken op waarde te schatten. Maar als je het hedendaagse politieke debat beluistert, zul je je wellicht afvragen hoe al dit anti-intellectualisme mogelijk werd. Laat ik dus zo duidelijk mogelijk zijn, alumni van 2016. In de politiek en in het leven is onwetendheid geen deugd. Het is niet cool als je niet weet waarover je het hebt. Dat is niet de gewone jongen uithangen of zeggen waar het op staat. Dat is niet vraagtekens plaatsen bij politieke correctheid. Dat is gewoon niet weten waarover je het hebt. En toch heeft het ons in verwarring gebracht.

Kijk, de grondleggers van ons land – Franklin, Madison, Hamilton, Jefferson – zij waren kinderen van de verlichting. Zij probeerden te ontsnappen aan bijgeloof, sektarisme, stamgeloof en absolute onzin. Zij geloofden in de rede, in het experiment en in het vermogen van goed geïnformeerde burgers om hun lot in eigen handen te nemen. Ze legden dat vast in het ontwerp van onze grondwet. Hun geest bezielde onze uitvinders en ontdekkers, de Edisons en de gebroeders Wright, de George Washington Carvers en de Grace Hoppers. De Norman Borlaugs en de Steve Jobsen. Zij bouwden dit land.

En vandaag de dag, met in elke zak een telefoon hebben we met één druk op een knop toegang tot meer informatie dan ooit tevoren in de geschiedenis van de mensheid. Maar ironisch genoeg zijn we door deze vloed aan informatie de waarheid niet beter gaan zien. In zekere zin zijn we er juist meer door gaan vertrouwen op onze onwetendheid. We gaan ervan uit dat alles op het web waar moet zijn. We zoeken naar sites die onze eigen vooroordelen juist versterken. Opinies vermommen zich als feiten. De wildste samenzweringstheorieën worden geslikt voor zoete koek.

Begrijp me goed, ik weet zeker dat jullie in jullie studententijd geleerd hebben – en zo niet dan zullen jullie het binnenkort wel leren – dat heel wat mensen wel over boekenwijsheid beschikken, maar niet over gezond verstand. Zo is het. Jullie zullen ze beslist tegenkomen, als dat al niet het geval was. Ze hebben dan wel misschien een fraai diploma – je moet eerst met ze praten om te achterhalen of ze wel weten waarover ze het hebben. Kwaliteiten als vriendelijkheid en compassie, eerlijkheid en hard werken – vaak zijn ze van groter belang dan technische vaardigheden of kennis.

Maar wanneer onze leiders openlijke minachting aan de dag leggen voor feiten, wanneer ze niet aangesproken worden op het vertellen van onwaarheden en het verkopen van kletskoek, en de echte experts weggezet worden als elitair, dan hebben we een probleem.

Weet je, als we ziek zijn, willen we erop kunnen vertrouwen dat de artsen medicijnen hebben gestudeerd, dat ze weten waarover ze het hebben. Als we in een vliegtuig stappen, willen we een piloot die kan vliegen. Maar als het om politici gaat, willen we in geen geval iemand die het al eerder heeft gedaan. Het wegwuiven van feiten, het wegwuiven van verstand en wetenschap – het is de weg naar verval. Het herinnert me aan de woorden van Carl Sagan, die hier in New Jersey zijn middelbareschooldiploma haalde. Hij zei: 'We kunnen onze vooruitgang afmeten aan de moed van onze vragen en de diepten van onze antwoorden, aan onze bereidheid om eerder te accepteren wat waar is dan wat goed voelt.'

Het debat rond klimaatverandering is hiervan een uitstekend voorbeeld. Op het moment dat ik hier sta, heb ik niet het gevoel dat de planeet aan het opwarmen is. Natuurlijk niet. Het hagelde toen ik op Newark landde. Maar denk na over het probleem van klimaatverandering. Elke dag weer drijven hooggeplaatste functionarissen met veel verantwoordelijkheid de spot met de overweldigende consensus bij wetenschappers van over de hele wereld dat ons klimaat door menselijke activiteit en de uitstoot van kooldioxide, methaan en andere stoffen diepgaand en gevaarlijk verandert.

Misschien hebben jullie gezien dat een Amerikaanse senator

midden in de winter tijdens zijn speech in de Senaat een sneeuwbal tevoorschijn haalde als 'bewijs' dat de aarde niet opwarmt. Maar, begrijp me goed, klimaatverandering is niet iets dat afhangt van toevallige politieke opvattingen. Er is bewijs. Er zijn feiten. We kunnen het om ons heen zien gebeuren. Als we niet handelen, als we geen vervolg geven aan de vooruitgang die we boekten in Parijs, boekten hier in eigen land, zal jullie generatie in volle omvang met deze catastrofe worden geconfronteerd.

Het is dus aan jullie om een intelligent debat te eisen en daar richting aan te geven. Stel je voor dat Benjamin Franklin die senator met zijn sneeuwbal had gezien, wat zou hij gedacht hebben? Stel je voor dat jullie hoogleraar natuurwetenschappen het had gezien. Hij zou de man een vijf hebben gegeven. Een senator!

Nou wil ik niet beweren dat koele analyse en harde data in het leven uiteindelijk belangrijker zijn dan passie, geloof, liefde of loyaliteit. Maar ik beweer wel dat deze hoogste expressies van ons mens-zijn alleen kunnen opbloeien wanneer onze economie goed functioneert, de staatshuishouding op orde is en ons milieu wordt beschermd. En om zulke zaken te realiseren, om het algemeen welzijn leidend te laten zijn in onze besluitvorming, moeten we ons verstand gebruiken. We moeten het erover eens zijn dat feiten en bewijzen belangrijk zijn. En van onze leiders moeten we eisen dat ze donders goed weten waarover ze het hebben.

Goed. Ik heb nog twee punten over. Het begint koud te worden en jullie moeten je diploma's nog krijgen. Punt vier: heb vertrouwen in de democratie. Kijk, ik weet dat het er niet altijd fijn aan toegaat. Echt, ik weet het. Ik spreek uit ervaring. Maar het is wel hoe we, beetje bij beetje, generatie voor generatie, in dit land vooruit zijn gekomen. Hoe we kinderarbeid hebben uitgebannen. Hoe we onze lucht en ons water hebben schoongemaakt. Hoe we wetten hebben aangenomen zoals de *Social Security* en de *Medicare*, waardoor miljoenen ouderen niet langer in armoede hoeven te leven.

Geen van deze veranderingen werd van de ene op de andere dag gerealiseerd. Ze werden niet gerealiseerd door een charismatische leider die iedereen ineens zover kreeg om met alles in te stemmen. Ze werden niet gerealiseerd als gevolg van een grote politieke omwenteling. Ze werden gerealiseerd in lange jaren van bepleiten en organiseren, van allianties smeden en compromissen sluiten, en van bewerken van de publieke opinie. Ze werden gerealiseerd door gewone Amerikanen die actief waren in het politieke proces.

STEM UIT HET PUBLIEK: Door u!

Nou, dat is aardig. Natuurlijk, ik hielp mee, maar –

Kijk als jullie dit land ten goede willen veranderen, doen jullie er goed aan actief te worden. Ik geef jullie een voorbeeld van wat veel mensen vandaag de dag bezighoudt – de groeiende ongelijkheid in onze economie. In een groot deel van de vorige eeuw brachten we een ongekend krachtige economische motor op gang, maar in de laatste twee decennia is onze economie steeds ongelijker geworden. De top 10-procent van verdieners incasseert nu de helft van alle inkomens in de VS. Vroeger ontvingen de topmensen in het bedrijfsleven een salaris dat 20 tot 30 keer hoger lag dan het inkomen van de gemiddelde arbeider. Vandaag is dat 300 keer meer. En de lonen stijgen onvoldoende voor miljoenen hardwerkende gezinnen.

Als we deze trends willen keren, is er heel veel beleid mogelijk dat echt verschil zou maken. We kunnen het minimumloon verhogen. We kunnen onze infrastructuur moderniseren. We kunnen investeren in voorschoolse opvang. We kunnen ons hoger onderwijs beter betaalbaar maken. We kunnen mazen in onze belastingwetgeving dichten zodat we hedgefund-managers belasting laten betalen en we belastingvoordelen geven aan gezinnen met kinderen of gepensioneerden. Als we zulke zaken doen, helpen we het gevoel terugbrengen dat hard werken loont en kunnen we een economie bouwen die ook echt werkt voor iedereen.

De reden dat sommige van deze zaken niet zijn gerealiseerd, zelfs al is de meerderheid van de bevolking ervoor, is heel simpel. Het was niet omdat ik ze niet heb voorgesteld. Het was niet omdat feiten en bewijzen aantoonden dat ze niet zouden werken. Het was omdat een groot deel van de Amerikanen, met name jongeren, niet gaat stemmen.

In 2014 was de opkomst bij de verkiezingen lager dan ooit sinds de Tweede Wereldoorlog. Minder dan een op de vijf jongeren nam de moeite om naar de stembus te gaan – in 2014! En die vier thuisblijvers bepaalden net zo hard de koers van dit land als die ene die wel ging. Want apathie blijft niet zonder gevolgen. Het bepaalt hoe ons Congres eruitziet. Het bepaalt welk beleid voorrang krijgt. Het bepaalt zelfs of de Senaat de beleefdheid kan opbrengen om over een echt uitstekend gekwalificeerde kandidaat voor het Hooggerechtshof een hoorzitting te houden en over zijn voordracht te stemmen.

Zeker, de invloed van het grote geld op de politiek is een groot probleem. We moeten die terugbrengen. En zeker, belangengroepen en lobbyisten hebben onevenredige toegang tot de coulissen van de macht. Maar in tegenstelling tot wat we soms zowel van links als van rechts te horen krijgen, is het systeem niet zo'n doorgestoken kaart als jullie denken en het is zeker niet zo hopeloos als jullie denken. Politici willen graag gekozen worden en ze willen heel graag herkozen worden. En wanneer jullie gaan stemmen en kiezen voor een meerderheid die jullie opvattingen vertegenwoordigt, dan krijgen jullie wat jullie willen. En wanneer jullie afhaken, of niet langer alert zijn, krijgen jullie dat niet. Zo simpel is het. Erg ingewikkeld is het niet.

Nu is een van de redenen om niet te gaan stemmen dat mensen de gewenste veranderingen niet meteen zien. En weet je – geen van de grote stappen voorwaarts in onze geschiedenis gebeurde meteen. Het kostte Thurgood Marshall en de NAACP* tientallen jaren

* Thurgood Marshall was een Amerikaanse burgerrechtenadvocaat en de eerste Afro-Amerikaanse rechter bij het Amerikaanse Hooggerechtshof. In de 24 jaar (1967-1991) dat hij Hooggerechtshofrechter was, stond Marshall bekend als liberale voorvechter van burgerrechten en de rechten van het individu (waaronder de rechten van verdachten en het recht op abortus) en als tegen-

om de zaak-Brown versus de Onderwijscommissie van Topeka te winnen; en toen nog eens tien jaar om de *Civil Rights Act* en de *Voting Rights Act* tot stand te brengen. En daarna nog meer tijd om de wetten nageleefd te krijgen. Het kostte een trotse dochter van New Jersey, Alice Paul, jaren van het organiseren van protestmarsen en hongerstakingen, van het ontwerpen van honderden stukken wetgeving, van het schrijven van brieven en het houden van toespraken, van samenwerking met vooraanstaande leden van het Congres, voordat zij en andere suffragettes uiteindelijk het kiesrecht voor vrouwen afdwongen.

Elke stap op die weg vereiste compromissen. Soms moest men genoegen nemen met een half ei. Men smeedde allianties. Soms werd een zaak verloren en kwam men terug om door te vechten. Zo werkt democratie. Jullie moeten de bereidheid om je te engageren dus niet af laten hangen van een onmiddellijke beloning, maar jullie moeten fulltime burgers zijn, altijd.

En als participatie betekent naar de stembus gaan, en het compromissen sluiten, organiseren en bepleiten betekent, dan betekent het ook luisteren naar anderen die het niet met jou eens zijn. Enkele jaren geleden waren er op deze campus mensen die protesteerden tegen de uitnodiging aan Condoleezza Rice om hier op de afstudeerceremonie te spreken. Nou denk ik niet dat ik een geheim verklap als ik zeg dat ik het met veel van de buitenlandse politiek van dr. Rice en de vorige regering niet eens was. Maar de idee dat deze gemeenschap of het land beter gediend zou zijn door het niet aanhoren van een vroegere minister van Buitenlandse Zaken of door haar het spreken te beletten – dat vind ik misplaatst.

stander van de doodstraf. In 1940 werd hij benoemd tot hoofdadvocaat van de nationale burgerrechtenorganisatie NAACP. Vervolgens wist hij een serie successen te behalen met Hooggerechtshofzaken die het rassensegregatiebeleid aanvochten. Hij won 29 van zijn 32 Hooggerechtshofzaken. Een van zijn beroemdste zaken als advocaat was *Brown v. Board of Education of Topeka* (1954), waarbij het Hooggerechtshof het *separate but equal*-rassensegregatiebeleid in het openbaar onderwijs ongrondwettelijk verklaarde.

Ik denk niet dat democratie optimaal werkt als we zelfs niet naar elkaar willen luisteren. Dat vind ik misplaatst.

Als je met iemand anders van mening verschilt, kom ervoor uit, stel lastige vragen. Leg ze het vuur na aan de schenen. Laat ze hun opvatting verdedigen. Als een ander een idee heeft dat slecht is of kwetsend, laat zien dat het fout is. Ga het gesprek aan. Praat erover. Kom op voor waar je in gelooft. Wees niet bang om een ander aan te pakken. Doe niet alsof je het niet gehoord hebt, omdat je je zwak voelt en bang bent dat de ander jou in je gevoelens zou kunnen kwetsen. Spreek hen aan als hun woorden gewoon nergens op slaan. Gebruik je verstand, je logica, verhef je stem. Door zo te handelen, versterk je jouw positie en scherp je jouw argumenten aan. En wellicht leer jij ook iets en realiseer je je dat je niet alles weet. En wellicht kom je tot nieuwe inzichten, niet alleen in wat jouw opponenten geloven, maar wellicht ook in wat jijzelf gelooft. Hoe dan ook, je wint erbij. En belangrijker nog, onze democratie wint erbij.

Oké, dat was het dan, alumni van het jaar 2016: een paar suggesties over hoe jullie de wereld kunnen veranderen. Op misschien een laatste suggestie na. Nog eentje. En die is: richt je op de lange termijn. Welke weg je ook kiest – bedrijfsleven, non-profitorganisatie, overheid, onderwijs, gezondheidszorg, letteren – wat het ook is, je zult niet ontkomen aan teleurstellingen. Soms heb je te maken met idioten. Je zult gefrustreerd raken. Je zult een baas hebben die niet geweldig is. Je zult niet altijd alles krijgen wat je wilt – en zeker niet zo snel als je wel zou willen. Daarmee zal je moeten leren omgaan. Je zult volhardend moeten zijn. En succes, hoe klein, hoe onvolledig ook, succes is altijd succes. Weet je, ik zeg mijn dochters altijd, perfectie is de vijand van het goede. Het hoeft niet perfect te zijn, het hoeft niet geweldig te zijn, als het maar goed is. Dat is de manier waarop we vooruitgang boeken – in de samenleving en in ons eigen leven.

Dus verlies de hoop niet als je onderweg een deuk oploopt. Verlies de hoop niet als je wordt tegengewerkt. En laat weerstand je zeker niet cynisch maken. Cynisme is te gemakkelijk en cynici krijgen niet veel voor elkaar. Zoals een vriend van me, hij komt toevallig uit New Jersey, de man heet Bruce Springsteen, ooit zong: *they spend their lives waiting for a moment that just don't come*. Zorg dat jij niet zo bent. Verdoe je tijd niet met wachten.

Als je twijfelt of je wel het verschil kunt maken, kijk dan naar de invloed die een aantal van jullie mede-alumni al heeft. Kijk naar iemand als Yasmin Ramadin, die toen ze tien was al manifestaties tegen pesten begon te organiseren om zo kinderen met vooroordelen en discriminatie te leren omgaan. En hier op Rutgers de *Muslim Public Relations Council* hielp om samen met bestuurders en politie uitsluiting van moslims tegen te gaan.

Kijk naar iemand als Madison Little, die als kind met gezondheidsproblemen te kampen had en zich afvroeg hoe er voor hem gezorgd zou zijn als hij in een ander land had gewoond. En dus zette hij hier op Rutgers een non-profitorganisatie van studenten op en zette hij zich in Australië, Cambodja en Oeganda actief in voor de bestrijding van aids. 'Onze generatie heeft zoveel energie om de wereld beter te maken,' zei hij. 'De mensen om me heen geven me veel hoop dat we de obstakels in de samenleving uit de weg kunnen ruimen.'

Dat zijn jullie! Is het gek dat ik dan optimistisch ben? Door onze hele geschiedenis heen heeft elke nieuwe generatie Amerikanen resultaat geboekt en de boog van de geschiedenis bijgebogen in de richting van meer vrijheid, meer kansen en meer gerechtigheid. En alumni van 2016, de beurt is nu aan jullie, om richting te geven aan het lot van ons land en aan dat van jullie zelf.

Aan de slag dus. Zorg ervoor dat de volgende 250 jaar beter zijn dan de vorige.

Succes. God zegene jullie. God zegene dit door ons beminde land. Dank u.

'Niemand is beter gekwalificeerd dan Hillary Clinton'

Toespraak op de Democratische Conventie
Philadelphia, Pennsylvania
28 juli 2016

Vanavond twaalf jaar geleden sprak ik dus voor de allereerste keer op dit congres. U maakte kennis met mijn dochtertjes Malia en Sasha, inmiddels twee geweldige jonge vrouwen waar ik enorm trots op ben. U viel voor mijn briljante echtgenote Michelle, die van mij een betere vader en een beter mens maakte, die ons land inspireerde als presidentsvrouw en er op een of andere manier geen dag ouder op is geworden.

Ik weet dat dit van mij niet gezegd kan worden. Mijn dochters herinneren me er de hele tijd aan: 'Jeetje papa, jij bent zó veranderd!' En dan proberen om het goed te maken: 'Niet lelijker ofzo, gewoon meer volwassen.'

En daar zit wat in. Ik was nog best jong, die eerste keer in Boston. En ik was ook wel een beetje zenuwachtig om zo'n grote groep mensen toe te spreken. Toch had ik er vertrouwen in. Ik had vertrouwen in Amerika: het vrijgevige, ruimhartige, hoopvolle land dat mijn levensloop – net als die van ons allemaal – mogelijk maakte.

Afgelopen jaren is er veel gebeurd. En ook al heeft ons land oorlog, recessie en andere beproevingen doorstaan, ik sta hier vanavond opnieuw voor u, na bijna twee termijnen als uw president, om te vertellen dat ik optimistischer over de toekomst van Amerika ben dan ooit.

Hoe kan het ook anders, na wat we allemaal hebben bereikt samen? Na de ernstigste economische crisis in tachtig jaar zitten we nu weer in de lift. We hebben de tekorten zien teruglopen en de pensioenen zien verbeteren. De auto-industrie behaalde nieuwe records, de werkloosheidscijfers zijn de laagste sinds acht jaar en ons bedrijfsleven creëerde vijftien miljoen nieuwe banen.

Na de vele pogingen in de vorige eeuw kunnen we eindelijk zeggen dat onze gezondheidszorg geen privilege meer is voor enkelen maar een recht voor iedereen. Na er tientallen jaren slechts over gepraat te hebben, zijn we eindelijk niet meer afhankelijk van buitenlandse olie. We verdubbelden de productie van schone energie. We lieten meer troepen terugkeren naar hun gezinnen en we pakten Osama bin Laden op. Met diplomatie legden we Irans nucleaire wapenprogramma stil. We zijn weer in contact met de mensen op Cuba en we brachten bijna tweehonderd landen bij elkaar voor een klimaatakkoord dat onze planeet kan redden voor onze kinderen.

We hebben beleid ontwikkeld om studenten te ondersteunen met leningen en om consumenten te beschermen tegen fraude. We brachten het aantal dakloze veteranen tot de helft terug. Dankzij talloze stille moedige initiatieven heeft Amerika geleerd dat liefde geen grenzen kent en is in het hele land het huwelijk opengesteld voor iedereen.

Door al deze maatregelen is ons land sterker en welvarender dan het was toen we begonnen. Bij elke overwinning en bij elke tegenslag heb ik erop gehamerd dat verandering niet makkelijk is en nooit snel gaat, dat we niet alle problemen kunnen oplossen in één termijn, in één presidentschap, zelfs niet in één mensenleven.

Ik sta hier vanavond dus om te zeggen dat we, inderdaad, nog meer werk te doen hebben. Werk om ervoor te zorgen dat iedere Amerikaan die het nodig heeft een goede baan en goed loon krijgt, betaald ouderschapsverlof en een fatsoenlijk pensioen. Werk om ieder kind dat steun nodig heeft te helpen om uit de armoede te ontsnappen of een uitstekende opleiding te volgen. Werk om ervoor te zorgen dat iedereen van de vooruitgang van afgelopen zevenenhalf jaar gaat profiteren – ook degenen die er tot nu toe nog niets van hebben gemerkt. We moeten ons sterk blijven maken voor meer veiligheid op straat, een eerlijker strafrechtssysteem, een betrouwbaar vaderland, een vreedzame en duurzame wereld voor de volgende generatie. We zijn nog niet klaar met ons land, we leven nog niet naar onze onafhankelijkheidsverklaring waarin staat dat alle mensen gelijk geschapen zijn en dat ieder van ons vrij is in de ogen van God.

En al dat werk vraagt om een belangrijke keuze in november. Ik denk dat we gerust kunnen stellen dat dit geen gewone verkiezing is. Het gaat niet alleen om een keuze tussen partijen en beleid, om de gebruikelijke discussies tussen links en rechts, het gaat om een fundamentele keuze over wie we zijn als volk, en of we trouw blijven aan het grote Amerikaanse experiment van zelfbestuur.

Kijk, wij Democraten verschillen op veel punten van mening met de Republikeinse Partij en daar is niets mis mee. Juist deze elkaar uitdagende ideeën stuwen ons land voort. Maar wat we afgelopen week in Cleveland hoorden, was niet bijzonder Republikeins, en conservatief was het al helemaal niet. Wat we voorgeschoteld kregen, was een diep pessimistische visie op een land waarin we tegenover elkaar komen te staan en ons afkeren van de rest van de wereld.

Er werden geen serieuze oplossingen voor nijpende problemen aangedragen – het ging alleen maar over wrok en over schuld, over woede en over haat.

Dat is niet het Amerika dat ik ken. Het Amerika dat ik ken, staat voor goede moed, voor optimisme en vindingrijkheid. Het Amerika dat ik ken is een fatsoenlijk en vrijgevig land. Natuurlijk maken we ons zorgen – over rekeningen die betaald moeten worden, over onze kinderen die we willen beschermen, over zieke ouders die onze verzorging nodig hebben. We raken gefrustreerd over de politieke impasse en zijn bezorgd over raciale verdeeldheid. We zijn geschokt en verdrietig om de waanzin in Orlando en Nice. Er zijn huishoudens in Amerika die nooit zijn bijgekomen van fabriekssluitingen: mannen die trots waren op hun harde werken waarmee ze hun gezin konden onderhouden die zich nu in de steek gelaten voelen; ouders die zich afvragen of hun kinderen dezelfde kansen zullen krijgen die wij hadden.

Dat is allemaal werkelijkheid. En de uitdaging is om het beter te doen, om nog beter te worden.

Maar wat ik ook zie wanneer ik door het land reis – door alle vijftig staten, waar ik me met u verheug en waar ik deel in uw verdriet – meer dan wat ook zie ik de dingen die goed gaan in Amerika. Ik zie mensen hard werken en bedrijven starten. Ik zie mensen kennis overbrengen aan kinderen en ik zie mensen ons land dienen. Ik zie ingenieurs nieuwe uitvindingen doen, en medici nieuwe geneeswijzen ontwikkelen. Ik zie een jonge generatie bruisend van de energie en de nieuwe ideeën – zonder zich te laten beperken door hoe het nu is, en gretig om een bijdrage te leveren aan hoe het zou moeten zijn.

Vooral zie ik Amerikanen van alle partijen, uit alle milieus en van alle religies die geloven dat we samen sterk zijn: zwart en wit, latino, Aziaat en inheemse Amerikaan, jong en oud, homo en hetero, man en vrouw, mensen met een beperking – allemaal beloven we trouw aan dezelfde trotse vlag en aan dit grote, moedige land waar we zo van houden. Dat is wat ik zie. Dat is het Amerika dat ik ken.

In de race om het presidentschap is er maar één kandidaat die in die toekomst gelooft, die haar leven aan die toekomst wijdt – een moeder en grootmoeder die alles doet om ervoor te zorgen dat haar kinderen het goed hebben, een leider met concrete plannen om barrières te slechten, om het glazen plafond te doorbreken en om de kansen van elke individuele Amerikaan te vergroten: de volgende president van de Verenigde Staten, Hillary Clinton.

PUBLIEK: Hillary! Hillary! Hillary!
OBAMA: En zo is het!

Ik zal jullie iets vertellen. Acht jaar geleden waren Hillary en ik, zoals jullie weten, rivalen voor de Democratische nominatie. Anderhalf jaar lang voerden we strijd tegen elkaar. En geloof me, het was zwaar. Want Hillary is een taaie. Ik raakte compleet uitgeput. Ze deed dezelfde dingen als ik, maar dan, net als Ginger Rogers, achterwaarts en op hakken. Elke keer als ik dacht dat ik de race had gewonnen, kwam Hillary net even sterker terug.

Toen het allemaal voorbij was, vroeg ik haar mijn team te komen versterken. Dat verraste haar. Het verraste een deel van mijn team. Maar uiteindelijk zei ze ja. Want wat op het spel stond was groter dan haar of mij. Vier jaar lang zat ik bij haar op de eerste rij – bij haar intelligentie, haar inzicht en haar discipline. Ik kwam tot het besef dat ze dat ongelooflijke arbeidsethos niet aan de dag legt om waardering te krijgen of aandacht, maar dat ze het doet voor iedereen die een voorvechter nodig heeft. Ik begreep dat zij na al die jaren nooit is vergeten voor wie ze vecht.

Hillary is nog net zo volhardend als toen ze als jonge vrouw bij het Children's Defense Fund werkte en op alle deuren klopte om ervoor te zorgen dat kinderen met een beperking een goede opleiding kregen. Haar warmhartigheid is dezelfde als die waarmee ze als presidentsvrouw bij het Congres een kinderzorgverzekering doorgevoerd kreeg, waarmee tot op de dag van vandaag de gezondheid van miljoenen kinderen gegarandeerd is.

De herinnering aan elke Amerikaan die ze sprak die een dierbare had verloren op 11 september staat in haar hart gegrift. Dat is de reden waarom ze als senator uit New York zo hard vocht om fondsen te werven voor de ondersteuning van EHBO'ers en het herbouwen van de stad. Dat is waarom ze als minister van Buitenlandse Zaken met mij samen in de Situation Room zat en krachtig pleitte voor de missie om Bin Laden in handen te krijgen.

Weet je, er is niets wat je werkelijk voorbereidt op wat er van je gevraagd wordt in de Oval Office. Je kunt erover lezen. Je kunt er een hele studie van maken. Maar totdat je aan dat bureau zit, weet je niet hoe het is om een wereldwijde crisis aan te pakken of om jonge mensen een oorlog in te sturen. Hillary was erbij. Ze nam deel aan de besluitvorming. Ze weet wat er op het spel staat als onze regering beslissingen moet nemen – voor werkende gezinnen, voor oudere mensen, voor de kleine ondernemer, voor de militair, voor de veteraan. Zelfs midden in een crisis luistert ze naar mensen, ze houdt het hoofd koel en ze behandelt iedereen met respect. Het maakt niet uit hoe ontmoedigend de omstandigheden zijn, hoeveel mensen haar tegenwerken, zij geeft nooit op – nooit.

Dat is de Hillary die ik ken. Dat is de Hillary voor wie ik grote bewondering heb gekregen. En daarom kan ik met een gerust hart zeggen dat er nooit een man of een vrouw is geweest – niet ik, niet Bill, niemand – die beter gekwalificeerd is dan Hillary Clinton om president van de Verenigde Staten van Amerika te worden. Bill, ik hoop dat je het me niet kwalijk neemt. Het is gewoon de waarheid, man.

Trouwens, mocht je aan haar oordeel twijfelen, kijk dan eens wie ze koos als *running mate*. Ik zou geen beter mens, even bescheiden als toegewijd aan de publieke zaak, weten dan Tim Kaine. Ik ken zijn familie. Ik ben dol op Anne en hun kinderen. Hij zal een geweldige vicepresident zijn, zoals mijn goede vriend en *brother* Joe Biden mij een betere president maakte.

Hillary heeft plannen met betrekking tot de zorgen waarover jullie haar tijdens de campagne hebben verteld. Ze heeft concrete ideeën om te investeren in nieuwe banen, om werknemers te laten delen in de winst van hun bedrijf, om meer kinderen naar de voorschool te laten gaan en studenten naar college zonder dat ze een studieschuld van een ton opbouwen. Dat is wat leiders doen.

En dan is er Donald Trump.

PUBLIEK: Boe-oe!
OBAMA: Niet roepen, ga stemmen!
PUBLIEK: Niet roepen – ga stemmen! Niet roepen – ga stemmen!

Weet je, die Donald is niet zo van de plannen. Hij is ook niet zo van de feiten. Hij noemt zichzelf een zakenman, wat waar is, maar ik moet zeggen, ik ken een heleboel zakenmannen en -vrouwen die buitengewoon succesvol zijn, maar dan zonder een reeks rechtszaken aan hun broek, zonder onbetaalde werknemers en zonder mensen die zich door hen bedrogen voelen.

Is er iemand die werkelijk denkt dat een vent die al zeventig jaar op deze aardbol rondloopt zonder enig respect voor werkende mensen plotseling je held gaat worden? Jou een stem gaat geven?

PUBLIEK: Nee–

Wie dat denkt, moet op hem stemmen. Maar wie zich zorgen maakt over het betalen van de rekeningen en andere financiële zaken, wie de groei van onze economie belangrijk vindt en het creëren van meer kansen voor iedereen, die komt met die stem niet dichter bij zijn doel. Wil je iemand die al een leven lang strijdt voor hogere lonen en betere arbeidsvoorwaarden, voor een eerlijker belastingstelsel, meer rechten voor werknemers en voor een strengere regelgeving op Wall Street, dan moet je op Hillary Clinton stemmen.

Als je je, terecht, afvraagt wie voor meer veiligheid voor jou en je familie gaat zorgen in deze gevaarlijke wereld, dan zou de keuze nog makkelijker moeten zijn. Hillary Clinton wordt gerespecteerd over de hele wereld – niet alleen door de leiders maar ook door de inwoners van al die landen.

Er moet me nog iets van het hart. Mensen buiten de Verenigde Staten begrijpen niet wat er aan de hand is rond deze verkiezing. Ze begrijpen er niets van. Want ze kennen Hillary. Ze hebben haar aan het werk gezien. Hillary heeft nauw samengewerkt met inlichtingendiensten, diplomaten en ons leger. Ze beschikt over het oordeelsvermogen, de ervaring en het karakter om dreigend terrorisme af te weren. Daar is zij mee bekend. Onze troepen hebben IS hard getroffen, zonder genade. Leiders zijn uitgeschakeld, grondgebied is heroverd. Ik weet dat Hillary niet zal rusten voordat IS volledig is vernietigd. Zij gaat die klus klaren. En ze zal dat doen zonder haar toevlucht te nemen tot foltering. Zonder een complete religieuze groep de toegang tot ons land te verbieden. Zij is er geestelijk en lichamelijk klaar voor om de volgende opperbevelhebber te worden.

Intussen noemt Donald Trump ons leger een ramp. Klaarblijkelijk heeft hij geen benul van de mannen en vrouwen die ons leger vormen – het sterkste leger dat de wereld ooit heeft gekend. Hij noemt Amerika zwak. Kennelijk heeft hij geen boodschap aan de miljarden mannen, vrouwen en kinderen, van de Baltische staten tot in Birma, die Amerika zien als het land van vrijheid, waardigheid en mensenrechten. Hij papt aan met Poetin, hij prees Saddam Hoessein, hij zegt de NAVO-bondgenoten die ons steun boden na 11 september dat ze maar moeten betalen als ze door ons beschermd willen worden.

Maar hé, Amerika verbindt geen prijskaartje aan beloften. We voldoen aan onze verplichtingen. We dragen onze lasten. En daarom hebben vrijwel alle landen ter wereld meer respect voor Amerika, en achten ze ons land sterker dan toen ik acht jaar geleden aantrad.

Amerika is al groot. Amerika is al sterk. En ik kan jullie verzekeren dat onze kracht en onze grootsheid niet afhangen van Donald Trump. Sterker nog, ze zijn van niemand afhankelijk. En dat maakt uiteindelijk het grootste verschil in deze verkiezing: de betekenis van onze democratie.

Ronald Reagan noemde Amerika 'een schitterende stad op een heuvel'. Donald Trump noemt Amerika 'een verdeelde criminele plek' waar alleen hij de orde kan herstellen. Het kan hem niet schelen dat de illegale immigratie en de criminaliteitscijfers lager zijn dan ze in decennia zijn geweest want hij is niet geïnteresseerd in het oplossen van die problemen. Het enige wat hij te bieden heeft is angst – en zijn strijdkreten. Hij gokt erop dat hij, als hij maar genoeg angst creëert bij mensen, net genoeg stemmen zal krijgen om deze verkiezing te winnen.

Die gok gaat Donald Trump verliezen. En de reden dat hij gaat verliezen is omdat hij het Amerikaanse volk tekortdoet. We zijn geen kwetsbaar volk. We zijn ook geen angstaanjagend volk. We putten geen kracht uit een of andere zelfverklaarde redder die de orde belooft te herstellen – als we de dingen maar op zijn manier doen. We zitten niet te wachten op leiding. We putten onze kracht uit die onwrikbare verklaring die vele jaren geleden hier in Philadelphia op papier is gezet: *Wij beschouwen deze waarheden als vanzelfsprekend, dat alle mensen gelijk geschapen zijn, dat Wij het Volk een perfecte eenheid kunnen vormen.*

Dat is wie wij zijn. Het is ons bij de geboorte gegeven: het recht en de mogelijkheden om onze toekomst zelf vorm te geven. Daarom verkozen patriotten de revolutie boven overheersing. Daarom bevrijdden onze GI's een continent. Daarom hadden vrouwen de moed om stemrecht te eisen, demonstranten de moed om een brug over te steken in Selma, en werknemers om zich te organiseren en te strijden voor CAO-onderhandelingen en betere lonen.

Amerika gaat niet over één persoon die ons wel even vertelt wat hij allemaal voor ons doet. Ons land is wat wij er samen van maken. Al moeten we ons door moeilijke, soms trage, soms frustrerende tijden heen slaan, altijd gaat het uiteindelijk om zelfbestuur.

Dat is iets wat Hillary Clinton onderschrijft. Zij kent de grootte en de diversiteit van dit land. Ze heeft het gezien. Ze is overal geweest. Ze heeft gepraat met mensen. En ze begrijpt dat problemen zelden zwart-wit zijn. Ze begrijpt dat je, zelfs al heb je 100 procent gelijk, dingen alleen maar voor elkaar krijgt als je bereid bent een compromis te sluiten. Ze begrijpt dat democratie niet werkt als we elkaar steeds maar demoniseren. Ze weet dat we, om vooruitgang te kunnen boeken, moeten luisteren naar elkaar en ons verplaatsen in de ander, dat we moeten vechten voor onze overtuigingen maar ook raakvlakken moeten zoeken – hoe lastig dat soms ook lijkt.

Hillary weet dat we raciale vooroordelen kunnen wegnemen als we ons realiseren dat de zorgen die zwarte ouders hebben wanneer hun zoon het huis verlaat niet veel anders zijn dan de zorgen van het gezin van een politieagent wanneer hij zijn uniform aantrekt om aan het werk te gaan; dat we politie kunnen waarderen en elke gemeenschap gelijk kunnen behandelen. Wij kunnen dat. En ze weet dat de verstandhouding tussen de rassen niet verslechtert als we problemen die zich al tientallen jaren voortslepen gewoon benoemen. Dat nodigt mensen van goede wil juist uit om mee te doen en dingen beter te maken.

Hillary weet dat we kunnen vasthouden aan een wettig en ordelijk immigratiesysteem, zonder ijverige studenten en hun hardwerkende ouders anders te zien dan als liefdevolle gezinnen, en niet als criminelen of verkrachters. Deze families kwamen hier om dezelfde redenen als onze voorouders: om te werken en te studeren en om een beter leven te krijgen op een plek waar we kunnen zeggen wat we willen en kunnen liefhebben zoals we willen. Ze weet dat hun droom typisch Amerikaans is en dat de American Dream iets is wat geen muur ooit in toom zal kunnen houden. Dit zijn dingen die Hillary weet.

Democratie bedrijven kan soms frustrerend zijn. Geloof me, ik weet daarvan. Hillary weet dat ook. Als de andere partij weigert om een compromis te sluiten, stokt de vooruitgang. Mensen hebben last van die stilstand. Medestanders kunnen ongeduldig worden en zich zorgen maken dat je niet hard genoeg je best doet, dat het er misschien niet meer in zit. Maar ik beloof jullie, als wij doorgaan, als genoeg mensen van gedachten veranderen, als we voldoende stemmen krijgen, dan zullen we vooruitgang boeken. En als je daarover twijfelt, vraag het de twintig miljoen meer mensen die tegenwoordig toegang hebben tot de gezondheidszorg. Vraag het aan de marinier die trots is dat hij zijn land kan dienen zonder geheimzinnig te hoeven doen over de man die hij liefheeft. Democratie werkt, Amerika, als we maar willen – niet alleen in verkiezingsjaren, maar ook op alle dagen daartussenin.

Dus als we vinden dat de inkomensongelijkheid te groot is en dat er te veel geld naar onze politiek gaat, moeten we allemaal onze stem laten horen en net zo georganiseerd en vasthoudend zijn als de supporters van Bernie Sanders in deze verkiezingsperiode. We moeten naar de stembureaus gaan om op alle niveaus voor Democraten te stemmen en hen verantwoordelijk houden totdat de klus geklaard is.

Precies – hou het Berniegevoel vast.

Als we vinden dat het rechtssysteem rechtvaardiger moet worden, moeten we gaan stemmen; niet alleen voor een president maar ook voor burgemeesters, sheriffs, staatsprocureurs en staatswetgevers. Daar wordt het strafrecht gemaakt. En we moeten samenwerken met politie en demonstranten, net zo lang tot wetten en gebruiken worden aangepast. Zo werkt democratie.

Als we de klimaatverandering willen bestrijden, moeten we niet alleen studenten overtuigen, maar ook de mijnwerker zien te bereiken die zich zorgen maakt of hij zijn gezin wel kan onderhouden, de alleenstaande moeder die zich zorgen maakt over de gasprijs.

Als we onze kinderen en onze politieagenten willen beschermen tegen vuurwapengeweld, moeten we een grote meerderheid van Amerikanen, inclusief wapeneigenaars, mee zien te krijgen die het eens zijn over dingen als een onderzoek naar iemands achtergrond, die zich moeten laten horen en net zo vasthoudend moeten zijn als de wapenlobby die elke verandering tegenhoudt ongeacht hoe vaak we mensen moeten begraven. Dat is hoe verandering plaatsvindt.

Kijk, Hillary heeft heel wat kritiek over zich heen gekregen. Ze is door rechts en een deel van links in een slecht daglicht gezet. Je kunt het je niet voorstellen of ze is ervan beschuldigd. Maar ze weet dat dat gebeurt als veertig jaar van je leven onder de microscoop wordt gelegd. Ze weet dat ze gedurende die veertig jaar weleens een vergissing heeft begaan – net als ik, net als wij allemaal. Dat gebeurt nou eenmaal als je je best doet. Dat gebeurt als je zo'n burger bent zoals Teddy Roosevelt eens beschreef: ...niet de verlegen ziel die vanaf de zijlijn kritiek uit, maar degene 'die het speelveld betreedt... die moedig zijn best doet, zich soms vergist... maar ten slotte de triomf kent als hij een grote prestatie heeft geleverd.'

Hillary Clinton is de vrouw op het speelveld. Ze was er voor ons, ook zonder dat wij het in de gaten hadden. Als onze democratie je ernst is, kun je het je niet veroorloven om niet te gaan stemmen alleen omdat je het misschien niet op alle punten met haar eens bent. Je moet met haar het veld betreden, want democratie is geen individuele sport. Amerika is niet van: 'ja, hij kan het', maar van: 'ja, wij kunnen het'. We gaan Hillary aan de overwinning helpen dit najaar, want dat is waar deze tijden om vragen.

PUBLIEK: *Yes we can! Yes we can! Yes we can!*
OBAMA: *Yes* we *can!* Ja, wij kunnen het. Niet: ja, zij kan het. Niet: ja, ik kan het, maar: ja, wij kunnen het!

Weet je, er is in deze campagne veel gepraat over wat Amerika is kwijtgeraakt. Mensen vertellen ons dat onze manier van leven wordt ondermijnd door akelige veranderingen en duistere krachten buiten onze machtssfeer. Ze vertellen stemmers dat er ook een 'echt Amerika' bestaat, dat hersteld moet worden. Dit idee is trouwens niet van Donald Trump. Het wordt al langere tijd door politici naar voren gebracht, misschien al wel sinds het uitroepen van onze republiek.

Het doet me denken aan het verhaal dat ik jullie vandaag twaalf jaar geleden vertelde over mijn grootouders uit Kansas en de dingen die ze me leerden toen ik opgroeide. Mijn grootouders kwamen namelijk uit het midden van het land, waar hun voorouders zich zo'n tweehonderd jaar geleden vestigden. Ik weet niet of hun geboortecertificaten er nog zijn, maar ze woonden er. Ze waren voornamelijk Schots en Iers: boeren, leraren, landarbeiders, apothekers en booreilandmedewerkers. Geharde dorpsmensen. Sommigen van hen waren Democraten, maar een deel, misschien zelfs het merendeel, was Republikeins. De partij van Lincoln.

Mijn grootouders vertelden dat mensen in deze streken niet van uitslovers hielden. Ze waren niet onder de indruk van opscheppers of bullebakken. Ze hadden geen respect voor kwaadaardige types of lui die de kantjes ervan afliepen. In plaats daarvan waardeerden ze eigenschappen als eerlijkheid, werklust, vriendelijkheid, beleefdheid, bescheidenheid, verantwoordelijkheid, elkaar uit de brand helpen. Daar geloofden ze in. Echte dingen. Dingen die blijven. De dingen die wij onze kinderen leren.

Mijn grootouders begrepen dat hun waarden niet alleen in Kansas golden, en ook niet alleen in dorpsgemeenschappen. Ze werden ook gehanteerd op Hawaï en zelfs aan de andere kant van de wereld, waar mijn moeder ging werken om vrouwen te helpen uit de armoede te komen, diezelfde waarden toepassend. Mijn grootouders wisten dat deze waarden niet aan een ras toebehoorden. Ze konden doorgegeven worden aan een half-Keniaanse kleinzoon en aan een half-Aziatische kleindochter. In feite waren het dezelfde waarden die de ouders van Michelle, nakomelingen van slaven die in het zuiden van Chicago in een bungalow woonden, overdroegen op hun kinderen. Ze wisten dat juist deze eigenschappen immigranten hiernaartoe hadden gebracht en ze geloofden dat de kinderen van die immigranten net zo Amerikaans waren als die van hen, of ze nou een cowboyhoed droegen of een keppeltje, een honkbalpet of een hoofddoek.

Amerika is veranderd in de loop van de jaren. Maar deze waarden die ik van mijn grootouders leerde, die zijn er nog altijd. Ze gelden sterker dan ooit, ze worden gekoesterd door mensen van elke partij, elk ras, elk geloof. Ieder van ons draagt ze met zich mee. Wat ons Amerikaan maakt, wat ons patriot maakt, dat zit hier vanbinnen. En daar gaat het om.

Daarom kunnen we eetgewoonten, muziek, vakanties en levensstijlen van andere landen overnemen en met elkaar vermengen tot onze eigen unieke stijl. Daarom trekken we uitblinkers en ondernemers uit de hele wereld aan die hier nieuwe fabrieken en industrieën beginnen. Daarom kan ons leger er zo uitzien, alle aspecten van menselijkheid samengebald in dienstbaarheid. Dat is waarom iedereen die onze waarden bedreigt – fascist, communist, jihadist of demagoog van huis uit – uiteindelijk altijd zal falen.

Dat is Amerika. Dat is Amerika. Deze met elkaar verbonden eigenschappen, deze gezamenlijke overtuiging. We zijn niet bang voor de toekomst, we vormen de toekomst. We omarmen de toekomst als één volk. Samen staan we sterk. Dat is wat Hillary Clinton onderschrijft – deze strijdster en staatsvrouw, deze moeder en grootmoeder, deze dienares van de publieke zaak, deze patriot – want dat is het Amerika waarvoor ze vecht. Daarom heb ik er alle vertrouwen in, als ik dit podium vanavond verlaat, dat de Democratische Partij in goede handen is. In de tijd dat ik deze functie vervulde, is niet alles opgelost. Hoeveel we ook voor elkaar hebben gekregen, er is nog zoveel dat ik wil doen. Ik heb heel wat harde lessen moeten leren, en ik ben op verschillende punten tekortgeschoten, maar – ik zei het al tegen Hillary en ik vertel het jullie nu zelf – wie me keer op keer terug op de been hielpen, dat waren jullie. Het Amerikaanse volk.

Zo hangt er bij mij aan de muur een brief van iemand uit Ohio die tot twee keer toe kanker overleefde, en me aanspoorde te blijven vechten voor hervorming van de gezondheidszorg, hoezeer dit soms ook een vergeefse strijd leek. Geef niet op.

Zo staat in mijn werkkamer thuis een groene uil met grote ogen en blauwe vleugels, gemaakt door een zevenjarig meisje dat ons ontviel in Newtown. Haar ouders schonken het me, opdat ik haar niet zou vergeten, en het herinnert me aan al die ouders die hun verdriet omzetten in strijd.

Zo leverde een kleine ondernemer in Colorado het grootste deel van zijn eigen salaris in, om tijdens de recessie geen van zijn werknemers tekort te hoeven doen. Want, zo zei hij, 'dat zou niet in de geest van Amerika zijn geweest'.

Zo vertelde een conservatieve Texaan me dat hij het op alle terreinen met me oneens is, maar dat hij het mooi vindt dat ik, net als hij, een goede vader probeer te zijn.

Zo is daar de moedige jonge militair uit Arizona die bijna omkwam op het slagveld in Afghanistan, maar opnieuw heeft leren spreken en lopen en die eerder dit jaar op eigen kracht door de deur van de Oval Office stapte om mij de hand te schudden.

Zo zijn daar de vele Amerikanen die erin geloofden dat we dit land beter kunnen maken, zovelen van jullie die nooit eerder politiek betrokken waren geweest, en nu de telefoon pakten, de straat op gingen en allerlei verbazingwekkende, mij onbekende wegen op internet vonden en daarmee de verandering inzetten. Jullie zijn de beste organisatoren van de wereld en ik ben ontzettend trots op alle verandering die jullie mogelijk hebben gemaakt.

Keer op keer hielpen jullie me weer op de been. En ik hoop dat ik ook eens hetzelfde voor jullie heb kunnen doen. En vanavond wil ik jullie vragen voor Hillary te doen wat jullie voor mij deden. Ik vraag jullie om haar te steunen, zoals jullie mij steunden. Want jullie zijn degenen over wie ik het twaalf jaar geleden had toen ik over hoop sprak. Jullie waren het die voeding gaven aan mijn vertrouwen in onze toekomst, ook al lagen er geweldige uitdagingen, ook al was de weg lang. Vertrouwen ondanks moeilijkheden. Vertrouwen ondanks onzekerheden. Een dapper vertrouwen.

Amerika, je hebt dat vertrouwen gerechtvaardigd afgelopen acht jaar. En nu ben ik er klaar voor om het stokje door te geven en mijn bijdrage als burger te leveren. Daarom vraag ik jullie dit jaar, tijdens deze verkiezingen, om mij te vergezellen, om cynisme af te wijzen, om angst af te wijzen en om het beste in onszelf op te roepen: om Hillary Clinton te kiezen als de volgende president van de Verenigde Staten en de wereld te laten zien dat we nog altijd geloven in de belofte van dit grote land.

Dank u voor deze ongelooflijke reis. Laten we doorgaan. God zegene jullie. God zegene de Verenigde Staten van Amerika.

‘Democratie drijft op maatschappelijke betrokkenheid van onderaf’

Toespraak bij de 71ste zitting van de Algemene Vergadering van de Verenigde Naties
New York
20 september 2016

Meneer de president, secretaris-generaal, collega-afgevaardigden, dames en heren: aangezien ik deze vergadering voor de laatste keer toespreek als president, wil ik graag ingaan op de vooruitgang die we de afgelopen acht jaar hebben geboekt.

Op het dieptepunt van de grootste financiële crisis van deze tijd hebben we dankzij het coördineren van onze maatregelen een grotere ramp weten te voorkomen en de groei in de wereldeconomie teruggebracht. We hebben terroristische toevluchtsoorden weggenomen, het non-proliferatieverdrag versterkt en door middel van diplomatie de Iraanse nucleaire kwestie opgelost. We heropenden de banden met Cuba, we hielpen Colombia de langste oorlog ooit in Latijns-Amerika te beëindigen en we zijn blij dat we in deze vergadering een democratisch gekozen leider van Myanmar kunnen verwelkomen. Met onze steun helpen we mensen zichzelf te voeden, voor zieken te zorgen, gemeenschappen door heel Afrika te versterken en ontwikkelingsmodellen te creëren in plaats van afhankelijkheidsrelaties. We hebben internationale instellingen zoals de Wereldbank en het Internationaal Monetair Fonds meer representatief gemaakt. We hebben kaders opgesteld voor bescherming van onze planeet tegen de verwoestingen die het gevolg zijn van klimaatverandering.

Dit alles is belangrijk werk. Het betekent echt iets in het leven van mensen. En het was allemaal nooit gelukt zonder onze samenwerking. Toch zien we over de hele wereld dezelfde vormen van globalisering die ons afhankelijk van elkaar maken, maar waardoor ook diepe breuklijnen zichtbaar worden in onze wereldorde.

We lezen het elke dag in de kranten. Over de hele wereld steken vluchtelingen grenzen over om te ontkomen aan gewelddadige conflicten. Werknemers en complete gemeenschappen hebben te maken met financiële problemen. In grote delen van het Midden-Oosten ontbreekt het aan veiligheid en openbare orde. We zien veel overheden die de pers muilkorven, die meningsverschillen afstraffen en informatiestromen censureren. Terroristische netwerken maken gebruik van sociale media om het gemoed van onze jeugd te bespelen. Ze brengen open samenlevingen in gevaar en wakkeren woede aan tegen onschuldige immigranten en moslims. Machtige landen betwisten de beperkingen die hun door de internationale rechtsorde zijn opgelegd.

Dit is de paradox die vandaag de dag onze wereld bepaalt. Een kwart eeuw na het einde van de Koude Oorlog is de wereld dankzij een groot aantal maatregelen minder gewelddadig en welvarender dan ooit tevoren, maar toch heerst in onze samenleving veel onzekerheid, onbehagen en conflict. Hoe enorm de vooruitgang ook, mensen verliezen het vertrouwen in overheidsapparaten. Besturen wordt steeds lastiger en tussen landen doen zich steeds vaker spanningen voor.

Daarom denk ik dat we op dit moment voor een grote beslissing staan. We kunnen kiezen voor vooruitgang, en daarbij nog beter samenwerken en integreren. Of we vallen terug in een sterk verdeelde en uiteindelijk conflicterende wereld, op eeuwenoude barrières tussen landen, stammen, rassen en religies.

Ik wil vandaag voorstellen om verder te gaan, en niet terug. Ik denk dat, hoe onvolmaakt ze soms ook uitpakken, de afspraken die we met elkaar hebben over de open markt, over verantwoordelijk bestuur en democratie, over mensenrechten en internationaal recht, het stevigste fundament vormen voor de menselijke vooruitgang in deze eeuw. En dat beweer ik niet op basis van een theorie of ideologie, maar op basis van feiten; feiten die we maar al te vaak vergeten in de hectiek van de dingen die zich voordoen.

Dit is het belangrijkste feit: de integratie van onze economieën heeft het leven verbeterd van miljarden mannen, vrouwen en kinderen. De afgelopen vijfentwintig jaar is het aantal mensen dat in extreme armoede leeft, verminderd van bijna 40 procent tot minder dan 10 procent. Dat is ongekend. En het is geen abstract getal. Het staat voor kinderen die voldoende te eten krijgen, voor moeders die niet sterven in het kraambed.

Intussen kunnen we, dankzij de techniek om genetische codes te ontcijferen, ziektes genezen waardoor mensen eeuwenlang zijn geteisterd. Intussen kan in een afgelegen dorp een meisje met niet meer dan een apparaatje in haar hand via het internet beschikken over alle menselijke kennis. In de geneeskunde en de industrie, in het onderwijs en in de communicatie maken mensen veranderingen door op een schaal die doet denken aan de revoluties in de landbouw en de industrie. Het gevolg is dat iemand die vandaag de dag wordt geboren waarschijnlijk gezonder is, langer leeft en meer mogelijkheden heeft dan ooit eerder in de geschiedenis van de mens.

Dankzij de beëindiging van het kolonialisme en van het communisme hebben meer mensen dan ooit de vrijheid om hun leiders te kiezen. Dat er echt problematische gebieden zijn waar de vrijheid ver te zoeken is, laat onverlet dat het aantal democratieën wereldwijd in de afgelopen vijfentwintig jaar is verdubbeld.

In allerlei uithoeken van de wereld eisen burgers respect voor de gelijkwaardigheid van mensen, ongeacht hun geslacht, ras, religie, beperking of seksuele geaardheid. Degenen die dit andere mensen ontzeggen, worden hier publiekelijk op aangesproken. Dankzij de opkomst van de sociale media hebben gewone mensen veel meer mogelijkheden om zich te uiten en zijn de verwachtingen ten aanzien van degenen die aan de macht zijn veel hoger geworden. Ja, onze internationale orde is zo succesvol dat we het inmiddels als een gegeven beschouwen dat wereldmachten niet langer wereldoorlogen uitvechten, dat het einde van de Koude Oorlog de dreiging van een nucleair Armageddon ophief, dat de slagvelden van Europa vervangen zijn door een vredelievende unie, dat de groei van China en India doorgaat.

Ik zeg dit allemaal niet uit zelfgenoegzaamheid of om de uitdagingen waar we nu voor staan weg te moffelen. Integendeel, ik denk dat het erkennen van wat we hebben bereikt ons helpt om vertrouwen te blijven houden, om verdere vooruitgang te boeken en om te voorkomen dat we het beleid dat tot deze vooruitgang heeft geleid, loslaten.

Maar om verder te komen moeten we erkennen dat de huidige koers naar mondiale integratie om bijsturing vraagt. Zoals wel vaker hebben degenen die de voordelen van de globalisatie rondbazuinden, de ongelijkheid in en tussen landen genegeerd, ze hebben de voortdurende roep van etnische en sektarische groepen niet gehoord, ze hebben de internationale instellingen onvoldoende voorzien van mogelijkheden, financiën en geschikte mensen om grensoverschrijdende problemen aan te pakken.

Als gevolg van het negeren van deze problemen hebben alternatieve ideeën de kans gekregen om zich te ontwikkelen in zowel de rijkste als de armste landen: religieus fundamentalisme, politiek op basis van etniciteit, stam of sekte, agressief nationalisme, en kwaadaardig populisme – soms vanuit extreem-linkse, maar vaker vanuit extreem-rechtse hoek, waar men terug wil naar volgens hen betere, eenvoudiger tijden zonder inmenging van buitenaf.

We kunnen deze ideeën niet negeren. Ze zijn invloedrijk. Ze getuigen van ontevredenheid onder veel van onze burgers. Ik denk niet dat hun visies op lange termijn voor veiligheid of welvaart kunnen zorgen. Ik denk wel dat ze fundamenteel onze gemeenschappelijke menselijkheid ontkennen.

Bovendien ben ik van mening dat het versnelde reizen, de snel voortschrijdende technologie en telecommunicatie, samen met een mondiale economie die afhankelijk is van een wereldwijde toevoer, uiteindelijk zullen leiden tot zelfvernietiging van degenen die deze vooruitgang proberen te keren. Vandaag de dag zou een land dat zichzelf omringt met een muur alleen maar zichzelf gevangenzetten.

Het antwoord kan echter niet eenvoudig de afwijzing van de wereldwijde integratie zijn. In plaats daarvan moeten we samen werken aan het breder delen van de voordelen van deze integratie, en de economische, politieke en culturele verstoringen die er het gevolg van zijn integraal aanpakken. Dit is niet het moment voor een gedetailleerde politieke blauwdruk voor dat beleid, maar laat ik in grote lijnen schetsen hoe ik denk dat we het samen beter kunnen doen.

Om te beginnen kunnen we ervoor zorgen dat de wereldeconomie beter uitpakt voor alle mensen en niet alleen voor de top. Hoewel dankzij de open markt en het kapitalisme de levensstandaard van mensen over de hele wereld is verbeterd, hebben de globalisatie en snelle technologische ontwikkeling de positie van werknemers verzwakt en hun kans op een redelijk loon verminderd. In ontwikkelde economieën als de mijne is van de vakbonden niet veel over en zijn in de industrie veel banen verdwenen. Vaak hebben degenen die het meeste voordeel halen uit de globalisatie politieke invloed uitgeoefend om de positie van werknemers te verzwakken.

In ontwikkelingslanden worden werknemersorganisaties vaak onderdrukt, terwijl de groei van de middenklasse wordt belemmerd door corruptie en onderinvestering. Op winst gericht overheidsbeleid op basis van exportstimulerende modellen dreigt de consensus die ten grondslag ligt aan de wereldhandel te verbreken. Ondertussen wordt mondiaal kapitaal maar al te vaak aan de economie onttrokken: bijna 8 biljoen dollar wordt weggesluisd naar belastingparadijzen – een schaduwbanksysteem dat buiten het bereik van effectief toezicht steeds groter wordt.

Een wereld waarin 1 procent van de mensheid net zoveel rijkdom heeft als de andere 99 procent zal nooit stabiel zijn. Ik begrijp dat de kloof tussen arm en rijk niet nieuw is, maar net zoals een kind in een sloppenwijk vandaag de wolkenkrabber kan zien, zo kan dankzij de technologie iedereen met een smartphone zien hoe de meest bevoorrechten onder ons leven, en hoe groot het verschil is tussen hun eigen leven en dat van anderen. De verwachtingen van mensen groeien veel sneller dan overheden kunnen waarmaken en een sterk gevoel van onrechtvaardigheid ondermijnt het geloof van mensen in het systeem.

Hoe gaan we deze onevenwichtigheid oplossen? We kunnen de integratie net zomin tegenhouden als dat we technologie terug in het doosje kunnen stoppen. Aan de mislukte modellen uit het verleden hebben we niets. Als we onze toevlucht nemen tot handelsoorlogen en marktverstorende subsidies, het beleid van naaste buren tegenwerken, te veel vertrouwen op natuurlijke hulpbronnen in plaats van op innovatie – al dit soort benaderingen zullen ons armer maken, ons allemaal, en ze zullen tot conflicten leiden. Het enorme contrast tussen, zeg, de succesvolle Republiek Korea en het armzalige Noord-Korea laat wel zien dat de centraal geleide economie een doodlopende weg is.

Maar ik geloof dat er een andere weg is, een die naar groei en innovatie leidt, en de duidelijkste route naar individuele kansen en nationaal succes is. We hoeven niet toe te geven aan het zielloze kapitalisme waarvan alleen enkelingen beter worden. Beter kunnen we erkennen dat economieën succesvoller zijn als de kloof tussen arm en rijk kleiner wordt en groei breed gedragen. En dat betekent dat we de rechten van werknemers respecteren, zodat zij zich kunnen organiseren in onafhankelijke vakbonden en een loon kunnen krijgen waarvan ze kunnen leven. Het betekent dat we moeten investeren in onze mensen, in hun vaardigheden en scholing en in mogelijkheden om zakelijke ideeën te verwezenlijken. Het betekent een versterking van het vangnet dat onze mensen beschermt tegen tegenspoed en hen in staat stelt om meer risico's te nemen, te zoeken naar een nieuwe baan of een nieuwe onderneming te starten.

Dit is het beleid dat ik hier in de Verenigde Staten heb gevoerd, met duidelijke resultaten. Amerikaanse bedrijven hebben inmiddels 15 miljoen nieuwe banen gecreëerd. Na de recessie ging 90 procent van de inkomensgroei naar de rijkste 1 procent van de Amerikanen. Vandaag de dag is dat nog maar de helft. Vorig jaar nam de armoede in dit land af, in het hoogste tempo sinds bijna 50 jaar. Met verdere investeringen in infrastructuur, scholing voor jonge kinderen en fundamenteel onderzoek ben ik ervan overtuigd dat die vooruitgang zal doorzetten.

Zoals ik intern dergelijk beleid heb gevoerd, zo hebben de Verenigde Staten samengewerkt met vele landen om de uitwassen van kapitalisme te beteugelen, niet om rijkdom af te straffen, maar juist om herhaling van crises te voorkomen. Daarom werkten we samen met andere landen aan betere en duidelijke normen voor banken en belastingen – omdat een maatschappij die van oligarchen minder vraagt dan van gewone burgers van binnenuit kapot wordt gemaakt. Om deze reden hebben wij aangedrongen op transparantie en samenwerking bij het uitroeien van corruptie en het nagaan van illegale geldstromen. Markten creëren meer banen met hard werken dan met smeergeld en afpersing. Dat is waarom we handelsovereenkomsten hebben gesloten over betere arbeidsomstandigheden en hogere milieunormen, zoals de Trans-Pacific Partnership, zodat we de resultaten breder delen.

Net zoals wij voordeel halen uit het bestrijden van ongelijkheid in onze landen, denk ik dat de ontwikkelde economieën nog meer kunnen doen om de kloof tussen rijke en arme landen over de hele wereld te verkleinen. Dit ligt politiek ingewikkeld. Het is niet makkelijk om buitenlandse hulp te financieren. Maar ik denk niet dat dit weggegooid geld is. Met een fractie van het geld waarmee we de oorlog in Irak financierden, kunnen we organisaties steunen en voorkomen dat zwakke staten instorten. Door te investeren in opkomende economieën kunnen we nieuwe markten voor onze producten creëren. Op die manier handelen we goed én slim.

Daarom is het ook noodzakelijk om door te gaan met onze inspanningen om klimaatverandering tegen te gaan. Als we nu geen stevige maatregelen nemen, krijgen we straks de rekening voorgeschoteld in de vorm van massale migratiestromen, steden die onder water lopen, ontheemde landen, voedseltekorten en uit wanhoop ontstane conflicten. Het klimaatverdrag van Parijs geeft ons mogelijkheden om op te treden, maar alleen als we onze ambitie aanscherpen. En er moet een gevoel van urgentie zijn om het verdrag af te dwingen en minder rijke landen te helpen om destructieve vormen van energievoorziening af te bouwen.

Voor de rijkste landen zou het Groene Klimaatfonds dus slechts het begin moeten zijn. We moeten investeren in onderzoek, de markt stimuleren om nieuwe technologieën te ontwikkelen en deze vervolgens toegankelijk en betaalbaar maken voor armere landen. Pas dan kunnen we armoede bestrijden zonder onze kinderen een planeet na te laten die voor hen onmogelijk nog te herstellen is.

We hebben nieuwe modellen nodig voor de wereldeconomie, modellen die sociaal en duurzaam zijn. Zoals we ook maatschappelijk betrokken bestuursmodellen nodig hebben waarbij verantwoording wordt afgelegd aan gewone mensen.

Ik erken dat niet elk land in deze zaal hetzelfde bestuursmodel zal volgen. Ik denk niet dat Amerika ons overheidssysteem kan of moet opleggen aan andere landen. Maar er lijkt op dit moment een strijd te ontstaan tussen autoritarisme en liberalisme. U moet weten dat ik niet onpartijdig langs de lijn sta. Ik geloof in een liberaal politiek systeem dat niet alleen is gebaseerd op verkiezingen en een representatieve regering, maar ook op respect voor mensenrechten, op een maatschappelijk middenveld, op onafhankelijke rechterlijke en wetgevende machten.

Ik weet dat sommige landen die nu de kracht van de vrije markt erkennen, het model van de vrije samenleving nog altijd afwijzen. En misschien voelen sommigen van ons die voor democratie zijn zich enigszins ontmoedigd sinds het einde van de Koude Oorlog, omdat we hebben gemerkt dat er geen liberale democratische golf over de hele wereld trekt. Het opzetten van verantwoordelijke instellingen blijkt hard werken, het is het werk van generaties. Resultaten zijn vaak kwetsbaar. Soms zetten we een stap vooruit, vervolgens doen we twee stappen terug. In landen waar de grenzen zijn getrokken door koloniale machten, met etnische enclaves en tribale verdeeldheid, lijken politiek en verkiezingen soms winst noch verlies op te leveren. Daarom is het, gezien de moeilijkheid om onder zoveel druk een echte democratie op te bouwen, geen verrassing dat sommigen de voorkeur geven aan een machtige leider – een top-downmodel in plaats van sterke democratische instellingen.

Ik denk dat dit de verkeerde weg is. Ik denk dat we beter de weg naar echte democratie kunnen kiezen. Ik denk dat economieën in de 21ste eeuw maar tot een bepaald punt kunnen groeien, en dat het dan noodzakelijk wordt om ze open te breken. Want ondernemers moeten toegang hebben tot informatie om te kunnen innoveren, jongeren gedijen bij internationale kennis, en er zijn onafhankelijke media nodig om machtsmisbruik aan de kaak te stellen. Zonder deze vooruitgang zullen we nooit kunnen voldoen aan de verwachtingen van de mensen, en dat zal onderdrukking en stagnatie tot gevolg hebben. De geschiedenis leert dat machtige leiders slechts twee mogelijkheden zien: permanent hardhandig optreden, wat leidt tot interne conflicten, of de zondebok zoeken in het buitenland, wat kan leiden tot oorlog.

Ik geef onmiddellijk toe: mijn overtuiging dat regeringen het individu dienen en niet andersom is ingegeven door de geschiedenis van Amerika. Ons land werd opgericht met een belofte van vrijheid die destijds slechts voor een minderheid gold. Maar onze democratische grondwet, onze burgerrechten en onze idealen stelden gewone mensen in staat om zich te organiseren, demonstratiemarsen te houden en te protesteren. Uiteindelijk wonnen die idealen. De deuren gingen open voor vrouwen, minderheden en werknemers. Onze economie werd productiever en onze diversiteit bleek juist onze kracht. Dit gaf vernieuwers de kans om te innoveren op alle terreinen van menselijke inspanning – waardoor het voor iemand zoals ik mogelijk werd om te worden gekozen tot president van de Verenigde Staten.

Dus ja, mijn ideeën zijn gevormd door de specifieke geschiedenis van Amerika, maar een dergelijk verhaal beperkt zich niet tot

Amerika. Kijk naar de veranderingen die in heel uiteenlopende landen hebben plaatsgevonden, zoals Japan, Chili, Indonesië en Botswana. Geslaagd zijn de landen waar mensen het gevoel hebben dat ze ertoe doen.

In Europa zie je een groot verschil tussen de voormalige Oostbloklanden die de democratie omarmd hebben en zij die dat niet deden. De mensen in Oekraïne gingen niet de straat op vanwege een vanuit het buitenland opgelegd idee. Ze gingen de straat op omdat hun leiders in gebreke bleven en geen verhaal hadden. Ze eisten verandering, omdat ze zagen hoe het leven van mensen uit de Baltische staten en Polen verbeterde – samenlevingen die vrijer, democratischer en meer open zijn dan die van hen.

Voor degenen onder ons die geloven in democratie: wij moeten ons duidelijk uitspreken, want volgens mij hebben we zowel de feiten als de geschiedenis aan onze kant. Ik wil niet zeggen dat democratieën geen gebreken hebben. Wel dat het verhelpen van die gebreken niet om minder, maar juist om meer betrokkenheid van onze burgers vraagt.

Ja, in Amerika gaat er te veel geld om in de politiek, is er te veel partijdigheid en te weinig participatie van burgers – wat deels komt door wetten die het moeilijker maken om te stemmen. In Europa staat Brussel met al zijn goede bedoelingen vaak te ver af van de dagelijkse politiek van nationale regeringen. Maar al te vaak vergeten beslissers dat democratie drijft op maatschappelijke betrokkenheid van onderaf, niet op topdown-bestuur van deskundigen. Dit zijn dus werkelijke problemen, en als leiders van democratische regeringen die zich inzetten voor meer democratie in het buitenland zouden we er goed aan doen thuis het goede voorbeeld te geven.

Daar komt bij dat elk land bij het organiseren van zijn regering zal uitgaan van de eeuwenlange eigen geschiedenis, de geografische omstandigheden en de levensovertuigingen van zijn inwoners. Dus ik begrijp dat een traditionele samenleving meer waarde hecht aan eenheid en cohesie dan mijn eigen land, dat werd opgericht op basis van het destijds radicale idee van het vrije individu dat over bepaalde, door God gegeven rechten beschikt. Maar dat betekent niet dat gewone mensen in Azië, Afrika of het Midden-Oosten de voorkeur geven aan een willekeurige regel die hun stem in levensbepalende beslissingen ontkent. Ik geloof dat de geest universeel is. En als iemand van u twijfelt aan het universele van dat verlangen, luister dan eens naar de jonge mensen die overal ter wereld roepen om vrijheid, respect en de mogelijkheid om hun eigen leven te leiden.

Dit brengt me op het derde wat we moeten doen. En dat is dat we elke vorm van fundamentalisme en van racisme moeten verwerpen, evenals het geloof in een etnische superioriteit waarvan de traditionele identiteit niet samengaat met modernisering. In plaats daarvan moeten we de tolerantie omarmen die voortkomt uit respect voor alle menselijke wezens.

Het is een bekend gegeven dat de wereldwijde integratie heeft geleid tot een botsing van culturen. Handel, migratie of het internet kunnen onze zo gekoesterde identiteit uitdagen en ontwrichten. We zien liberale samenlevingen protesteren wanneer vrouwen ervoor kiezen om hun gezicht te bedekken. We zien protesten op cartoons in westerse media die een karikatuur maken van de profeet Mohammed. In deze wereld die het tijdperk van het grote imperium achter zich heeft gelaten, zien we hoe Rusland met geweld de verloren glorie tracht te herstellen. Aziatische machten leggen onderling concurrerende claims op de geschiedenis. En in Europa en de Verenigde Staten zie je mensen worstelen met bezorgdheid over immigratie en veranderende demografieën, suggererend dat mensen die er anders uitzien gevaarlijk zijn voor de identiteit van onze landen.

Welnu, er is geen eenvoudige oplossing voor al deze maatschappelijke onrust en we moeten respect hebben voor de mening die mensen vormen vanuit hun traditie – hun religie, afkomst of het gevoel dat ze bij hun land hebben. Maar ik denk niet dat vooruitgang mogelijk is als ons verlangen om onze identiteiten te beschermen leidt tot de neiging om een andere groep te domineren of hun menselijke waardigheid te ontnemen. Als we vanuit onze religie mensen met een andere overtuiging gaan vervolgen, als we homoseksuelen gevangenzetten of mishandelen, als onze traditie niet toelaat dat meisjes naar school gaan, als we discrimineren op basis van ras, stam of afkomst, dan zullen de fragiele verbindingen van onze beschaving gaan rafelen. De wereld is te klein, we leven te dicht op elkaar om terug te kunnen keren naar denkpatronen van weleer.

In te veel delen van het Midden-Oosten zien we die denkrichting. Voor een belangrijk deel is het instorten van een maatschappij te wijten aan leiders die geen legitimiteit zochten in beleid of ontwikkeling maar door hun toevlucht te nemen tot vervolging van de politieke oppositie, het demoniseren van andere religieuze groepen, en het beperken van de publieke ruimte tot de moskee, waar maar al te vaak uitwassen van een belangrijke religie worden getolereerd. In de loop van de jaren hebben zich hier krachten kunnen ontwikkelen die leidden tot zowel de tragische burgeroorlog in Syrië als de hersenloze, middeleeuwse praktijken van IS.

De veranderde mentaliteit van sektarisme, extremisme, bloedvergieten en vergelding is niet eenvoudig terug te draaien. En als we eerlijk zijn, weten we best dat geen enkele buitenlandse macht andere religieuze of etnische gemeenschappen kan dwingen om voor langere tijd naast elkaar te leven. Ik denk dat we eerlijk moeten zijn over de aard van deze conflicten, en dat onze internationale gemeenschap moet blijven samenwerken met degenen die proberen te bouwen in plaats van te vernietigen.

Dit heeft een militaire consequentie. Het betekent dat we samen meedogenloos moeten zijn in het vernietigen van netwerken als IS, die geen enkel respect tonen voor het menselijk leven. Het betekent ook dat we in een land als Syrië, waar geen militaire overwinning te behalen is, moeten vasthouden aan diplomatie om het geweld te stoppen, aan hulp voor mensen in nood en aan ondersteuning van degenen die een politieke oplossing nastreven en die mensen die anders zijn dan zij met waardigheid en respect bejegenen.

In alle conflicten in de regio moeten we erop aandringen dat partijen een gemeenschappelijk menszijn erkennen en dat landen stoppen met het voeren van oorlogen bij volmacht die grote chaos veroorzaken. Want zolang er geen antwoorden zijn op fundamentele vragen over hoe gemeenschappen naast elkaar kunnen leven, zullen de smeulende haarden van het extremisme blijven oplaaien, zullen talloze mensen lijden – vooral in die regio – en zal extremisme geëxporteerd worden overzee. De aarde is niet groot genoeg om simpelweg een muur te bouwen ter voorkoming van verder infecteren van onze samenleving.

En wat geldt voor het Midden-Oosten geldt voor ons allemaal. Natuurlijk kunnen we geloofstradities respecteren en in stand houden én jonge mensen wetenschap en wiskunde bijbrengen – in plaats van intolerantie. Natuurlijk kunnen we onze unieke tradities behouden én een volledige en rechtmatige deelname van vrouwen ondersteunen in de politiek en de economie van een land. Natuurlijk kunnen we onze landen bijeenbrengen in solidariteit én voor gelijke behandeling van alle gemeenschappen zijn – een religieuze minderheid in Myanmar net zo goed als een etnische minderheid in Burundi en een raciale minderheid hier in de Verenigde Staten. En zeker, Israëli's en Palestijnen zullen beter af zijn wanneer de Palestijnen stoppen met opruien en de legitimiteit van Israël erkennen en wanneer Israël erkent dat het niet kan doorgaan met bezetten en bewonen van Palestijns grondgebied. Als leiders doen we er beter aan gevoelens van identiteit die leiden tot het kleineren van anderen in te dammen in plaats van aan te moedigen.

En hiermee kom ik op het vierde en laatste wat we moeten doen, en dat is: vasthouden aan onze inspanningen voor internationale samenwerking geworteld in de rechten en verantwoordelijkheden van de verschillende landen.

Als president van de Verenigde Staten weet ik dat macht in de geschiedenis van de mensheid nooit eenpolig is geweest. Door het einde van de Koude Oorlog hebben velen deze waarheid uit het oog verloren. Als president merkte ik dat tegenstanders van Amerika en ook sommige bondgenoten geloven dat problemen ofwel zijn veroorzaakt door Washington of kunnen worden opgelost door Washington – en misschien geloofden te veel mensen in Washington dat ook wel. Maar ik denk dat Amerika in de menselijke geschiedenis een zeldzame grootmacht is, aangezien het bereid is geweest verder te denken dan zijn bekrompen eigenbelang. En hoewel ook wij ons aandeel hebben in de fouten die de afgelopen 25 jaar zijn gemaakt – ik heb er een aantal erkend – streefden we ernaar, ondanks offers die we daarvoor moesten brengen, om de dingen die we doen beter af te stemmen op onze idealen. Daarom denk ik dat we een goede grootmacht waren.

We beveiligden bondgenoten. We namen maatregelen om kwetsbare mensen te beschermen. We ondersteunden mensenrechten en verwelkomden controle van onze eigen daden. We verbonden onze macht aan internationale wetten en instellingen. Als we fouten maakten, probeerden we die te erkennen. We hebben gewerkt aan het bestrijden van armoede, honger en ziekte – niet alleen binnen onze grenzen, maar ook daarbuiten.

Daar ben ik trots op. Maar ik weet ook dat we het niet alleen kunnen. En als het gaat om de uitdagingen van deze eeuw geloof ik dat we allemaal meer zullen moeten bijdragen aan de opbouw van de internationale capaciteit. We kunnen onze ogen niet sluiten voor het vooruitzicht van een nucleaire oorlog, we moeten ons allemaal inzetten tegen het verspreiden van kernwapens en blijven streven naar een kernwapenvrije wereld.

Als Iran instemt met het inperken van zijn nucleaire programma, dan vergroot dat niet alleen de veiligheid in de wereld, maar ook het vermogen van Iran om samen te werken met andere landen. Het testen van een bom door Noord-Korea daarentegen, brengt ons allemaal in gevaar. Elk land dat deze basisregel overtreedt, zal de gevolgen onder ogen moeten zien. De landen die deze wapens hebben, zoals de Verenigde Staten, dragen de verantwoordelijkheid om verder te gaan met het verminderen van de voorraden en het versterken van fundamentele normen zoals de toezegging dat we ernaar streven om ze nooit meer te testen.

Het bestrijden van een grensoverschrijdend virus als zika – muggen hebben weinig respect voor muren – is alleen mogelijk als we dezelfde urgentie betrachten als tegen ebola: door ons eigen volksgezondheidssysteem te versterken, door te investeren in behandelingen, door de oorzaken van de ziekte terug te dringen en door arme landen te helpen met een infrastructuur voor de volksgezondheid.

Extreme armoede kunnen we slechts terugdringen als onze doelstellingen voor duurzame ontwikkeling meer zijn dan woorden op papier. Ons menselijk vernuft stelt ons in staat de hongerigen te voeden en onze kinderen naar school te laten gaan, ook alle meisjes, want daar wordt de basis gelegd voor de kansen die deze wereld ons te bieden heeft. Daar moeten we niet alleen over praten, we moeten er ook in investeren.

We kunnen de belofte die we elkaar deden bij de oprichting van deze instelling – de verwoestingen van de oorlog vervangen door samenwerking – alleen waarmaken als machtige landen, zoals het mijne, ook hun beperkingen erkennen. In eigen land word ik soms bekritiseerd omdat ik geloof in internationale normen en multilaterale instellingen. Maar ik ben ervan overtuigd dat we daarmee, ondanks het opgeven van enige vrijheid van handelen – niet wat betreft onze zelfverdediging en het nastreven van onze belangrijkste doelen, maar door ons te houden aan die internationale afspraken – op de lange termijn onze veiligheid verbeteren. En ik denk dat dit niet alleen voor ons geldt.

Als Rusland zich blijft bemoeien met de zaken van zijn buurlanden, zal dat in eigen land goed zijn voor de populariteit en nationalistische gevoelens, maar op termijn zal het het aanzien van het land verminderen en zijn grenzen minder veilig maken. In de Zuid-Chinese Zee zal een bij wet vastgelegde, vreedzame oplossing van de geschillen tot een veel grotere stabiliteit leiden dan de militarisering van een paar rotsen en riffen.

Wij zijn allen stakeholders van dit internationale systeem. Er wordt een beroep gedaan op ons allemaal om te investeren in het succes van de instellingen waartoe wij behoren. Het goede nieuws is dat veel landen hebben laten zien hoeveel vooruitgang we dankzij onze verbintenissen kunnen boeken. Kijk wat we de afgelopen jaren hebben bereikt.

Samen hebben we zo'n 50.000 extra troepen gemobiliseerd voor VN-vredesmissies, waardoor die wendbaarder zijn, beter uitgerust en beter voorbereid op noodsituaties. Samen hebben we het Open Government Partnership opgericht dat streeft naar transparante dienstverlening aan meer en meer mensen over de hele wereld. Samen moeten we nu ons hart openen en meer doen om vluchtelingen te helpen die wanhopig op zoek zijn naar een onderdak.

We zouden allemaal blij moeten zijn met de toezeggingen voor meer steun die bij deze zitting van de Algemene Vergadering zijn gedaan. Daar zullen we het vanmiddag meer over hebben. Maar we moeten dit afmaken, hoe moeilijk het politiek ook mag liggen. We moeten de empathie hebben om in de ogen van onschuldige mannen, vrouwen en kinderen, die buiten hun schuld moesten vluchten van alles wat ze kenden, alles waarvan ze houden, onszelf te zien. Laten we ons eens voorstellen hoe het zou zijn voor óns gezin, voor onze kinderen, als ons het onuitsprekelijke zou overkomen. We moeten begrijpen dat de veiligheid van onze wereld gebaat is bij onze bereidwilligheid om mensen in nood te helpen, en om de landen te ondersteunen die bij het opvangen van deze vluchtelingen de grootste lasten dragen.

Er zijn op dit moment veel landen die het goede doen. Maar er zijn ook veel landen – met name de welvarende, geografisch gunstig gelegen landen – die meer kunnen doen om de helpende hand te bieden, zelfs al vragen ze van vluchtelingen die naar onze landen komen om zich meer aan te passen aan de gewoonten en gedragsregels van de samenlevingen die hun onderdak bieden.

Laat ik ter afsluiting zeggen dat ik erken dat de geschiedenis een ander verhaal vertelt dan waar ik het vandaag over heb gehad. Er is ook een negatieve en cynischer kijk op de geschiedenis mogelijk. Mensen worden te vaak gedreven door hebzucht en macht. Het grootste deel van de geschiedenis hebben grote landen de kleinere onderdrukt. Stammen, etnische groepen en landen vonden het vaak makkelijker om hun identiteit te laten bepalen door wat ze haatten dan door overtuigingen die hen met anderen verbonden.

Keer op keer hebben mensen geloofd dat ze eindelijk een periode van verlichting bereikt hadden, om vervolgens in een herhaling van conflicten en lijden terecht te komen. Misschien is dat ons lot. We moeten niet vergeten dat de keuzes van individuele mensen meer dan eens hebben geleid tot een wereldoorlog. Maar we moeten ook niet vergeten dat door keuzes van individuele mensen de Verenigde Naties zijn opgericht, opdat een dergelijke oorlog nooit meer zou uitbreken. Ieder van ons als leiders, elk land kan ervoor kiezen diegenen af te wijzen die een beroep doen op het slechte in ons en degenen te omarmen die een beroep doen op het goede. Want wij hebben laten zien dat we kunnen kiezen voor een betere geschiedenis.

In zijn cel in de gevangenis schreef een jonge Martin Luther King dat menselijke vooruitgang zich nooit vanzelf ontrolt, maar uitsluitend dankzij 'onvermoeibare inspanningen van mensen die bereid zijn om dienaar van God te zijn'.

In de afgelopen acht jaar heb ik de landen van velen van u bezocht en zag ik de energie van jonge mensen van nu, die hoger opgeleid, toleranter en socialer, diverser en creatiever zijn dan vorige generaties, en meer empathie en meelevendheid tonen tegenover hun medemensen. Zeker, deels is dat het idealisme van de jeugd. Maar het komt ook voort uit de informatie die jongeren hebben over andere volken en plaatsen. Zij beschikken over een inzicht dat uniek is in de menselijke geschiedenis: dat hun toekomst is verbonden met het lot van mensen aan de andere kant van de wereld.

Ik denk aan de duizenden mensen in de gezondheidszorg, afkomstig uit de hele wereld, die zich inzetten als vrijwilliger om ebola te bestrijden. Ik herinner me jonge ondernemers die ik ontmoette en die nu eigen bedrijven starten op Cuba; en parlementariërs die nog maar een paar jaar geleden politieke gevangenen waren in Myanmar. Ik denk aan de meisjes die beschimpingen of geweld trotseerden en gewoon naar school gingen in Afghanistan, en aan universiteitsstudenten die online programma's opzetten om extremisme van organisaties als IS te bestrijden. Ik put moed uit de jonge Amerikanen – ondernemers, activisten, militairen, nieuwe inwoners – die ons land vernieuwen, die zich niet laten hinderen door oude gewoonten en conventies, en zich niet laten leiden door hoe het nou eenmaal is, maar gretig de kans grijpen om te werken aan hoe het zou moeten zijn.

Mijn eigen familie is een mengelmoes van afkomsten, tradities, culturen en religies uit verschillende delen van de wereld – zoals Amerika is opgebouwd door immigranten uit alle windstreken. En in mijn eigen leven in dit land en als president heb ik geleerd dat onze identiteiten niet hoeven te worden bepaald door het naar beneden halen van anderen, maar juist kunnen worden versterkt door het prijzen van anderen. We hoeven ons niet af te zetten tegen anderen als we ons geloof in vrijheid, gelijkheid, rechtvaardigheid en eerlijkheid delen.

Dat ik deze beginselen als universeel beschouw doet geen afbreuk aan mijn gevoel van trots en mijn grote liefde voor Amerika – het versterkt die gevoelens juist. Mijn overtuiging dat deze idealen overal gelden, maakt me niet minder toegewijd in het helpen van degenen die op mij lijken, die bidden zoals ik, of trouw beloven aan mijn vlag. Wel dwingt mijn geloof in deze beginselen me om mijn morele verbeelding uit te dragen, in de erkenning dat ik mijn eigen volk het beste dien, en dat ik het best voor mijn eigen dochters kan zorgen als de dingen die ik doe goed zijn voor alle mensen en voor alle kinderen, voor uw dochters en uw zoons.

Hier geloof ik in: dat wij allen dienaars van God kunnen zijn. En dat ons leiderschap, onze landsregeringen en het beleid van de Verenigde Naties deze onomstotelijke waarheid zouden moeten weerspiegelen.

Dank u zeer.

'When they go low, we go high'

Toespraak van Michelle Obama op de Democratische Conventie Philadelphia, Pennsylvania 25 juli 2016

Het is bijna niet te geloven dat het al acht jaar geleden is dat ik voor het eerst naar deze conventie kwam om u te vertellen waarom ik vond dat mijn man president moest worden. Misschien weet u nog wat ik toen vertelde over zijn karakter en zijn overtuigingen, zijn goedheid en zijn naastenliefde, de eigenschappen die we dagelijks konden zien in de tijd dat hij ons land nu dient in het Witte Huis.

Ik heb u ook verteld over onze dochters, die het hart van ons hart vormen, het centrum van onze wereld. Wij hebben in onze tijd in het Witte Huis het geluk gehad dat we ze van vrolijke kleine meisjes konden zien opgroeien tot evenwichtige jonge vrouwen, een proces dat kort na onze verhuizing naar Washington begon op de dag dat ze voor het eerst naar hun nieuwe school gingen.

Ik zal nooit die winterochtend vergeten waarop ik onze meisjes, nog maar zeven en tien jaar oud, in die zwarte busjes zag stappen met al die grote mannen met pistolen. Ik zag ze met hun gezichtjes tegen het raampje gedrukt zitten en het enige wat ik kon denken was: 'Wat hebben we gedaan?' Want op dat moment besefte ik dat onze tijd in het Witte Huis de basis zou vormen voor het soort mensen dat ze zouden worden en dat we daar goed mee moesten omgaan, omdat het hen kon maken of breken.

Daar zijn Barack en ik elke dag mee bezig terwijl we onze meisjes proberen te beschermen en ze door de uitdagingen van dit ongewone leven in de schijnwerpers proberen te loodsen – hoe we ze aansporen om mensen te negeren die vraagtekens zetten bij het staatsburgerschap of het geloof van hun vader. Hoe we ze bezweren dat de hatelijke taal die ze op tv horen niet de ware geest van dit land vertegenwoordigt. Hoe we ze uitleggen dat mensen soms wreed kunnen zijn of hun macht misbruiken, maar dat we ons nooit tot hun niveau verlagen. Want ons motto is: when they go low, we go high.

Bij alles wat we zeggen en doen weten we dat onze kinderen toekijken. Als hun ouders zijn wij hun belangrijkste rolmodellen. En laat ik u vertellen dat Barack en ik diezelfde aanpak hanteren in ons werk als president en First Lady, omdat we weten dat wat wij zeggen en doen niet alleen belangrijk is voor onze dochters, maar voor kinderen in het hele land, kinderen die ons dingen laten weten als: 'Ik heb u op tv gezien, ik heb een opstel over u geschreven voor school.' Kinderen als het kleine zwarte jongetje dat met grote ogen vol hoop opkeek naar mijn man en zich afvroeg: 'Heb ik net zulk haar als u?'

En bedenk wel dat we daarover zullen beslissen als we in november naar de stembus gaan. Het gaat er niet alleen om of we Democratisch stemmen of Republikeins, rechts of links. Nee, deze verkiezingen – álle verkiezingen – bepalen wie de macht heeft om onze kinderen de komende vier of acht jaar van hun leven te vormen. En ik ben hier vanavond omdat er in deze verkiezingen maar één persoon is die ik die verantwoordelijkheid toevertrouw, maar één persoon die volgens mij door en door gekwalificeerd is om president van de Verenigde Staten te worden, en dat is onze goede vriendin Hillary Clinton.

Ik vertrouw Hillary de leiding over dit land toe omdat ik heb gezien hoe toegewijd ze haar leven lang is geweest aan de kinderen in ons land, niet alleen aan haar eigen dochter, die ze voorbeeldig heeft grootgebracht, maar aan alle kinderen die een held of heldin nodig hebben. Kinderen die een omweg naar school nemen om jeugdbendes te ontlopen. Kinderen die zich afvragen hoe ze ooit een studie moeten bekostigen. Kinderen wier ouders geen woord Engels spreken, maar wel dromen van een beter leven. Kinderen die naar ons kijken om te zien wie en wat ze kunnen worden.

Hillary heeft tientallen jaren onophoudelijk het ondankbare werk gedaan om echt iets voor die kinderen te doen. Als jonge advocate zette ze zich in voor gehandicapte kinderen. Als First Lady streed ze voor gezondheidszorg voor kinderen en in de Senaat voor goede kinderopvang. En toen ze acht jaar geleden niet genomineerd werd, was ze niet boos of gedesillusioneerd. Hillary kroop niet in haar schulp. Want ze weet als rasechte overheidsdienaar dat haar werk zoveel belangrijker is dan haar eigen wensen en teleurstellingen. Ze bleef ons land dus met opgeheven hoofd dienen, dit keer als minister, en reisde de hele wereld af om onze kinderen te beschermen.

Er waren genoeg momenten waarop Hillary had kunnen besluiten dat het werk te zwaar was, dat de tol die de overheidsdienst van haar eiste te hoog was, dat ze het zat was om afgekraakt te worden vanwege haar uiterlijk of de manier waarop ze praat of zelfs haar lach. Maar weet u wat het is? Wat ik het meest aan Hillary bewonder is dat ze nooit bezwijkt onder druk. Ze zoekt nooit de makkelijkste uitweg. En Hillary Clinton heeft nog nooit iets onafgemaakt laten liggen.

En als ik denk aan het soort president dat ik wil voor mijn dochters en al onze kinderen, dan is dat wat ik wil. Ik wil iemand die heeft bewezen dat ze sterk genoeg is om door te zetten. Iemand die weet wat het presidentschap inhoudt en het serieus neemt. Iemand die begrijpt dat de kwesties waarmee een president te maken krijgt niet zwart-wit zijn en niet teruggebracht kunnen worden tot 140 lettertekens. Want als je met één druk op de knop kernwapens kunt lanceren en het hele leger onder je bevel hebt, kun je geen ondoordachte beslissingen nemen. Je kunt geen lange tenen hebben, of de neiging om wild om je heen te slaan. Je moet stabiel zijn, weloverwogen en goed geïnformeerd.

Ik wil een president die haar sporen heeft verdiend in overheidsdienst, iemand wier levenswerk onze kinderen laat zien dat we geen roem en rijkdom najagen uit eigenbelang, maar vechten om iedereen de kans te geven iets van zijn leven te maken, en dat we altijd blijven geven, zelfs als we het zelf moeilijk hebben, omdat we weten dat er altijd iemand is die het nog slechter heeft en dat dat ons net zo goed had kunnen treffen.

Ik wil een president die onze kinderen leert dat iedereen in dit land ertoe doet, een president die oprecht gelooft in de visie die onze grondleggers indertijd verkondigden: dat we allemaal gelijk geschapen zijn, dat we stuk voor stuk een dierbaar onderdeel vormen van het grote Amerikaanse verhaal. En in zware tijden keren we ons niet tegen elkaar, maar blijven we naar elkaar luisteren. We steunen op elkaar. Want samen zijn we altijd sterker.

En ik ben hier vanavond omdat ik weet dat Hillary Clinton die president kan zijn. Daarom sta ik in deze verkiezingen pal achter haar.

Hillary begrijpt namelijk dat de president maar één doel heeft, namelijk iets beters nalaten voor onze kinderen. Zo hebben we dit land altijd vooruitgeholpen, door allemaal samen te werken voor onze kinderen: mensen die vrijwillig een team coachen of lesgeven op zondagsscholen omdat ze weten dat het opvoeden van onze kinderen een taak is van ons allemaal. Helden van elke kleur en elk geloof die een uniform aantrekken en hun leven riskeren om de zegeningen van de vrijheid door te geven aan de volgende generatie.

Politieagenten en demonstranten in Dallas die allemaal even wanhopig onze kinderen proberen te beschermen. Mensen die in Orlando in de rij gingen staan om bloed te geven, omdat het ook hun zoon of hun dochter had kunnen zijn in die club. Leiders als Tim Kaine, die onze kinderen laten zien hoe fatsoen en toewijding eruitzien. Leiders als Hillary Clinton, die het lef en de goedheid heeft om door te blijven gaan en barsten in dat hoge, harde glazen plafond blijft maken, net zolang tot ze er eindelijk doorheen breekt en ons allemaal een trapje hoger brengt.

Dat is het verhaal van dit land, het verhaal dat me vanavond op dit podium heeft gebracht, het verhaal van generaties mensen die zijn neergeslagen en geknecht, vernederd en tot slaaf gemaakt, mensen die weten hoe het voelt om als tweederangsburger behandeld te worden, maar die bleven strijden en hopen en doen wat er gedaan moest worden, wat ertoe heeft geleid dat ik nu elke ochtend wakker word in een huis dat is gebouwd door slaven, en mijn dochters – twee prachtige, intelligente, zwarte jonge vrouwen – met hun honden kan zien spelen op het gazon van het Witte Huis. En dankzij Hillary Clinton vinden mijn dochters – en al onze zoons en dochters – het nu volkomen normaal dat een vrouw president van de Verenigde Staten kan worden.

Laat u dus nooit wijsmaken dat dit land niet geweldig is, dat we het op de een of andere manier weer groot moeten maken. Want dit, wat wij hier hebben, is het geweldigste land op aarde. En als mijn dochters hun eigen weg in de wereld gaan zoeken, wil ik een leider die bij die waarheid past, een leider die past bij mijn veelbelovende dochters en al onze veelbelovende kinderen, een leider die zich dagelijks zal laten leiden door de liefde en hoop en de onmogelijk grote dromen die we allemaal voor onze kinderen koesteren.

Bij deze verkiezingen kunnen we dus niet thuisblijven en maar hopen dat alles vanzelf goedkomt. We kunnen ons geen vermoeidheid, frustratie of cynisme veroorloven. Luister goed: tussen nu en november moeten we doen wat we acht jaar geleden en vier jaar geleden ook deden. We moeten op alle deuren kloppen. We moeten alle kiezers naar de stembus krijgen. We moeten al onze passie, al onze kracht en al onze liefde voor dit land inzetten om Hillary Clinton verkozen te krijgen tot president van de Verenigde Staten.

Aan het werk dus. Dank u allen en God zij met u.

‘Het is wreed. Het is angstaanjagend’

**Toespraak van Michelle Obama over seksueel geweld tegen vrouwen, tijdens de campagnebijeenkomst voor Hillary Clinton
Manchester, New Hampshire
13 oktober 2016**

Hemel, wat een applaus! Hallo, allemaal. Het is zo geweldig om hier vandaag te zijn in New Hampshire. Ik voel me hier zo thuis en het is ook nog eens zo’n schitterende najaarsdag. Hebben jullie die speciaal voor mij besteld? Het is geweldig om hier te zijn.

Laat ik eerst jullie fantastische gouverneur – en jullie volgende senator – Maggie Hassan bedanken. Hartelijk dank voor die prachtige introductie. Verder wil ik jullie congreslid Annie McKlane Kuster noemen, die een goede vriendin is. En Carol Shea Porter, die binnenkort weer voor jullie zitting zal nemen in het Congres. Ze zijn allemaal zo goed voor ons geweest. En ook Colin Van Ostern van het uitvoerend college van deze staat, die zich kandidaat heeft gesteld voor het gouverneurschap.

En natuurlijk dank ik jullie allemaal, omdat jullie de tijd hebben genomen om er vandaag bij te zijn.

Ik kan bijna niet geloven dat we over een paar weken al naar de stembus gaan nu we hier de handen ineenslaan voor de volgende president en vicepresident van de Verenigde Staten: Hillary Clinton en Tim Kaine! En New Hampshire wordt een belangrijke staat, net als altijd. Ik wil dus een paar serieuze onderwerpen aanroeren, omdat we het er volgens mij wel over eens kunnen zijn dat dit een zware week is geweest in een toch al zware verkiezingsperiode. Voor mij persoonlijk was het een extra interessante week omdat het een week van grote contrasten was.

Dinsdag hebben we in het Witte Huis namelijk Wereldmeisjesdag gevierd en aandacht besteed aan *Let Girls Learn*, een overheidsinitiatief ter bevordering van onderwijs voor meisjes. En het was een schitterende bijeenkomst. Het was het laatste evenement dat ik als First Lady zal doen voor Let Girls Learn en ik heb uren kunnen praten met een paar geweldige jonge vrouwen, met meisjes uit de Verenigde Staten en uit landen over de hele wereld. We praatten over hun dromen en wensen. We praatten over hun idealen. En bedenk wel dat veel van die meisjes onvoorstelbare obstakels hebben moeten overwinnen, gewoon om naar school te kunnen. Ze riskeerden hun persoonlijke veiligheid, hun vrijheid en hun band met hun familie en omgeving.

Het leek mij dus belangrijk die jonge vrouwen nog eens extra te verzekeren hoe waardevol en bijzonder ze zijn. Ik wilde ze laten weten dat we elke samenleving kunnen afmeten aan de manier waarop vrouwen en meisjes er worden behandeld. En ik heb ze gezegd dat ze het verdienen om waardig en respectvol behandeld te worden, dat ze niet hoeven te luisteren naar mensen die hen proberen te verlagen of hen minderwaardig behandelen, en dat ze hun stem moeten laten horen in de wereld. En daarna voelde ik me zo geïnspireerd – net als nu, met alle jonge mensen die hier vandaag aanwezig zijn – en ik werd zo optimistisch van die meisjes. Dat was dinsdag.

En nu sta ik hier campagne te voeren in een verkiezingsstrijd waarin we om de haverklap kwetsende, haatdragende taal over vrouwen over ons heen krijgen, taal die velen van ons pijnlijk heeft getroffen, niet alleen als vrouwen, maar als ouders die hun kinderen proberen te beschermen en ze willen opvoeden tot zorgzame, respectvolle volwassenen, als burgers die vinden dat de leiders van ons land zich aan basale menselijke fatsoensnormen behoren te houden.

Feit is dat we bij deze verkiezingen een presidentskandidaat hebben die in de loop van zijn leven en gedurende zijn campagne dingen over vrouwen heeft gezegd die zo schokkend en vernederend zijn dat ik ze hier voor geen goud wil herhalen. En vorige week zagen we deze kandidaat ook nog eens opscheppen over seksueel geweld tegen vrouwen. Ik kan niet eens geloven dat ik dit zeg, dat een Amerikaanse presidentskandidaat daadwerkelijk heeft opgeschept over seksueel geweld tegen vrouwen.

En ik moet u zeggen dat ik het niet uit mijn hoofd krijg. Het heeft me tot in het diepst van mijn wezen geschokt op een manier die ik niet voor mogelijk had gehouden. En het lijkt me heerlijk om net te doen alsof er niets is gebeurd en om hier mijn normale campagnepraatje te houden, maar het zou oneerlijk en onoprecht van me zijn om gewoon over te gaan op het volgende onderwerp, alsof het allemaal maar een boze droom was.

Dit is niet iets wat we zomaar kunnen negeren. Dit is niet iets wat we snel kunnen wegmoffelen als de zoveelste verontrustende voetnoot in een toch al treurige verkiezingsstrijd. Want dit reikte verder dan een schunnige grap. Dit reikte verder dan mannenpraat. We zagen een machtige man open en bloot spreken over seksueel intimiderend gedrag en metterdaad opscheppen over de vrouwen die hij ongevraagd had gekust en betast, in zulke obscene bewoordingen dat velen van ons bang waren dat onze kinderen het te horen zouden krijgen als we de tv aanzetten.

Om het nog erger te maken, blijkt nu heel duidelijk dat dit geen losstaand incident was. Het is slechts een van de talloze voorbeelden van de manier waarop hij vrouwen altijd heeft behandeld. En ik moet u zeggen dat ik dit allemaal zo persoonlijk opvat, en velen van u waarschijnlijk ook, met name de vrouwen. De beschamende opmerkingen over ons lichaam. Het totale gebrek aan respect voor onze ambities en ons intellect. Het geloof dat je met vrouwen kunt doen wat je wilt.

Het is wreed. Het is angstaanjagend. En de waarheid is dat het schrijnt. Het steekt. Het lijkt op dat nare gevoel in je maag als je op straat loopt en een of andere vent zonder enige aanleiding vulgaire taal over je lichaam begint uit te slaan. Of als je die man op het werk ziet die altijd net iets te dicht bij je komt staan, net iets te lang naar je kijkt en je een ongemakkelijk gevoel over je eigen lichaam geeft.

Het is dat gevoel van angst en walging dat te veel vrouwen hebben gevoeld als iemand ze vastgreep of ze tegen hun zin iets opdrong waarvan ze zeiden dat ze het niet wilden, terwijl hij niet luisterde. Dingen die, zoals we heel goed weten, dagelijks gebeuren op universiteitscampussen en op talloze andere plekken. Het doet ons denken aan de verhalen die we van onze moeders en grootmoeders kennen over hun tijd, waarin de baas kon zeggen en doen wat hij wilde tegen de vrouwen op kantoor en waarin ze nooit goed genoeg waren, hoe hard ze ook werkten en hoe hoog ze ook sprongen om zichzelf te bewijzen.

En wij maar denken dat dit allemaal verleden tijd was. Zoveel mensen hebben zo lang gestreden om een eind te maken aan deze vormen van geweld en misbruik en respectloosheid, en nu zijn we aangeland in 2016 en we horen precies dezelfde dingen elke dag weer in deze campagnetijd. We komen erin om. En we doen allemaal wat vrouwen altijd hebben gedaan: we proberen ons hoofd boven water te houden en ons erdoorheen te slaan, we doen net alsof het ons niet raakt, misschien omdat we denken dat we onszelf wegzetten als zwakke vrouwen als we toegeven hoezeer het ons raakt. Misschien zijn we bang om onszelf kwetsbaar te maken. Misschien hebben we onszelf aangewend om dat soort emoties te beteugelen en onze mond dicht te houden, omdat we hebben gezien dat zijn woord vaak zwaarder telt dan het onze. Of misschien willen we gewoon niet geloven dat er nog steeds mensen zijn die zo minderwaardig over vrouwen denken. Te veel mensen behandelen dit als een doorsnee krantenkop, alsof onze verontwaardiging overdreven of ongegrond is, alsof dit normaal is, gewoon politiek en niets meer.

Maar, New Hampshire, laten we duidelijk zijn: dit is niet normaal. Dit heeft niets te maken met politiek. Dit is schandelijk. Het is onverdraaglijk. En het maakt niet uit bij welke partij je hoort –

Democratisch, Republikeins, onafhankelijk – geen enkele vrouw verdient het om zo te worden behandeld. Niemand verdient dat soort misbruik.

En ik weet dat dit een campagne is, maar dit gaat niet om politiek. Dit gaat om basaal menselijk fatsoen. Om het verschil tussen goed en fout. En we kunnen dit op geen enkele manier accepteren of onze kinderen hier nog langer aan blootstellen – geen minuut langer, laat staan vier jaar. Het wordt tijd dat we met zijn allen opstaan om te zeggen dat het nu afgelopen moet zijn. Dat dit echt moet ophouden.

Want bedenk wel: als dit al pijnlijk is voor ons, volwassen vrouwen, wat doet het dan met onze kinderen? Wat voor boodschap moeten onze dochters hieruit destilleren over hun uiterlijk en hun gedrag? Wat voor lessen trekken zij hieruit over hun waarde op de werkvloer en als mens, over hun dromen en idealen? En wat voor invloed heeft dit op de mannen en jongens in dit land? Want ik kan u wel vertellen dat de mannen in mijn leven niet zo over vrouwen praten. En ik weet dat mijn familie geen uitzondering is. Dit wegzetten als doodgewone mannenpraat is een belediging voor alle fatsoenlijke mannen op de wereld.

De mannen die u en ik kennen behandelen vrouwen niet zo. Het zijn toegewijde vaders die misselijk worden van het idee dat hun dochters worden blootgesteld aan dit soort giftige taal over vrouwen. Het zijn echtgenoten en broers en zonen die niet tolereren dat vrouwen zo worden behandeld en vernederd en neergehaald. En net als wij maken deze mannen zich zorgen over de impact die deze verkiezingsstrijd heeft op onze jongens, die op zoek zijn naar rolmodellen die hun kunnen leren wat mannelijkheid inhoudt.

Iemand vertelde me onlangs over haar zesjarige zoontje, die op een dag samen met zijn ouders naar het nieuws keek. Ineens zei dat kleine jongetje: 'Ik denk dat Hillary Clinton president wordt.' En zijn moeder zei: 'Goh, waarom denk je dat?' En dat kleine jongetje van zes zei: 'Omdat die andere meneer iemand uitschold, en je kunt geen president worden als je mensen uitscheldt.'

Kijk, zelfs een zesjarig kind weet wel beter. Een zesjarig kind weet al dat volwassenen zich niet zo gedragen. Dat fatsoenlijke mensen zich niet zo gedragen. En dat het al helemaal geen gepast gedrag is voor iemand die president van de Verenigde Staten wil worden.

Want laten we over één ding heel duidelijk zijn: sterke mannen – echte rolmodellen – hoeven geen vrouwen te kleineren om zichzelf groter te maken. Mensen die echt sterk zijn, tillen anderen op. Mensen die echt machtig zijn, brengen anderen bij elkaar. En dat is wat onze volgende president moet doen. We hebben iemand nodig die als bindende kracht kan fungeren in dit land. We hebben iemand nodig die de pijnlijke kloof kan dichten, iemand die echt geeft om ons en onze kinderen, iemand met de kracht en compassie om dit land verder te helpen.

En laat ik u nog iets zeggen: ik ben hier vandaag omdat ik met heel mijn hart geloof dat Hillary Clinton die president kan worden.

We weten allang dat Hillary de juiste kandidaat is. Omdat we haar karakter en haar toewijding hebben gezien, niet alleen in deze campagne, maar haar hele leven al. Feit is dat Hillary zo'n groot deel van de waarden belichaamt die we onze jeugd met zoveel pijn en moeite bij proberen te brengen. We zeggen tegen onze jeugd: 'Doe je best op school, zorg dat je een goede opleiding krijgt.' We moedigen ze aan die opleiding te gebruiken om anderen te helpen, wat precies is wat Hillary deed na haar rechtenstudie, toen ze zich als advocaat inzette voor gehandicapte kinderen, als First Lady voor gezondheidszorg voor kinderen en in de Senaat voor betaalbare kinderopvang.

We leren onze kinderen het belang van teamwork, een deugd die Hillary zo perfect belichaamde toen ze in 2008 afviel als kandidaat en vervolgens onder haar tegenstander aan de slag ging als minister, waarmee ze andermaal torenhoge waarderingscijfers kreeg in dienst van haar land.

We leren onze kinderen ook dat je in het leven geen bochten moet afsnijden en dat je naar zinvol succes moet streven, wat voor werk je ook doet. Welnu, Hillary is advocate geweest, rechtendocent, First Lady van Arkansas, First Lady van de Verenigde Staten, senator en minister van Buitenlandse Zaken. En ze heeft in al die rollen successen behaald en onderweg meer ervaring en meer kennis over het presidentschap opgedaan dan welke kandidaat dan ook – meer dan Barack, meer dan Bill. En ja, ze is toevallig ook een vrouw.

Tenslotte leren we onze kinderen dat je het niet moet opgeven als het in het leven tegenzit, maar dat je moet doorzetten. Welnu, Hillary is alleen al in haar vier jaar als minister van Buitenlandse Zaken aardig wat uitdagingen aangegaan. Ze heeft 112 landen bezocht en onderhandeld over een staakt-het-vuren, een vredesverdrag en de vrijlating van dissidenten. Ze heeft elf uur lang getuigd voor een congrescommissie. We weten dat Hillary niet klaagt als het zwaar wordt. Ze zal nooit een ander de schuld geven van wat dan ook. Ze knijpt er niet tussenuit om iets makkelijkers te gaan doen. Nee, Hillary Clinton heeft het nog nooit opgegeven.

Met Hillary hebben we dus een kandidaat die haar leven in dienst heeft gesteld van haar land, iemand die op haar beurt heeft gewacht en tijdens het wachten stevig heeft aangepakt. Ze is een fantastische moeder. Ze heeft een fenomenale jonge vrouw grootgebracht. Ze is een liefhebbende, loyale echtgenote. Ze is een toegewijde dochter, die tot het laatst voor haar moeder heeft gezorgd. En als iemand van ons een dochter als Hillary Clinton had grootgebracht zouden we zo trots zijn. We zouden heel trots zijn.

En los van wie haar tegenstander is, is niemand beter toegerust voor deze taak dan Hillary. Niemand. Als we ons in deze verkiezingen van haar afwenden, als we werkeloos toezien hoe haar tegenstander tot president wordt verkozen, wat leren we onze kinderen dan over de waarden die we ze willen bijbrengen, over het soort leven dat we ze toewensen? Wat zeggen we dan?

Diep in ons hart weten we allemaal dat we, als we Hillary's tegenstander deze verkiezingen laten winnen, een duidelijke boodschap aan onze kinderen afgeven dat alles wat ze zien en horen prima in orde is. Dan bekrachtigen we dat. Dan steunen we het. Dan vertellen we onze zonen dat er niets mis mee is om vrouwen te vernederen. Dan vertellen we onze dochters dat ze het verdienen om zo te worden behandeld. Dan vertellen we al onze kinderen dat fanatisme en machtsmisbruik volkomen acceptabele eigenschappen zijn voor de leider van hun land. Willen we dat voor onze kinderen?

Let wel, het zou niet alleen een slecht voorbeeld zijn voor onze kinderen, maar voor de hele wereld. Want Amerika heeft zo lang als toonbeeld gefigureerd en landen over de hele wereld aangespoord om hun meisjes goed onderwijs te bieden en hun vrouwen meer rechten te geven. Maar als we een president krijgen die stelselmatig vrouwen neerhaalt en opschept over seksueel geweld, hoe kunnen we ons morele gezag in de wereld dan handhaven? Hoe kunnen we dan een baken van vrijheid, rechtvaardigheid en menselijke waardigheid blijven?

Gelukkig is er ook een zonzijde, namelijk dat we alles in huis hebben om deze waanzin een halt toe te roepen. Onze moeders en grootmoeders stonden vaak nog machteloos als het om verbetering van hun positie ging, maar tegenwoordig hebben wij als vrouwen alle macht die we nodig hebben om de uitslag van deze verkiezingen te bepalen.

We hebben kennis. We hebben iets te zeggen. We kunnen stemmen. En op 8 november kunnen wij als vrouwen, als Amerikanen, als fatsoenlijke mensen bijeenkomen en hardop zeggen dat het nu afgelopen is en dat we zulk gedrag niet tolereren in ons land.

Bedenk goed dat vrouwelijke kiezers in de 'swing states' er in 2012 voor hebben gezorgd dat Barack won, ook hier in New Hampshire. Dus ik wil iedereen die denkt dat één stem er niet toe doet of dat één persoon toch geen verschil kan maken het volgende zeggen: in 2012 won Barack in New Hampshire met een verschil van zo'n 40.000 stemmen. Dat klinkt als een enorme overmacht. Maar als je het per district bekijkt, bedroeg het verschil tussen winst en verlies in deze staat maar 66 stemmen per district. Laat dat even goed tot u doordringen. Als 66 mensen in elk district anders hadden gestemd, had Barack verloren.

Iedereen die hier vandaag aanwezig is kan helpen een heel district van kleur te laten veranderen en deze verkiezingen te winnen voor Hillary, gewoon door te gaan stemmen en te zorgen dat familie en vrienden en buren ook gaan stemmen. Dat kan gewoon. Maar je kunt ook een heel kiesdistrict naar Hillary's tegenstander laten gaan met een proteststem of door thuis te blijven uit frustratie.

Want laten we wel wezen, een van beiden – Hillary of haar tegenstander – zal dit jaar tot president worden verkozen. En als je voor iemand anders dan Hillary stemt, of helemaal niet stemt, dan help je haar tegenstander. En bedenk eens hoe het zou voelen als dat gebeurt. Stel dat je op 9 november wakker wordt en je dochter of zoon in de ogen moet kijken, of jezelf onder ogen moet komen in de spiegel. Bedenk eens hoe het zou voelen als je was thuisgebleven of er niet alles aan had gedaan om Hillary verkozen te krijgen.

Dat kunnen we gewoon niet laten gebeuren. We kunnen het ons niet veroorloven om uit pure ergernis de tv uit te zetten en ons af te wenden, of om handenwringend toe te kijken vanaf de zijlijn. We moeten over onze schrik en moedeloosheid heen zien te komen en doen wat vrouwen in dit land altijd hebben gedaan. De mouwen opstropen. Aan het werk gaan. Want als zij zich verlagen, gaan wij juist hoger reiken.

En gaan stemmen is een goed begin, maar we moeten nog veel meer doen. We moeten ons organiseren. Jullie moeten mensen gaan bellen en op deuren kloppen om mensen op verkiezingsdag het stemhokje in te krijgen. Jullie kunnen je als vrijwilliger aanmelden bij een van de campagnemedewerkers die hier vandaag staan te popelen om jullie te verwelkomen.

En jonge en minder jonge mensen, ga de sociale media op. Deel je eigen verhaal, vertel waarom je deze verkiezingen zo belangrijk vindt en waarom ze belangrijk zijn voor iedereen met een geweten in dit land. Er staat bij deze verkiezingen zoveel op het spel.

De keuze die jullie op 8 november maken is namelijk beslissend voor de vraag of we straks een president hebben die mensen met respect behandelt – of niet. Een president die zich inzet voor kinderen, voor goede scholen, voor goede banen voor onze gezinnen –

of niet. Een president die vindt dat vrouwen het recht verdienen om zelf te beslissen over hun lichaam en hun gezondheid – of niet. En dat zijn nog maar een paar dingen die hier op het spel staan.

We kunnen het ons dus niet veroorloven om er moe van te worden en ons ervan af te keren. En we kunnen het ons niet veroorloven om thuis te blijven op verkiezingsdag. Want op 8 november hebben wij de macht om onze kinderen te laten zien dat Amerika zo'n mooi land is omdat het de aangeboren waardigheid en waarde van al onze inwoners hooghoudt. Op 8 november kunnen we onze kinderen laten zien dat dit land groot genoeg is voor ons allemaal – mannen en vrouwen met alle mogelijke achtergronden, beroepen en levenswijzen – en dat we allemaal een onmisbaar deel uitmaken van het grote Amerikaanse verhaal en dat we samen altijd sterker staan.

Op 8 november kunnen we onze kinderen laten zien dat wij hier in Amerika tegen haat en angst zijn en dat we ook in zware tijden onze hoogste idealen niet verkwanselen. We gaan er juist des te hoger naar reiken. We staan op om onze unie te versterken. We staan op om onze gezegende vrijheid te verdedigen. We staan op om vorm te geven aan onze waarden, gelijkheid, gelijke kansen en de opofferingen die dit land altijd het mooiste land van de wereld hebben gemaakt.

Dat is waar wij voor staan. En laat u nooit iets anders wijsmaken. Hoop is belangrijk. Hoop is belangrijk voor onze jeugd. En we verdienen een president die deze waarheden in ons kan zien, een president die ons kan verenigen en het beste in ons kan bovenhalen. Die president is Hillary Clinton.

De komende 26 dagen moeten we er dus alles aan doen om haar en Tim Kain aan een overwinning te helpen. Dat ga ik in elk geval wel doen. Doet u mee? Doen jullie allemaal mee? Zijn jullie klaar om de mouwen op te stropen? Om aan het werk te gaan en op deuren te kloppen?

Goed, dan gaan we aan het werk. Dank u allen en God zij met u.

Zeven tips om te spreken als Obama

door Lars Duursma

1. Het begint met een heldere boodschap

Het is inmiddels lastig voor te stellen, maar toen Obama begin 2007 zijn campagne voor het presidentschap aankondigde, bestond YouTube nog maar net. Twee jaar eerder was de domeinnaam geregistreerd en het bedrijf opgericht. Vrijwel niemand zag op televisie speeches van begin tot eind: nieuwsprogramma's toonden fragmenten van hooguit tien seconden. In deze korte tijdspanne lag dus de belangrijkste uitdaging van elke speechwriter: nadenken over de ultieme *soundbite* die in de media herhaald zou worden. De rest van het verhaal deed er nauwelijks toe.

Dat veranderde snel. Toen Obama in maart 2008 werd geconfronteerd met een groot schandaal rondom dominee Jeremiah Wright (die tijdens preken onder meer 'God damn America!' had geschreeuwd), adviseerde het campagneteam hem om op veilig te spelen. Dat doe je als presidentskandidaat bijvoorbeeld door een serie mini-interviews te geven die lang genoeg zijn om afstand te nemen van je dominee en kort genoeg om niet allerlei gedetailleerde vragen te krijgen. Maar Obama wilde meer dan dat. Hij wilde met een toespraak afstand nemen van de controversiële uitspraken en tegelijkertijd de complexe en moeizame relatie van Amerika met ras en racisme bespreekbaar maken (zie pag. 30).

Kort werd de toespraak allerminst: zo'n veertig minuten. En

toch ging de speech direct *viral*. Binnen 24 uur werd de YouTube-video met de volledige toespraak 1,3 miljoen keer bekeken en de dagen erna waren de video en het transcript van de speech de meest gedeelde berichten op Facebook. *The New York Times* constateerde enigszins verrast dat haar pagina met het transcript aanzienlijk vaker werd gedeeld en gelezen dan artikelen met analyses over de speech.

Dat kwam niet door de gelikte oneliners of de lichtvoetige humor – die ontbraken volledig. Obama hield een zorgvuldig opgebouwd verhaal vol nuance en complexiteit, en juist daarom boeide de speech veertig minuten lang. Zijn boodschap was krachtig, persoonlijk én inhoudelijk.

'Wat is het *verhaal* dat ik wil vertellen?' Die vraag stond volgens zijn vaste speechwriter in die dagen, Jon Favreau, centraal bij elke speech. Obama vroeg steeds in een vroeg stadium om een basale opzet in een paar kernzinnen: een kop, een romp en een staart. Pas nadat die waren besproken en goedgekeurd, mocht de speechwriter het hele verhaal uitwerken. Zonder dat fundament stort alles in elkaar, wist Obama. Een heel andere voorbereiding dus dan hoe veel mensen tegenwoordig een verhaal in elkaar zetten: door vooral veel slides uit eerdere presentaties te knippen en die vervolgens in min of meer willekeurige volgorde achter elkaar te plakken. Met name bij de min of meer verplichte optredens gaat het vaak mis: nieuwjaarstoespraken en zo. De speeches bevatten eindeloze opsommingen, gelardeerd met clichés en jargon. Alles gaat het ene oor in en het andere weer uit.

Burgemeesters, directeuren, lijsttrekkers: het is haast alsof je voetballers hoort praten na afloop van de wedstrijd. Opmerkingen als 'we staan op een kruispunt', 'het is vijf voor twaalf', 'het water staat ons aan de lippen', 'we moeten over onze schaduw heen stappen', 'we moeten onze schouders eronder zetten' en 'de stip op de horizon' zijn wat mij betreft geen haar beter dan 'we zijn vergeten te voetballen' of 'we liepen de hele wedstrijd achter de feiten aan'.

Een goede speech heeft een heldere boodschap. Begin daarmee.

Als het niet lukt om die boodschap te formuleren, vraag je dan serieus af waarom je de speech geeft. Misschien is het wel helemaal niet nodig om te spreken of is het logischer als iemand anders het verhaal houdt. Soms helpt het om voor jezelf op een rijtje te zetten hoe de mensen in de zaal zich voelen vlak voordat je begint met spreken (zijn er ontslagen geweest, was er veel te vieren). Maak dat zo specifiek mogelijk en controleer tijdens de voorbereiding of je aannames kloppen. Schrijf vervolgens op hoe je wilt dat mensen zich na afloop van je speech zullen voelen. Houd dat vooral realistisch. Mensen zullen niet blij zijn als jij slecht nieuws verkondigt, maar ze kunnen wel tevreden zijn over de duidelijkheid die je biedt of doordat ze het gevoel krijgen dat ze serieus worden genomen. Zodra je dat hebt opgeschreven, kun je terugredeneren: wat moet je belangrijkste boodschap zijn om die verandering in gevoel voor elkaar te krijgen?

Kies een eenvoudige structuur om je verhaal uit te werken. Obama's speeches bevatten vaak drie delen. Een dergelijke opbouw kan ook goed werken voor jouw verhaal, bijvoorbeeld: verleden/heden/toekomst; ideale situatie/huidige situatie/hoe komen we daar; probleem/oplossing/voordelen. Binnen organisaties kun je je boodschap vanuit drie niveaus concreet maken, van algemeen naar specifiek (organisatie/afdeling/individu) of juist andersom. Je kunt je boodschap ook opbouwen aan de hand van drie verhalen. Steve Jobs deed het bij zijn prachtige speech op Stanford (je vindt de volledige toespraak eenvoudig op YouTube) en ook Favreau doet het tegenwoordig bij vrijwel al zijn lezingen over het schrijven van speeches.

Toon ook lef: durf te laten zien waar je voor staat. Na afloop van zijn veelbekeken speech over ras en racisme – een zeer controversieel onderwerp bij grote groepen Amerikanen – belde Obama zijn speechwriter. 'Ik weet niet of deze speech het probleem zal oplossen en of je tot president gekozen kan worden als je dit soort dingen zegt over ras,' gaf hij aan. 'Maar ik weet wel dat ik het niet verdien om president te worden als ik te bang ben om te zeggen wat ik geloof.'

2. Een goede speech kan maar door één iemand worden uitgesproken

Geen enkele speech van Barack Obama kan door iemand anders dan hijzelf geloofwaardig uitgesproken worden. Dat zit hem in de boodschap, de anekdotes en het taalgebruik. Het goede nieuws: dat maakt de toespraken inspirerend. Het slechte nieuws: het maakt dat mensen je nogal vreemd zullen aankijken als je teksten uit dit boek een-op-een verwerkt in je eerstvolgende speech (opletten, Jesse Klaver). Maar de teksten geven je hopelijk wel houvast en inspiratie bij het uitwerken van een goed verhaal.

Je zult een publiek pas echt raken als jij de enige bent die dit verhaal kan vertellen. Als een collega van jou moeiteloos exact hetzelfde kan vertellen, of misschien zelfs een willekeurige voorbijganger op straat, dan ben je als spreker volstrekt inwisselbaar geworden. Ook hier gaat het in Nederland vaak mis. De speech van de burgemeester wordt bewust zo opgesteld dat elke wethouder het probleemloos kan overnemen. In het bedrijfsleven is dat regelmatig niet anders. Het resultaat is een zielloze en vaak ook inspiratieloze tekst.

Veel leiders onderschatten bovendien de impact van een speech of videoboodschap. Voor hen is het een van de vele dingen die ze vanuit hun functie moeten doen. Iets wat er gewoon bij hoort: een 'moetje'. Voor medewerkers is het veel belangrijker: bij grote organisaties is dit soms het enige moment in het jaar dat ze de directeur zien. Wat de baas die paar minuten zegt, maakt op hen veel meer indruk dan alles wat hij of zij de overige 364 dagen van het jaar doet. Het is precies zoals de Amerikaanse schrijver en dichter Maya Angelou het ooit prachtig verwoordde: 'Mensen zullen vergeten wat je zegt, ze zullen vergeten wat je doet, maar ze zullen *nooit* vergeten hoe je ze liet voelen.'

Wat zijn dingen die alleen jij over dit onderwerp kan vertellen? Met welke persoonlijke anekdotes kun je de boodschap van jouw speech goed illustreren? De sprekers die ik begeleid, raad ik aan om een boekje bij te houden met kleine verhalen die ooit van pas komen om te delen tijdens speeches: een soort anekdote-arsenaal. Het zijn vaak de kleine dingen die een persoonlijke *touch* geven aan een verhaal. De speechwriters van Obama hadden het wat dat betreft eenvoudig: ze konden bij het schrijven van de toespraken uitvoerig putten uit twee anekdotisch geschreven autobiografische boeken van Obama: *Dromen van mijn vader* (1995) en *De herovering van de Amerikaanse droom* (2006).

Iets wat ook goed werkt: probeer de belangrijkste elementen uit je verhaal te tekenen. Veel mensen durven dat niet. En dat is jammer. Want júíst door tijdens de voorbereiding abstracte begrippen en grote doelstellingen te tekenen, kom je sneller tot de essentie, ga je het daadwerkelijk voor je zien en wordt je taalgebruik veel beeldender. Medewerkers hebben niets aan een directeur die alleen *zegt* dat hij of zij trots is, laat het *zien*! Probeer te tekenen op welke momenten je het trotst was op je medewerkers, of vraag je af wat de momenten zijn waarop zij zich echt trots voelden. Pas als je die voorbeelden kunt tekenen, is het concreet genoeg voor een toespraak. En vaak zijn dat ook de verhalen die een toespraak persoonlijk en memorabel maken.

Naast de boodschap en de anekdotes moet ook het taalgebruik goed bij de spreker passen. Dat blijkt vaak een hele uitdaging, juist bij sprekers die hun eigen verhaal uitwerken. Want zodra je je laptop openklapt en Word opstart, komt er meestal schrijftaal uit je vingers. En schrijftaal is geen spreektaal. Probeer het daarom eens op een andere manier: voer een gesprek met iemand over je speech en neem dat gesprek op. Dat kan tegenwoordig met iedere telefoon. Schrijf vervolgens die zinnen uit en probeer de rest van de speech met dezelfde *tone of voice* uit te werken. Je zult merken dat de speech veel lekkerder loopt bij de voordracht: het is ineens jouw taal geworden. Dit werkt ook uitstekend wanneer de speech wordt uitgeschreven door een speechwriter: voer ter voorbereiding op de uitwerking een gesprek en neem dat op.

Van Obama las ik ooit dat hij een tekst van zijn speechwriters onder ogen kreeg en hen letterlijk vroeg waar ze die tekst hadden gevonden – hij kon zich namelijk niet herinneren wanneer hij dit zelf geschreven had. Het illustreert hoe goed de speechwriters zijn *tone of voice* in de vingers hadden.

3. Maak het persoonlijk, maar stel je publiek centraal

Dat de beste speech van de Democratische Conventie van 2016 niet op naam van Hillary Clinton zou komen, stond vooraf al min of meer vast. Besturen zat de presidentskandidaat in de genen, maar spreken in het openbaar was minder haar ding. Het sprankelde niet. Bovendien zat haar conventietoespraak vol geraffineerde aanvallen op Donald Trump, maar ontbrak een helder verhaal over wat Clinton nu werkelijk dreef bij de strijd om het presidentschap. Pas aan het einde van de speech werd het persoonlijk. Ze gaf aan dat haar moeder enkele jaren geleden was overleden en dat ze haar nog elke dag mist – om vervolgens in noodtempo door te gaan naar de volgende zin, haast alsof ze bang was om geëmotioneerd te raken.

Hoe anders was de speech van Michelle Obama. Dát was een persoonlijk verhaal. Ze neemt ons vrijwel direct mee naar haar eerste dagen in het Witte Huis:

> Ik zal nooit die winterochtend vergeten waarop ik onze meisjes, nog maar zeven en tien jaar oud, in die zwarte busjes zag stappen met al die grote mannen met pistolen. Ik zag ze met hun gezichtjes tegen het raampje gedrukt zitten en het enige wat ik kon denken was: 'Wat hebben we gedaan?' Want op dat moment besefte ik dat onze tijd in het Witte Huis de basis zou vormen voor het soort mensen dat ze zouden worden en dat we daar goed mee moesten omgaan, omdat het hen kon maken of breken.

Haar woorden gingen door merg en been, zeker toen ze later nog meldde dat diezelfde meisjes elke dag wakker worden in een huis dat door slaven werd gebouwd. Alles in deze speech kon maar door één vrouw uitgesproken worden. Mede daarom maakte Michelle

Obama meer indruk dan bij de conventie in 2008. Haar woorden van toen waren retorisch zeer fraai, maar konden voor een deel net zo goed door iemand anders uitgesproken worden, zo bewees Melania Trump acht jaar later. De nieuwe First Lady plagieerde schaamteloos hele passages uit dat verhaal.

En toch draaide deze speech gelukkig niet alleen om de kinderen van Michelle Obama. Want laten we eerlijk zijn: mensen die vooral over hun eigen kinderen praten, zijn eigenlijk niet zo interessant. Datzelfde geldt overigens voor mensen die vooral over zichzelf praten.

Nee, de kracht van deze toespraak zat hem erin dat de speech ondanks alle persoonlijke voorbeelden uiteindelijk vooral over *onze* kinderen ging. Met deze verkiezingen, zo gaf ze aan, hadden kiezers de kans om te kiezen hoe de komende vier tot acht jaar eruit zouden zien voor hun kinderen. We konden zelf beïnvloeden wie zij als rolmodel zullen zien. Dát maakte de boodschap van de speech inspirerend: ondanks alle doemscenario's hadden we zelf de mogelijkheid om de wereld voor onze kinderen te bepalen.

Het is een wankel evenwicht dat je als spreker moet vinden: het moet *jouw* speech zijn, zonder dat de speech om jou draait. Barack Obama is er een meester in: zelfs bij zijn conventietoespraak in 2004, toen hij zijn hele familiegeschiedenis met het publiek deelde, stond uiteindelijk niet *zijn* verhaal centraal, maar dat van Amerika.

Dat lijkt eenvoudiger dan het is. Vooral bekende Nederlanders hebben er een handje van om veel over zichzelf te praten zonder dat het iets toevoegt. Zo zag ik zelf ooit een dagvoorzitter aan het werk die een bijeenkomst zó begon:

> Vanochtend heb ik heerlijk ontspannen ontbeten met m'n vrouw. Je weet wel, met verse croissantjes en jus, alles erop en eraan. Ze vroeg me wat ik vandaag zou doen, waarop ik antwoordde: ik ga een bijeenkomst leiden met bankiers. Waarop zij reageerde: nou nou, bofkont! Dus beste bankiers, vanmiddag is het mijn taak om...

Geen idee wat hier nou het doel van was. Maar het leverde vooral gegaap op. En de afstand tot het publiek werd alleen maar groter. Ook bij anekdotes gaat het vaak mis. Kijk bij de voorbereiding nog eens goed naar de anekdotes en vraag je dan af: wie is nu eigenlijk de held van dit verhaal? Als je dat zelf bent, dan is het waarschijnlijk niet zo'n goede anekdote. Dan gebruik je het verhaal vooral om te laten zien hoezeer je het met jezelf hebt getroffen.

De mooiste en meest uitgebreide anekdote in dit boek zit in de campagnespeech uit 2012. Het is een verhaal over Edith Childs, het vrouwtje dat bij een kleine campagnebijeenkomst 'Fired up? Ready to go!' had geroepen. Obama vertelde het verhaal al in 2008 en ook in 2016 herhaalde hij het bij zijn laatste campagnebijeenkomsten voor Hillary Clinton. Wat maakt dit zo'n mooie anekdote? Eigenlijk komen alle lessen uit dit hoofdstuk erin samen: het is boeiend, beeldend en eindigt met een boodschap. Obama is allerminst de held in dit verhaal: dat is Edith Childs. De mensen in het publiek scanderen de leus massaal aan het einde van zijn toespraak: zij kunnen zo de nieuwe helden van dit verhaal worden.

4. Gebruik woorden die beelden oproepen

Hoe komt het toch dat sommige leiders hun mensen kunnen inspireren tot grootse prestaties, terwijl de woorden van anderen vooral gegaap, getreuzel en gejammer oproepen? Het antwoord op die vraag komt van een fascinerend Amerikaans onderzoek uit 2001 naar het geheim van charisma. Onderzoekers van Cornell University ontdekten welke woorden een publiek inspireren – en welke beslist niet.

Ze legden het taalgebruik onder een vergrootglas van tientallen Amerikaanse presidenten. Daar zitten flink wat charismatische sprekers tussen (John F. Kennedy, Ronald Reagan) maar ook hele matige sprekers (Gerald Ford, Jimmy Carter). Wat blijkt?

Charismatische sprekers gebruiken veel woorden die zijn gebaseerd op beelden, terwijl niet-charismatische sprekers vooral woorden gebruiken die zijn gebaseerd op concepten. Woorden uit de eerste categorie (hart, hand, steen, reis) zijn concreet en roepen direct beelden of associaties op. Het past bij het type denken waarin je fantaseert, mijmert en droomt.

Woorden van de tweede categorie zijn abstract, logisch en gericht op het oplossen van problemen. Het zijn alledaagse woorden als begrijpen, kiezen, onderzoeken, belang, kwaliteit, oplossing, mogelijk, relevant en verkeerd. Woorden die we allemaal begrijpen en gebruiken – ja, zelfs in dit hoofdstuk. Maar we kunnen ze niet voor ons zien en dus inspireren ze niet.

Neem dit voorbeeld uit de inaugurele rede van John F. Kennedy:

> Together let us explore the stars, conquer the desert, eradicate disease, tap the ocean depths, and encourage the arts and commerce.

Je voelt het zand tegen je gezicht waaien, terwijl je je vergaapt aan de sterren en denkt aan de diepblauwe zee. Zet dat af tegen deze abstracte taal van Jimmy Carter:

> Let our recent mistakes bring a resurgent commitment to the basic principles of our nation, for we know that if we despise our government, we have no future.

Kijk ook eens hoe andere inspirerende sprekers hun woorden kiezen, zoals Martin Luther King in deze beeldende prachtzin vol symboliek:

> I have a dream that one day on the red hills of Georgia the sons of former slaves and the sons of former slave-owners will be able to sit down together at a table of brotherhood.

En zet dat af tegen de woorden waarmee Rabobank-topman Rinus Minderhoud zich naar aanleiding van het onderzoek naar het Libor-schandaal richtte tot alle medewerkers:

> Belangrijke herstelmaatregelen om herhaling van dit soort gebeurtenissen voortaan te voorkomen, zijn inmiddels in werking gesteld. Als nieuwe bestuursvoorzitter zie ik het daadkrachtig leiden van de verdere invoering daarvan als één van mijn belangrijkste taken. Dat geldt óók voor andere verbetertrajecten als gevolg van de lessen uit het recente verleden en wij nemen die geleerde lessen zeer serieus. Ik doe een uitdrukkelijk beroep op iedereen in de organisatie om open te staan voor de conclusies die we daaruit moeten trekken en ook om samen de noodzakelijke verbetertrajecten succesvol te maken.*

Gaap!

Je ziet: mensen laten zich niet inspireren door op concepten gebaseerde woorden. Een doelstelling gaat pas echt leven als iedereen dat lint op de eindstreep ziet wapperen. In de speeches van Barack Obama struikel je dan ook over de beeldende taal. Neem zijn conventietoespraak uit 2004. Elke alinea roept beelden op, of hij nu over zijn ouders vertelt of over de waarden van Amerika, over de fabrieksmedewerkers in Illinois of over soldaat Shamus die op weg was naar Irak.

Vaak wordt gedacht dat je beeldende taal vooral moet gebruiken om te zorgen dat het publiek iets voelt bij je verhaal. Wat minstens zo belangrijk is: met de juiste woordkeus zorg je dat ook de *spreker* iets voelt bij het verhaal! Als je Barack Obama ziet spreken, dan zie je de twinkeling in zijn ogen. En die had hij nooit gekregen bij de slaapverwekkende tekst van Rinus Minderhoud.

Kleine veranderingen kunnen al leiden tot die twinkeling. 'Produceren' zien we niet voor ons, 'groeien' wel. Een 'limiet' niet, een 'grens' wel. 'Denken', 'begrijpen' en 'overwegen' niet, 'voorstellen', 'zien' en 'luisteren' wel. 'Hulp' is lastig te visualiseren, terwijl 'een steuntje in de rug' al eenvoudiger gaat. 'I have a *dream*!' zei Martin Luther King niet voor niets. Want ja, bij een 'droom' kun je al

* Zie ook: www.debatrix.com/nl/minderhoud

meer voorstellen dan bij een 'idee'. Kijk wel uit met clichés: dat kruispunt waar we op zouden staan, ziet inmiddels dus niemand meer voor zich. Hetzelfde geldt voor die stip aan de horizon.

5. Werk toe naar een climax

Alle speeches in dit boek werken toe naar een hoogtepunt. En steeds volgens hetzelfde patroon. Dat kun jij ook. Want laten we wel zijn: het is een stuk leuker als mensen massaal applaudisseren voor je toespraak dan wanneer ze elkaar wat vertwijfeld aankijken na je laatste woorden, omdat niet helemaal duidelijk is of je nu wel of niet klaar bent met je verhaal.

De Britse wetenschapper Max Atkinson deed jarenlang onderzoek naar formuleringen die leiden tot applaus. Hij noemt ze *claptraps*, als een geraffineerde val die je uitzet voor applaus. Het effect ervan is wetenschappelijk aangetoond en Obama gebruikt ze doorlopend in zijn speeches. Het geheim van Obama zit hem echter vooral in een zorgvuldige opbouw waarbij die bewust gekozen formulering slechts het slotakkoord is, de spannende finale, de kers op de taart. Laten we dus beginnen met die opbouw.

Een goede speech heeft de opbouw van een klassieke symfonie. Je introduceert direct aan het begin het belangrijkste thema. Dat moet krachtig en vol overtuiging. Bij symfonieën volgt direct daarna vaak een tweede thema: zachter en lyrischer. Die twee melodieën en de continue wisselwerking daartussen dragen de hele symfonie. In speeches zie je hetzelfde: daar is de eerste melodie vaak het doel of de droom (de toekomst) en de tweede melodie de huidige situatie. Maar net als symfonieën zijn speeches best saai wanneer je van begin tot eind – vergeef me de beeldspraak – vol op het orgel gaat. Na het levendige en energieke eerste deel, neemt Obama in het tweede deel daarom vaak wat gas terug. Dit is waar de prikkelende opening overgaat in een meer evenwichtige en genuanceerde analyse. In het derde deel pakt Obama de oorspronkelijke melodie weer op en koppelt die aan strijdbaarheid: we kunnen er met zijn allen iets aan doen. Het publiek voelt dat het einde van het stuk nadert, omdat elementen uit het begin terugkomen. De cirkel wordt rondgemaakt: dat doet het ook in speeches altijd goed. Pas na dit derde deel komt de opzwepende finale met veel claptraps.

Zo'n climax komt alleen aan als je publiek daarvoor al een actieve luisterhouding heeft. Veel sprekers hebben de neiging om alles voor te kauwen. Ze vertellen wat ze gaan vertellen, vertellen het, en vertellen wat ze verteld hebben. Herhaling is goed, maar dit is saai. Wie de prachtige herdenkingstoespraken in dit boek leest, zal zien hoe Obama zijn punten meestal begint met een pakkend voorbeeld. Pas daarna trekt hij de conclusie en soms laat hij die zelfs weg. Doordat we zelf moeten nadenken over de betekenis van het voorbeeld, luisteren we aandachtiger en is de impact groter. In Nederland beginnen we vaak met de conclusie ('Henk gaf enorm om zijn omgeving') en illustreren we het direct daarna ('Zo was hij vrijwilliger bij de voedselbank)'. Tsja, dan hoeft je publiek helemaal niets te doen. Geen wonder dat veel mensen onderuitzakken of hun aandacht laten wegglijden.

Retorische vragen helpen ook bij het activeren van je publiek: 'Wat is het eerste wat je voor je ziet als je hier binnen komt lopen?' Het effect: veel mensen zullen het proberen te visualiseren. Er ontstaat interactie tussen spreker en publiek, zeker als je vervolgens met een onverwachts antwoord komt. Je kunt je publiek ook alvast een paar seconden laten nadenken over een oplossing ('Hoe kunnen we dit het beste aanpakken?') en dan een stilte laten vallen. Al duurt die pauze slechts luttele seconden, het prikkelt wel je publiek. Obama gaat uiterst spaarzaam om met zulke retorische vragen, maar juist de speeches waarin hij het wél veel deed (met name zijn speech bij Selma) behoren tot de beste die hij uitsprak.

Tot slot een waarschuwing: waar de mooiste symfonieën niet lang genoeg kunnen duren, geldt dat helaas niet voor een speech. Het is weinigen gegeven een publiek langer dan tien minuten te boeien. In al die jaren heb ik nog nooit (echt nog nóóit!) meegemaakt dat een spreker als feedback kreeg: "Mooi verhaal, wel wat aan de *korte* kant." Abraham Lincoln liet zien in zijn Gettysburg

Address, alom geprezen als een van de beste toespraken ooit, dat de bovenstaande opbouw ook in twee minuten past. Voor iedereen die het lastig vindt om in te schatten hoelang het duurt om een toespraak uit te spreken: op www.debatrix.com/nl/calculator vind je een populaire tool die het direct voor je uitrekent.

Na die zorgvuldige opbouw sluit Obama zijn toespraak vaak af met een serie claptraps. Hier de drie meest effectieve.

Probeer je kernboodschap om te beginnen eens te verwoorden met een contrast. Je brengt namelijk vrij weinig enthousiasme los bij mensen door enkel te stellen dat je een voorstander bent van goede zorg voor iedereen. Tsja, redeneren veel mensen dan terecht, wie niet? Het klinkt al snel als Miss World, die ook altijd pleit voor wereldvrede. Je maakt je boodschap een stuk pakkender door het tegenovergestelde ervoor te zetten: 'Goed onderwijs moet er niet enkel zijn voor een kleine elite, goed onderwijs moet er zijn voor iedereen!' Obama doet het vrij consequent als hij praat over onderwerpen als zorg en onderwijs. Probeer ook eens je uitsmijter in dit format te gieten: applaus verzekerd. En toch een kleine kanttekening. Zorg altijd dat het tweede (positieve) deel van het contrast pakkender is dan het eerste (negatieve) deel. Bij een presentatie die ik meemaakte eindigde een bankier trots met deze woorden: 'Wij bankiers zijn géén graaiers, wij zijn gewone mensen zoals u!' Ik vrees dat de woorden 'bankiers' en 'graaiers' dan toch het langste blijven hangen...

Max Atkinson adviseert bovendien de belangrijkste dingen waar je voor staat samen te vatten met een drieslag. Ondanks zijn jarenlange onderzoek weet hij niet precies waarom dit werkt. Maar hij weet wel dát het werkt. Drieslagen waren duizenden jaren geleden al gangbaar, van Caesar ('Veni, vidi, vici') tot de Bijbel ('de Vader, de Zoon en de Heilige Geest'). Atkinson verklaart het succes van de drieslag omdat de opsomming compleet klinkt én voorspelbaar is. Dat laatste is cruciaal voor applaus. Je kunt namelijk wel vier, vijf of zes elementen achter elkaar zetten, maar als je daarna stopt dan is er toch een moment van vertwijfeling: zou er nog meer komen? Dat moment van twijfel is dodelijk voor spontaan applaus. Obama gebruikt gemiddeld eens per dertig seconden een drieslag. Dat zijn dus tachtig (!) drieslagen in een toespraak van veertig minuten. Het klinkt welbespraakt en leidt tot applaus, zeker wanneer de drieslagen aan het einde van de toespraak achter elkaar worden gezet. Een mooi voorbeeld van contrasten en drieslagen vind je in het slot van Obama's conventietoespraak in 2012.

Maar er is nog een andere claptrap, misschien wel de mooiste van allemaal. Het is een combinatie van een contrast en een drieslag binnen één zin: 'Niet dit, niet dat, maar....' Bij zijn conventiespeech van 2004 verwoordde Obama zijn oproep tot eenheid volgens het format van deze beproefde claptrap. Het werd prompt een van zijn bekendste oneliners:

> There's not a liberal America and a conservative America; there's the United States of America!

Het doet onmiskenbaar denken aan de gevleugelde woorden 'Ik ben niet links, ik ben niet rechts, ik ben recht door zee!' Wat dat betreft is het voor sommige lezers wellicht ontnuchterend dat Obama kennelijk dezelfde retorische technieken gebruikt als Rita Verdonk.

6. Ritme en cadans: zo zorg je dat een toespraak swingt

Iedereen die weleens danst of naar een concert gaat, kent het belang van ritme en cadans. Muziek kan je in vervoering brengen. Je ziet het ook bij sportwedstrijden: het samen scanderen leidt tot saamhorigheid. Het ritme heeft een haast hypnotiserend effect. Even voel je je niet meer alleen jezelf, maar onderdeel van een grote groep. Speeches kunnen hetzelfde effect teweegbrengen ('Yes we can!', 'Minder! Minder! Minder!'). Maar dan moet de tekst wel in het juiste ritme worden uitgesproken. Neem deze zinnen:

They said this day would never come.
They said our sights were set too high.

De meeste mensen leggen – zo heb ik tijdens trainingen ondervonden – tweemaal de nadruk op 'they said'. *Ze zeiden* dat deze dag nooit zou komen. *Ze zeiden* dat we de lat te hoog hadden gelegd. Dat kan natuurlijk. Maar zo komt er nog geen ritme in de tekst. Sterker nog, de optimistische passage krijgt op die manier iets negatiefs. Alsof je je vooral wilt afzetten tegen die anderen.

Obama deed dat beter. Want dit is niet zomaar het begin van een speech. Het is poëzie. De zinnen, beide met precies acht lettergrepen, lopen perfect parallel. Het zijn regels die schreeuwen om een strak metrum. Waar het bij Nederlandse speeches vaak fout gaat, is dat sprekers de nadruk leggen op het begin van de zin of maat. Je krijgt dan zoiets:

They said this day would never come.
They said our sights were set too high.

Dat klinkt heel drammerig. Het klopt niet en het swingt niet. Obama legde de klemtonen daarom precies andersom (inclusief de zin erna):

They said this day would never come.
They said our sights were set too high.
They said this country
was too divided, too disillusioned
to ever come together
around a common purpose.

Hij maakt er een jambe van, zoals dat in dichttermen wordt genoemd: de klemtoon ligt steeds op de tweede lettergreep (da dum da dum). En doordat hij de speech met dat strakke metrum begint, ontstaat er direct een bijzondere chemie tussen spreker en publiek. We zien hetzelfde ritme bij veel teksten uit de klassieke oudheid, maar ook bij William Shakespeare en veel Nederlandse dichters. Het gedicht uit 1637 van Joost van den Vondel, zoals weergegeven op de voorgevel van de Amsterdamse Schouwburg, is qua ritme bijvoorbeeld een exacte kopie van de tekst van Obama:

> De weereld is een speel toneel.
> Elck speelt zyn rol en kryght zyn deel.

Aan de wijze waarop Obama zijn speeches uitspreekt, merk je dat hij een bijzonder gevoel heeft voor nadruk en timing. Het is geen toeval dat artiest will.i.am in 2008 een muziekvideo kon maken volledig gebaseerd op speeches van Obama, een filmpje dat direct viral ging en inmiddels alleen al op YouTube ruim 25 miljoen keer is bekeken. Mogelijk is dat gevoel voor timing de invloed van dominee Jeremiah Wright (van wie hij later afstand nam). Zelf zat Obama niet vaak bij hem in de kerk, maar tijdens zijn studietijd in Harvard luisterde hij wel trouw naar cassettebandjes met preken. Bij Wright doorklinkt de muzikaliteit in alles wat hij zegt en het lijkt alsof Obama goed heeft opgelet. Weliswaar spreekt hij veel rustiger en meer beschaafd dan zijn dominee, tijdens zijn studietijd waren er al opvallende overeenkomsten in spreektrant (zie ook het voorwoord).

Je hoeft niet altijd een strak metrum te volgen om er toch voor te zorgen dat een toespraak vanaf het begin een cadans krijgt. Het helpt al om de plichtmatigheden achterwege te laten ('dank u wel, dames en heren, het is een eer om hier te mogen spreken...') en te beginnen met twee of meer zinnen die parallel lopen. Een prachtig voorbeeld is de speech die oud-generaal Peter van Uhm op 4 mei 2013 uitsprak bij de dodenherdenking op de Dam. Dit is hoe hij begon:

> In de Tweede Wereldoorlog vocht mijn vader aan de oevers van de Waal.
> In die oorlog, waar mensen mensen doodden, zag mijn vader het duister.

Merk op hoe het begin extra kracht krijgt door de climax in de tweede zin: 'het duister'. Het prikkelt en maakt nieuwsgierig, maar is ook een bewuste omkering van de gangbare uitdrukking: doorgaans zie je namelijk het licht. Van Uhm vervolgde de speech zo:

> Mensen werden opgepakt. Vervolgd. Omdat ze geen 'wij' waren, maar 'zij'.
> Mensen werden vermoord. Uitgeroeid. Louter om wie ze waren.

Weinig mensen nemen de tijd om zo secuur een ritme in hun speech te brengen. Ook professionele speechwriters zijn terughoudend door iets wat ik ons nationale sinterklaasgedichttrauma zou willen noemen: het is erg frustrerend om uren voorbereiding te steken in iets wat bij de voordracht binnen luttele seconden om zeep wordt geholpen. En toch zou ik het proberen. Je kunt jezelf of de ander helpen door met onderstrepen of HOOFDLETTERS te laten zien welke woorden nadruk verdienen en met liggende streepjes ('——') aan te geven wat een logisch moment is om een pauze te laten vallen. Je zult verbaasd zijn door het resultaat: direct loopt de tekst veel beter!

7. Hoe een slimme tekst leidt tot een sprankelende voordracht

Barack Obama leest vrijwel al zijn speeches voor van de teleprompter. Links en rechts voor het spreekgestoelte liggen twee schermen waarop zijn spreektekst wordt weergegeven. Naast elk scherm staat een standaard met een glazen plaatje erop. Dat zijn geen gewone plaatjes, ze kosten zo'n 500 euro per stuk. De reden: ze zijn van de ene kant doorzichtig en van de andere kant spiegelend, een beetje zoals de spiegelwand die je weleens voorbij ziet komen in politieseries. Het publiek kan gewoon door de glazen plaatjes heen kijken, terwijl Obama vanwege de spiegelende coating de monitors ziet. Hij kan zijn toespraken zo woord voor woord voorlezen, terwijl het lijkt alsof hij oogcontact maakt met het publiek. (Alhoewel je als televisiekijker soms het gevoel krijgt dat hij naar een tenniswedstrijd kijkt, omdat zijn blik steeds van links naar rechts gaat en weer terug – nu weet je hoe dat komt.)

De positionering van die glazen plaatjes is overigens geen sinecure. Zo'n twee uur voor iedere toespraak komt een vaste medewerker om de plaatjes precies in de juiste hoek te plaatsen. Staan ze niet helemaal juist, dan ziet Obama de vloer van het podium in de spiegels in plaats van zijn toespraak. Zijn medewerker heeft een kratje en als ze daarop staat, is ze precies even lang als Obama. Ik heb meerdere keren meegemaakt hoe ze langer dan een half uur bezig is om de plaatjes *exact* op de juiste afstand en in de juiste hoek af te stellen.

In de Verenigde Staten gebruikt elke presidentskandidaat de teleprompter – zelfs Donald Trump ging er uiteindelijk op over, nadat hij het gebruik ervan aanvankelijk wilde laten verbieden – en ook in Nederland wordt het apparaat steeds gangbaarder: inmiddels hoort het tot de standaarduitrusting van menig congrescentrum. Grote multinationals gebruiken ze bij aandeelhoudersvergaderingen en partijen als CDA, de PvdA en GroenLinks gebruiken ze bij congrestoespraken.

Maar goed, de kans is groot dat jij geen teleprompter bij de hand hebt bij je eerstvolgende speech. Wat is het beste alternatief? Je kunt proberen je verhaal volledig uit het hoofd te doen. Het geeft een speech veel impact als je woorden recht uit het hart lijken te komen. Vaak werkt het echter averechts. Mensen die hun speech woord voor woord uit het hoofd leren, zijn tijdens de voordracht meestal meer bezig met het onthouden van de volgende zin dan met het contact maken met het publiek. Elke zin is perfect maar er is nul chemie met de zaal, er staat een robot voor de groep.

Gelukkig kun je speeches prima van papier voordragen, zeker bij wat formelere gelegenheden. Zorg er wel voor dat je spreektekst slim in elkaar zit: kleine aanpassingen leiden al snel tot een betere presentatie.

Allereerst, kies voor een groot lettertype. Liever tien pagina's met grote letters dan één A4-tje dat je nauwelijks kunt lezen. Dat geldt zeker bij optredens waar voor jou veel op het spel staat. Wat weinig mensen weten over stress, is dat het je zicht kan beïnvloeden. Zodra de adrenaline vlak voor of tijdens een toespraak door je lichaam giert, zie je veraf ineens scherper: je ziet feilloos hoe iemand op twintig meter afstand kritisch naar je kijkt. Maar dichtbij zie je juist minder scherp. 'Ik had alles perfect geoefend,' zei een radeloze CEO ooit tegen me, 'en bij elke repetitie kon ik m'n spreektekst moeiteloos lezen. Maar bij de uitvoering werd alles ineens wazig.' Ziehier de verklaring: er stond bij de uitvoering plotseling meer op het spel. Zorg dus altijd voor grote letters (minimaal 14 punts met een regelafstand van 1,5) – zelfs als de letters bij de oefensessies wel erg groot lijken. Gebruik verder een schreefloos lettertype: niet Times New Roman dus, maar Verdana, Helvetica of Calibri.

Je kunt daarbij leren van de speech die Obama gaf bij de herdenkingsbijeenkomst voor Nelson Mandela, een speech die hij voor de verandering niet van de teleprompter voordroeg. Veel sprekers zagen pas achter het spreekgestoelte dat de letters op hun spreektekst wel erg klein waren. Sprekers als ANC-leider Baleka Mbete, de Cubaanse president Raúl Castro en de Zuid-Afrikaanse president Zuma worstelden bovendien met een gekreukeld stapeltje A4'tjes. Obama deed dat slimmer. Zijn team had allang uitgevonden dat er een relatief laag spreekgestoelte zou zijn en had zijn speech ingebonden in een fraaie zwarte map. Daardoor kon hij op elk moment twee pagina's zien en was het dus geen enkel probleem de letters veel groter te maken.

Een andere tip: begin zinnen op een nieuwe regel. Dat heeft alles te maken met aandacht en oogcontact. Zinnen komen pas echt aan als je het publiek inkijkt terwijl je de laatste woorden uitspreekt. Maar wat doen de meeste sprekers? Die kijken aan het einde van iedere zin naar hun blaadje. Terwijl ze in gedachten alvast de volgende zin lezen, raffelen ze binnensmonds de laatste woorden van de huidige zin af. Weg impact! Bekijk een willekeurig fragment van Angela Merkel of Jean-Claude Juncker en je ziet direct wat ik bedoel.

Iemand die het wel erg bont maakt bij het voorlezen van zijn toespraken, is onze koning. Niet alleen kijkt hij bij zijn troonredes stelselmatig naar zijn blaadje aan het einde van de zin, hij verspreekt zich steeds op dezelfde momenten, wanneer hij een lange zin uitspreekt die doorloopt op de volgende pagina. Een beginnersfout. Basisregel bij het opstellen van een spreektekst: zorg dat een zin nooit, nooit, nóóit op de ene pagina begint en op een volgende pagina eindigt. Dan liever wat extra witruimte, zoals ook een professionele muzikant ervoor zorgt dat hij nooit de bladmuziek hoeft om te slaan tijdens het moeilijkste gedeelte van een stuk.

Een laatste praktische tip voor je spreektekst: voeg plaatjes toe in je spreektekst. Dat lees je goed. Enkele jaren geleden begeleidde ik een politiek leider die niet bepaald werd geprezen om de sprankelende voordracht. Eén subtiele verandering verbeterde dat direct: we voegden bij toespraken plaatjes toe in de kantlijn. Stond er een verhaal in over een gesprek met een kiezer, dan zetten we een foto van die kiezer ernaast. Ging een passage over een bepaald gebouw, dan plaatsten we een foto van dat gebouw erbij. Met name bij langere speeches kan het best lastig zijn om te weten waar je bent in het verhaal. Je slaat pagina na pagina om, en elke nieuwe pagina lijkt weer op de vorige. Geen wonder dat het energieniveau na pagina drie wat zakt. Zo'n plaatje geeft bij het omslaan van de pagina's direct een moment van herkenning: ah, ik mag nu dat verhaal vertellen. Het zorgt er bovendien voor dat je als spreker voor je ziet waarover je vertelt. En neem dit van me aan: het publiek gaat iets pas voor zich zien, wanneer jij het als spreker voor je ziet!

Ben je klaar voor het geven van een inspirerende toespraak? Begin dan met het formuleren van een heldere boodschap. Maak je verhaal persoonlijk, maar stel je publiek centraal. Gebruik woorden die beelden oproepen, zorg voor een tekst die swingt en werk toe naar een grote climax.

'Yes we can!'

Die memorabele oneliner vormt de essentie van alle toespraken in dit boek. Het is de basisvoorwaarde voor inspiratie: niet 'Yes *HE* can!' maar 'Yes *WE* can!' Barack Obama werd niet geboren als fenomenale spreker, hij is het geworden. Niet zozeer door ons een beter gevoel te geven over *hem*, maar door ons een beter gevoel te geven over *onszelf*. Met een krachtige boodschap van hoop en vertrouwen. Voor de wereld van onze kinderen.

Het liefst zou hij waarschijnlijk nog één vraag willen stellen.

Are you fired up?